中公新書 2428

中北浩爾著

自民党——「一強」の実像

中央公論新社刊

はじめに

一九五五年の保守合同の立役者の一人であった三木武吉が、新たに生まれた自由民主党の前途について「一〇年もてばよいほうだ」と語ったというエピソードは、よく知られている。ところが、自民党は人間でいえば還暦にあたる結党六〇年をすぎ、最大のライバルの社会党が消滅してから二〇年を経過してもなお、厳然として存在している。それどころか、日本政治の中枢にしっかりと座っている。生みの親である三木の悲観的な予想は、見事に裏切られたといってよい。

自民党は、結党から三八年間、異例の長期政権を続けた後、一九九三年、二〇〇九年と二度の下野を経験している。その都度、自民党の時代は終わったという声が囁かれた。しかし、いずれの場合も短期間のうちに政権への復帰を果たした。しかも、民主党政権の失敗を受けて、非自民勢力は四分五裂の状態に陥り、国民の期待も失われ、現在、自民党の一強状態にある。本格的な政権交代の荒波を乗り越えた結果、自民党の強靭(きょうじん)さは以前より増しているようにもみえる。

私たちは、新聞やテレビ、あるいはインターネットなどを通じて、自民党に関するかなりの量の情報を得ている。ところが、そのほとんどは政局に関わるものであり、どうしても断片的な性格を免れない。五五年体制下の自民党については、佐藤誠三郎と松崎哲久の共著として一九八六年に出版された『自民党政権』（中央公論社）のような、優れた学問的書物が存在する。しかし、五五年体制の崩壊後、政治情勢が目まぐるしく変化したこともあって、一強状態と呼ばれるに至りながらも、自民党に関する現状分析は不十分である。

本書は、派閥、総裁選挙とポスト配分、政策決定プロセス、国政選挙、友好団体、地方組織と個人後援会、そして理念といった多様な視角から、自民党を包括的に分析するものである。

実際に政権を担っている自民党については、様々な評価がみられる。かく言う筆者自身も政治的な立場から決して無縁ではない。だが、可能な限り客観的な分析を行うよう努め、党の文書、機関紙や一般紙の記事などによって裏づけを取るとともに、数量的なデータを提示するようにした。

それに加えて、自民党の現状を正確に理解するために、党本部や地方組織、派閥、友好団体、連立を組む公明党の関係者などにインタビューを実施した。幸いにも多数の協力が得られ、かなりの量の信頼できる証言と付随的な資料を入手することができた。ただし、現在進行形の事実に関してであるため、多くが匿名という条件の下で行われた。注記がつけられていない記述は、そのようにして得られた情報に基づいている。もちろん、本書の内容のすべての責任は筆者にある。

現状分析には、情報の制約と並ぶ、もう一つの困難が存在する。常に変化のなかにあることである。自民党が長きにわたって存続できた一因は、結党以来、時代とともに自らの組織と理念を柔軟に変えてきたことにある。したがって、自民党の現状も中長期にわたる変化の一断面として把握される必要がある。本書は、一九八〇年代半ばを五五年体制下の自民党の完成期と位置づけ、それとの対比で現在の自民党を捉える。その間の変化を生み出した最大の要因は、中選挙区制に代えて小選挙区比例代表並立制を衆議院に導入した一九九四年の政治改革である。

もっとも、政治改革以降の自民党も、決して単線的な変化を遂げてきたわけではない。例えば、国政選挙で良好な成績を収め、強力なリーダーシップを持つ自民党政権として挙げられるのは、近年では小泉純一郎内閣と二〇一二年以降の安倍晋三内閣であろう。しかし、本書のなかで明らかにするように、民主党の台頭と二〇〇九年の政権交代を背景として、小泉と安倍の間には政治手法の面で重要な違いが存在する。自民党の現状は、政治改革後の変化を視野に入れて理解されなければならない。

最近、とりわけ二〇一二年に安倍政権が復活して以降、メディアや世論の二極化が指摘される。そうしたなか、自民党に対する評価や認識は、単純化されがちである。自民党が結束を固め、多様性を希薄化させてきたことは確かであるとしても、安倍独裁といった見方は極端すぎる。その逆も然りである。支持するのであれ、批判するのであれ、まずは自民党の現状を冷静に観察してみる必要があるのではないか。それは今後の日本政治を展望する上でも不可欠であろう。本書がそのための一助になることを願っている。

なお、本文中で敬称はすべて省略し、漢字の旧字体は新字体に直した。ご容赦いただきたい。また、引用は「」で示し、中略には……を用いた。

目次

自民党
「一強」の実像

第1章　派閥――弱体化する「党中党」

1　衰退への道のり

黄昏の平成研

かつての自民党政治の代名詞は、派閥であった。そして、一九八〇年代から九〇年代初頭に最大派閥として君臨したのが、田中角栄元首相に率いられた木曜クラブであり、その系譜を引く経世会、すなわち竹下登派である。多数の国会議員を傘下に集めたばかりか、建設や郵政をはじめ様々な政策分野の族議員を揃えて陳情を処理し、業界団体などにネットワークを拡げた。それを背景に総裁選挙で圧倒的な強さを見せつけ、キングメーカーの役割を演じた。野党とも緊密なパイプを築き、国会対策を得意とした。

ところが、それを継承する平成研究会（平成研）に、往年の力はみられない。所属議員数をとれば、清和政策研究会（清和会）に次ぐ第二派閥であるが、「一致結束、箱弁当」と呼ばれた「鉄の結束」は、すっかり失われている。二〇〇九年の民主党への政権交代後をみても、石破茂、小坂憲次、伊藤達也、鴨下一郎、田村憲久、桜田義孝、棚橋泰文、河井克行、吉川貴盛ら、有力・中堅議員が相次いで派閥を離れた。

求心力低下の原因として挙げられるのは、リーダーシップの欠如である。二〇〇九年の総選挙の直後に会長に就任した額賀福志郎は、政調会長や財務相などの要職を歴任しながらも、総裁選挙については二〇〇六年、〇七年と出馬を断念するなど、挑戦した経験が一度もない。資金調達や面倒見といった点を含め、派閥の領袖として額賀を高く評価し、総裁候補として押し上げようという声は、まったくといっていいほど聞こえてこない。もはや最終的なゴールは衆議院議長であろうか。

かといって、額賀の代わりを見出せないことが、平成研の苦しいところである。政府や党の要職を歴任し、実務能力が高い副会長の茂木敏充で派内がまとまるかというと、容易ではない。同じく副会長の竹下亘という名前も挙がるが、消極的な選択肢にとどまり、異母兄の竹下登元首相ほどの政治力を期待することはできない。平成研の創立者の小渕恵三元首相の二女にして、期待の星であった小渕優子は、「政治とカネ」の問題で経産相を辞任して以来、身動きが取れない。まさに八方塞がりの状態にある。

ただし、平成研の苦境は最近に始まったことではない。一九九二年の小沢一郎を中心とする羽田孜グループの経世会からの離脱が端緒となったが、最大の転換点といえるのは、二〇〇一年の総裁選挙で当時の会長の橋本龍太郎元首相が小泉純一郎に敗れたことである。その後、「古い自民党をぶっ壊す」と叫ぶ小泉首相は、道路公団や郵政事業の民営化、公共事業費の削減などの構造改革を推し進め、平成研に打撃を加えた。他方で、小泉は平成研の分断を図るべく、同派の有力者にして参議院自民党幹事長であった青木幹雄に接近した。

二〇〇三年の総裁選挙で、平成研は派内から立候補した藤井孝男でまとまることができず、小泉に惨敗を喫する。翌年には日本歯科医師会の政治団体である日本歯科医師連盟（日歯連）からの違法献金事件が発覚し、橋本が会長辞任に追い込まれた。平成研から多数の造反議員を出した二〇〇五年の郵政選挙の後、総裁候補とは目されない津島雄二が、空席となっていた会長に就任したことは、平成研の求心力低下を白日の下に晒し出した。

平成研の事務所は現在、自民党本部の裏手にある全国町村会館の西館の三階に置かれている。かつての経世会・平成研の事務所は砂防会館、次いでTBRビルに存在したが、移転のたびに事務所の面積は半減してきたという。勤務する職員の数も、かつて四〜五人だったのが、現在では二人に減少している。派閥としての陳情処理能力も、大幅に減退してしまった。強固に組織化され、総裁選挙や国政選挙で実戦部隊となった「秘書軍団」も、いまや親睦会と化している。

宏池会の場合

宏池会（宏池政策研究会）は、平成研と同じく、吉田茂に始まる保守本流とされ、池田勇人、大平正芳、鈴木善幸、宮沢喜一といった首相を輩出した名門派閥である。池田、大平、宮沢が元大蔵（財務）官僚であったように、官僚出身者が中心的な役割を果たし、政策に明るい反面、政争に弱く、「公家集団」とも呼ばれた。だが、岸信介や福田赳夫の系譜を引く清和会および経世会・平成研と並んで、長く三大派閥の地位を占めてきた。その宏池会も近年は低迷を余儀なくされている。

宏池会が苦境に陥る最大のきっかけは、二〇〇〇年に野党が提出した森喜朗内閣不信任決議案に、当時の会長の加藤紘一が同調しようとして、失敗に終わった「加藤の乱」である。これによって宏池会は大きく分裂し、両派がいずれも宏池会を名乗る異常事態に陥った。[1]二〇〇八年に両派は合流を果たしたが、「加藤の乱」に伴う遺恨は癒えず、二〇一二年の総裁選挙への対応をめぐって再び分裂し、前総裁の谷垣禎一らが宏池会を離れ、有隣会というグループを結成している。

求心力の低下も否めない。二〇〇九年の政権交代以降、谷垣グループの一〇名弱のほか、鈴木俊一、塩崎恭久、菅義偉といった有力・中堅議員が宏池会から脱退している。また、幅広い人脈と集金力を持ち、面倒見もよく、会長を務めていた古賀誠が二〇一二年の総選挙に立候補せず、引退した。その後も宏池会を支えてきた古賀の影響力は、安倍晋三が無投票再選を果たした二〇一五年の総裁選挙への対応をめぐって減退した。宏池会は現在、麻生太郎率いる為公会に三大派閥の地位を脅かされている。

派閥としての活動力の低下も、平成研と似ている。宏池会の事務所は、平成研と同じく全国町村会館の西館に置かれており、真上の六階に位置する。したがって、会議室プラス応接室という間取りも同一であるが、会長室や事務室が独立して存在していた日本自転車会館の時代に比べると、三分の一近くにまで縮小しているという。また、職員も最盛期には四〜五人いたが、現在では二名となっている。

それでも、平成研に比べるならば、宏池会には幾分かの明るさがある。一つは、総裁候補としての岸田文雄会長の存在である。幹事長などの党三役や総裁選挙での立候補の経験がなく、押しの弱さを指摘されることもあるが、外相という重要閣僚を長く務め、年齢も若く、ポスト安倍をねらえる位置にいる。宏池会には、総裁選挙に立候補したこともある座長の林芳正をはじめ、次の時代の自民党を担う人材が他にも存在する。ただし、それは将来の不安定要因にもなりかねない。

もう一つの求心力の源泉は、保守合同から間もなく結成された宏池会というブランドである。岸信介首相が引き起こした六〇年安保の直後に就任した池田勇人首相は、「寛容と忍耐」をスローガンに掲げ、憲法改正を棚上げし、野党との対話を重視した。また、大平正芳は日米関係を基軸にしながらも、田中角栄内閣の外相として日中国交正常化を実現した。こうした歴史的背景を持つハト派あるいはリベラル派といった理念が、宏池会というブランドを下支えする役割を果たしている。

清和会の時代なのか

以前から存在する三大派閥のうち、近年、最も勢いがあるのが、清和会である。[2] 岸信介や福田赳夫の系譜を引く清和会は、田中派およびその後継派閥の経世会・平成研の全盛時代、煮え湯を飲まされ続けてきた。ところが、自派から森喜朗に続いて小泉純一郎が総裁に就任し、その下で念願の最大派閥に躍進する。その後も、安倍晋三、福田康夫と四代連続で総裁を輩出し、二代置いて再び安倍が総裁に就任するなど、かつての経世会に匹敵する存在になっているようにみえる。

ここで一九八〇年代半ば以降の自民党の衆参両院議員に占める三大派閥、すなわち経世会・平成研、宏池会、清和会の割合の推移をみていこう[3]（1―①）。

経世会は一九八七年、田中派の大部分を継承して竹下登が創設して以来、宏池会や清和会を凌ぐ最大派閥の地位にあった。経世会支配という言葉が生まれたのも、この時期のことである。ところが、派閥の会長を務めていた金丸信が東京佐川急便事件で議員辞職に追い込まれると、後継争いが深刻化し、小沢一郎らが一九九二年に脱退した。経世会は竹下の意向に従い小渕恵三へと引き継がれたが、三番手の派閥に転落し、一九九三年の自民党の下野を受

1-① 自民党衆参両院議員に占める三大派閥の割合（1988〜2017年）

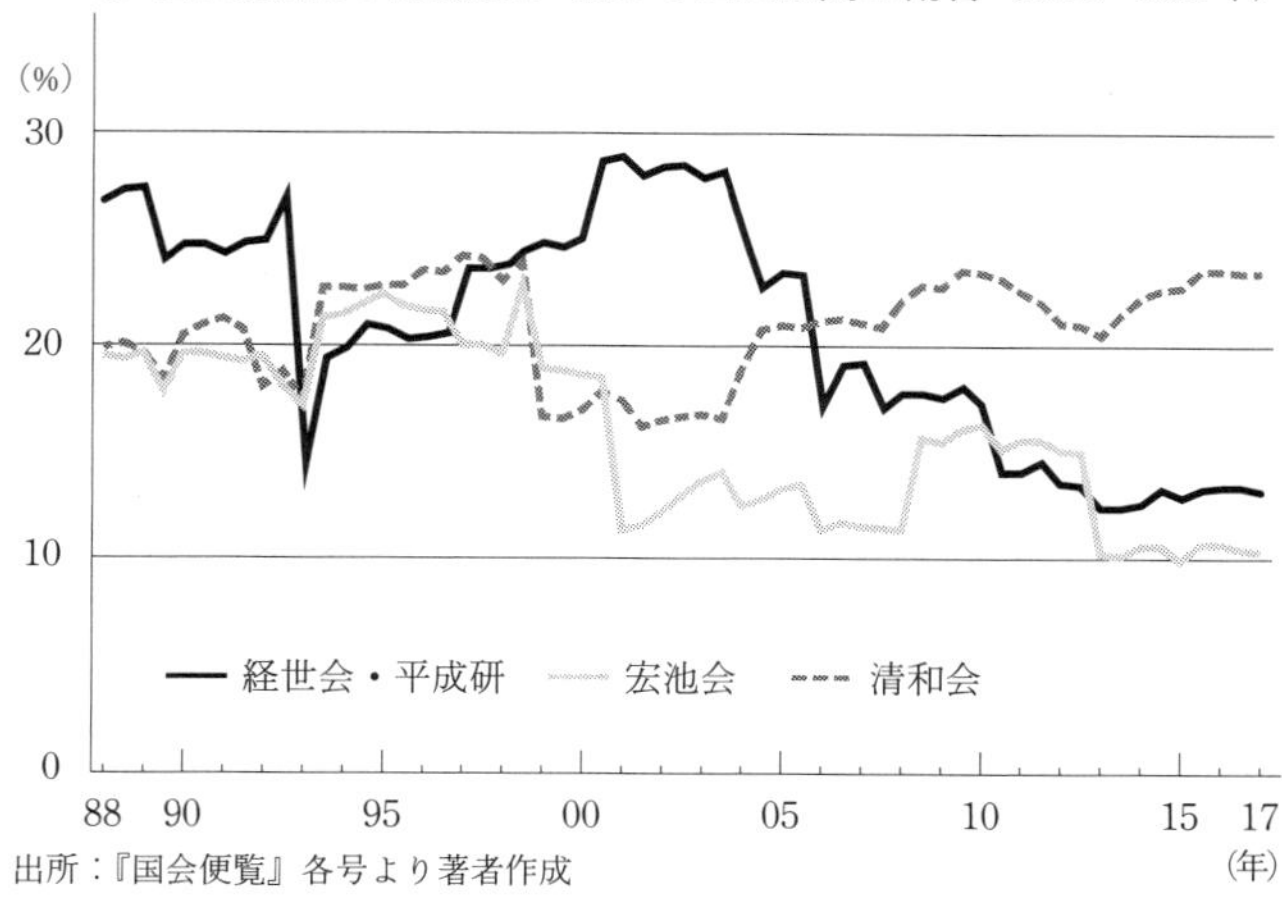

出所：『国会便覧』各号より著者作成

けて平成研へと改称した。

しばらく拮抗していた三大派閥のうち、再び平成研が優位を占めるきっかけとなったのは、橋本龍太郎内閣の成立である。領袖の小渕が出馬を自重し、国民に人気がある橋本を推して総裁選挙に勝利し、一九九六年の総選挙を総裁派閥として迎えることで、最大派閥に返り咲いていく。さらに一九九八年の参院選の敗北を受けて、橋本に代わり、小渕が首相に就任する。同じ時期、派閥会長の交代に伴い、宏池会から河野洋平のグループが、清和会から亀井静香のグループが、それぞれ脱退したこともあって、経世会支配が復活したかにみえた。

ところが、ここから清和会の優位へと急速に転換していく。二〇〇〇年に成立した森内閣は、二二年ぶりの清和会首班の政権であった。その下で「加藤の乱」が発生し、まず宏池会が大分裂を起こした。続いて清和会は森から小泉へと総裁を自派間でバトンタッチすることに成功する。そして、小泉は平成研を「抵抗勢力」の代表格とみなして集中的に攻撃し、勢力を削いでいった。二〇〇五年の郵政選挙では平成研と宏池会から造反議員が続出し、その結果、清和会が最大派閥に躍り出たのであった。

小泉政権を契機として成立した清和会の優位は、その後、安倍や福田が総理・総裁を務めるなかで一層固まっていった。しかし、党所属の国会議員に占める清和会の割合は、必ずしも上昇していない。ほぼ横ばいである。一九九〇年代半ばの同派の水準とおおむね同一であり、かつての経世会・平成研の全盛期には及ばない。近年の清和会の優位は、経世会や宏池会が凋落したことに伴う、相対的なものにすぎないのである。

数だけではなく、結束力も必ずしも強固とはいえない。小泉純一郎は首相退任後も清和会に戻らないまま引退し、次男で後継者の小泉進次郎も無派閥を続けている。二〇〇九年の政権交代後をみても、小池百合子、高市早苗、山本一太らに加え、派閥の代表世話人を務めていた中川秀直が主導権争いに敗れて脱退している。また、二〇一〇年の参院選の後には、参議院議員会長選挙をめぐって派内の結束が乱れ、同派の谷川秀善が落選した。前会長の森が退会届を提出するなどの混乱が生じ、大きなしこりを残した。[4]

リーダーシップも不安定である。二〇〇六年に派閥の会長に就任した町村信孝は、なかなか総裁選挙に立候補することができなかった。それればかりか、ようやく出馬した二〇一二年の総裁選挙には、自派から安倍晋三も立候補し、派内は分裂状況に陥り、しかも惨敗を喫した。二〇一四年に会長が町村から細田博之に交代したが、細田は総裁候補とはみなされていない。事実上の安倍派になったという見方もあるが、森派の時代に比べて求心力が減退していることは否めない。

増加する無派閥議員

この一〇年あまりの自民党で清和会の台頭以上に顕著なのは、無派閥議員の増加である。一九八〇年代でも、その多くが派閥の紐つきとみられたとはいえ、無派閥が一割程度は存在していた。しかし、それが近年は三割前後にまで達し、いわば清和会に匹敵する最大規模の党内勢力になっている（1―②）。なお、総裁、副総裁、幹事長・総務会長・政調会長の党三役、衆参両院議長などについては、派閥を離脱する慣行がある。

無派閥議員の増加の第一段階は、二〇〇五年の郵政選挙で小泉チルドレンと呼ばれる八三名もの新人議員が登場したことであった。小泉首相や武部勤幹事長は、彼らが無派閥であることを推奨し、それまで派閥が担ってきた研修や情報提供の場を設けたり、首相との定期的な懇談の機会を与えたり、党本部が新人議員に支給した年末のモチ代を無派閥のみ一〇〇万円上乗せしたりした。「無派閥新人サロン」という集まりも設置された。

ところが、後ろ盾となっていた小泉首相と武部幹事長の退任、安倍政権の下での造反議員

1-② 自民党衆参両院議員に占める無派閥の割合（1994～2017年）

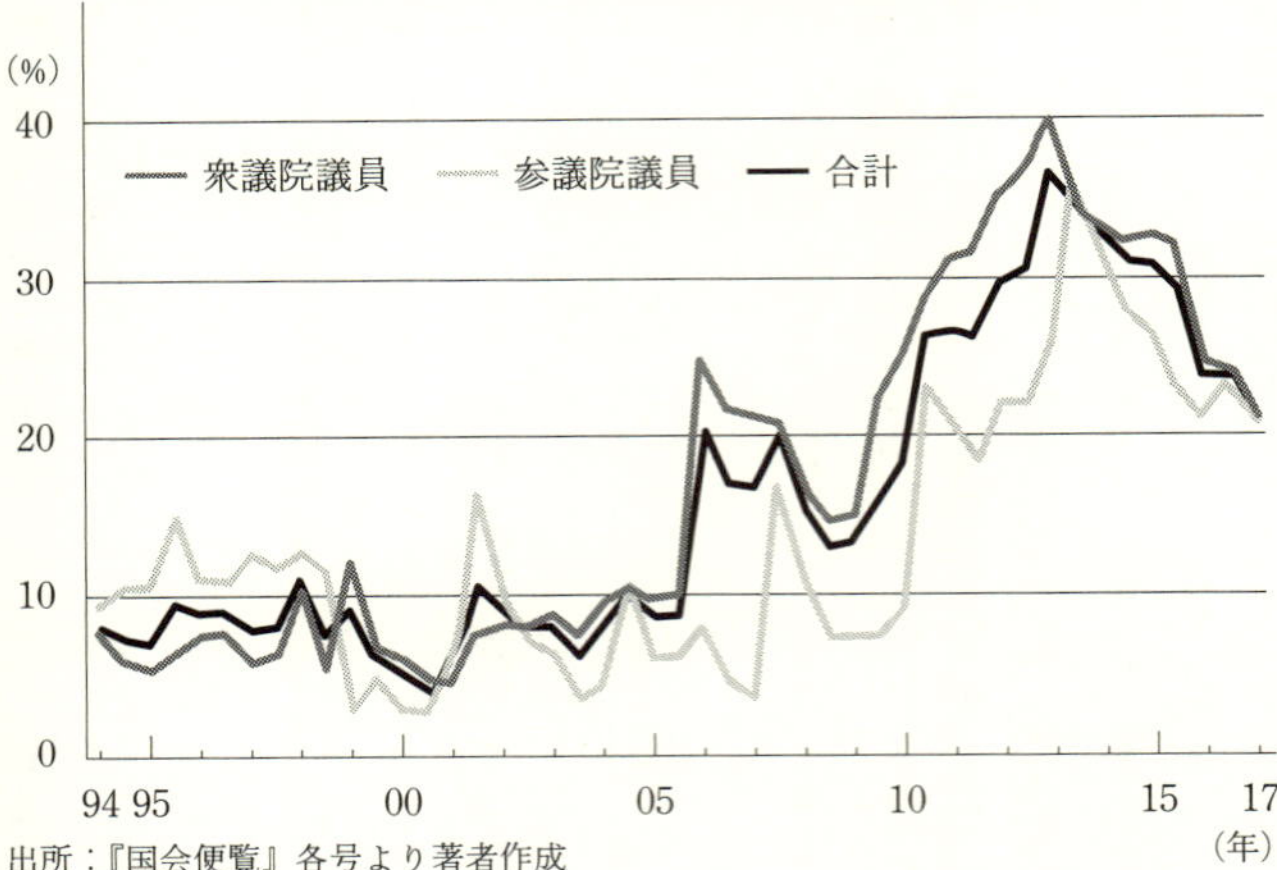

出所：『国会便覧』各号より著者作成

の復党といった状況の変化もあり、小泉チルドレンからも派閥に加入する者が増えてきた。時間を経るにしたがって、派閥に所属する国会議員との人間関係ができるし、相次ぐ総裁選挙のなかで多数派工作の対象にもなる。郵政選挙の直後に二〇・二％に達した無派閥の割合は、二〇〇八年には一二・九％まで低下した。

無派閥議員の増加の第二段階は、二〇〇九年の民主党への政権交代である。自民党は再生に向けて派閥解消を打ち出さざるを得なかったが、野党への転落を背景として、派閥が有していたポスト配分機能が低下したほか、パーティー券の売り上げが激減するなど、集金力も減少した。清和会が赤坂プリンスホテルの旧館に置いていた事務所を、閉館に伴うものとはいえ、党本部近くの貸ビルに移転したのは、この時期のことである。有権者の間で評判が悪い派閥を離脱する動きが加速し、無派閥の人数は清和会を上回るようになった。

第三段階は、二〇一二年の総選挙である。野党に転落した自民党は、公募による候補者の選定を進め、二〇一〇年の参院選に続いて、この総選挙でも多数を擁立し、小泉チルドレンを上回る一一五名の新人議員が生まれた。後述するように、公募の場合、当選した時点では派閥の色がついていない場合が多い。多数の元職も復帰したが、それでも無派閥の割合が急激に高まることになった。

その後、郵政選挙の後と同じく、二〇一二年の初当選組から派閥に加入する者が増えている。自民党が政権に復帰したことで、ポストや資金の面での派閥の苦境は緩和された。さらに、平成研からの脱退後に無派閥を続けていた石破茂が、二〇一五年になって水月会（すいげつかい）という派閥を新たに立ち上げた。そうしたなか、最高で三六・七％に達した無派閥の割合は、二〇一七年には二一・一％まで低下している。しかし、かつての一〇％程度に比べると、依然として無派閥議員が高い水準で存在している。

衆参両院の間には、若干の違いがある。衆議院に比べて参議院では、無派閥の割合が少し低く、そのこともあって三大派閥が勢力を維持している。とはいえ、参議院でも衆議院に引きずられて、同様の変化が生じている。総じて、派閥に入る必要性が乏しくなり、派閥の内部の求心力の低下が進んでいる。

2 派閥とは何だったのか

自民党の派閥の特徴

一般的にいって派閥とは、政党の内部に存在し、その主導権をめぐって競合する集団を意味する。派閥が存在する政党は決してめずらしくないが、一九八〇年代半ばに最盛期を迎えた自民党の派閥は、次のような特徴を持っていた。

第一に、非イデオロギー的な性格である。つまり、派閥の存立根拠として、理念や政策が決定的に重要な意味を持たない。例えば、かつての社会党にも派閥は存在していたが、それは基本的に右派や左派といったイデオロギーの色分けに基づいていた。同じく長期にわたる一党支配を続け、派閥が重要な構成要素となっていたイタリアのキリスト教民主党と比べても、非社会主義勢力をすべて糾合した自民党では、派閥が人事ないし利益に依拠する度合いが強かった。[5]

もちろん、自民党の派閥にも、理念や政策に基づく傾向がある。例えば、宏池会は憲法改正に消極的なハト派ないしリベラル派であり、清和会は改憲に積極的なタカ派もしくは右派であるといわれる。それは決して間違いではない。しかし、例えば、清和会の創立者である福田赳夫の長男で、首相を務めた福田康夫がハト派と呼ばれるなど、あくまでも相対的なものにすぎない。自民党の派閥は、最近では政策集団を名乗っているが、本質的に理念や政策の一致に基づく集団とは言い難い。

第二に、高度な制度化である。すなわち、メンバーの範囲が明確で、長期にわたって継続する。会則を持ち、会長を頂点とする役職と機関が設けられている。独自のリクルートメント能力および資金調達能力を持つ。恒常的な事務所を設置し、常勤の職員を配置している。定期的な会合を行う。場合によっては、政策を研究して、成果を公表する。選挙にあたっては、独自の選対を設けて対処する。このような派閥のあり方は、ほとんど政党といってよい水準に達し、「党中党」と呼ばれた。

逆に、国会議員が結成する派閥や個人後援会の存在もあって、自民党そのものの制度化は著しく阻害された。時代が下るに従って、自民党の運営は派閥の存在を前提とするものとなり、派閥間の関係にもルールが形成されていった。派閥の重複加入ができなくなる一方、政府・国会・党のポストについて派閥均衡人事が行われるようになったのは、その端的な例である。そうした意味においてのみ、自民党の制度化は進んだのである。自民党は事実上の派閥連合政党であった。

自民党の派閥政治は、強い批判に晒され続けた[6]。すなわち、党の統一と団結を阻害する、総裁のリーダーシップを弱める、政策不在の金権・密室政治を生じさせる、適材適所の人材登用を妨げる、などである。「自民党戦国史」と形容された戦国時代を彷彿させる派閥間の争いは、世論の強い批判を浴びながらも、熾烈なものとなり、しばしば党分裂の一歩手前にまで至った。一九九三年の政権からの転落は、経世会から分かれて結成された改革フォーラム21（羽田派）の脱党によって引き起こされた。

その一方で、派閥の効用も説かれた。派閥の存在を通じて多様性が確保されたがゆえに、自民党は様々な人材や利益を包摂できたという評価である。また、疑似政権交代という考え方もよく知られている。六〇年安保で傷ついた岸信介に代わって、所得倍増を掲げる池田勇人が政権を担い、さらに高度成長に伴う歪みを是正すべく佐藤栄作が登場した。このように自民党の枠内で人事と政策の転換が行われ、失われた世論の支持を回復したからこそ、自民党長期政権が続いたという見方である。

総裁選挙と派閥

それでは、派閥はどのような機能を具体的に果たしていたのか。[7] そもそも派閥はクライエンテリズム（恩顧主義）の一種であり、豊富な政治的資源や影響力を持つ領袖がメンバーに対して保護と便益を与える代わりに、メンバーが領袖に対して支持や助力を提供する、という非対称的な交換を軸として成り立っている。このような交換は、派閥が制度化されていくにつれてパーソナルな性格を薄めていったが、派閥が有する機能の中核に位置し続けたといってよい。

派閥を通じて何が交換されるのか。派閥が保持する機能のうちで重要なのは、①総裁選挙での候補者の擁立と支援、②国政選挙の候補者の擁立と支援、③政治資金の調達と提供、④政府・国会・党のポストの配分の四つである。①の総裁選挙ではメンバーが領袖に貢献し、反対に②の国政選挙、③の政治資金、④のポストといった面では、基本的に領袖がメンバーに支援を与えることになる。そして、自民党で派閥が発生し、台頭した理由も、以上の四つの点に関わっている。

派閥そのものは、一九五五年一一月に自民党が結成される以前から存在していた。ところが、保守合同以前の派閥の結束力は決して強くなく、メンバーの範囲もコアを除いて明確さを欠き、無派閥議員も重複加入者も少なくなかった。自民党は日本民主党と自由党の統一によって結成され、それぞれの旧党の内部にも様々な経緯に基づく派閥が複数存在していた。それが自民党の派閥の母体になっていったが、保守合同の段階では緩やかな集合体にとどまっていた。

自民党の派閥が確立していく背景となったのは、まず一九五六年一二月の鳩山一郎の後継を決める総裁選挙の実施であった。自民党は民主・自由両党の対立で総裁を決定できず、四名の代行委員制によって発足したが、それに決着をつけるべく予定されていた一九五六年四月の総裁選挙は、旧自由党総裁であった緒方竹虎の死去により、首相で旧民主党総裁の鳩山が事実上無競争で総裁に選出された。そのため、一九五六年一二月が初めての本格的な総裁選挙になった。
総裁選挙は総裁公選とも呼ばれる。戦前以来、保守政党の党首は、前党首を含む長老を中心とする話し合いによって選出されてきた。ところが、自民党の結成に際して、党所属の国会議員と都道府県連選出の二名の代議員とが平等に投票権を持ち、党大会で総裁が公選されることが決まり、党則に定められた。これは人事をめぐる民主・自由両党の対立を解決するという目的に加えて、社会党に対抗できる党組織の建設を目指して、党内民主主義を実現するためでもあった。

ところが、結果として起きたのは、派閥による激しい多数派工作であった。大野伴睦と三木武夫が石橋湛山を、池田勇人が石井光次郎を、河野一郎と佐藤栄作が岸信介を推し、第一回投票で二位であった石橋が、三位の石井と決選投票で二・三位連合を組み、岸を僅差で破って勝利を収めた。巨額の政治資金とポストの空手形が飛び交う熾烈（しれつ）な派閥の動員合戦によって、それまで多分に流動的であった派閥が強固なものとなり、無派閥議員が大幅に減り、複数の派閥に重複して所属する者がほとんど存在しなくなった。

かくして、旧自由党系の池田勇人、佐藤栄作、石井光次郎、大野伴睦、旧民主党系の岸信介、河野一郎、石橋湛山、三木武夫・松村謙三を領袖とする八個師団と称された派閥が明確な姿を現した（1―③）。現在の平成研は佐藤派、宏池会は池田派、清和会は岸派の末裔である。このように自民党の派閥は総裁候補を中心とする集団として形成されたが、メンバー

1-③ 自民党の派閥の変遷（1955～93年）

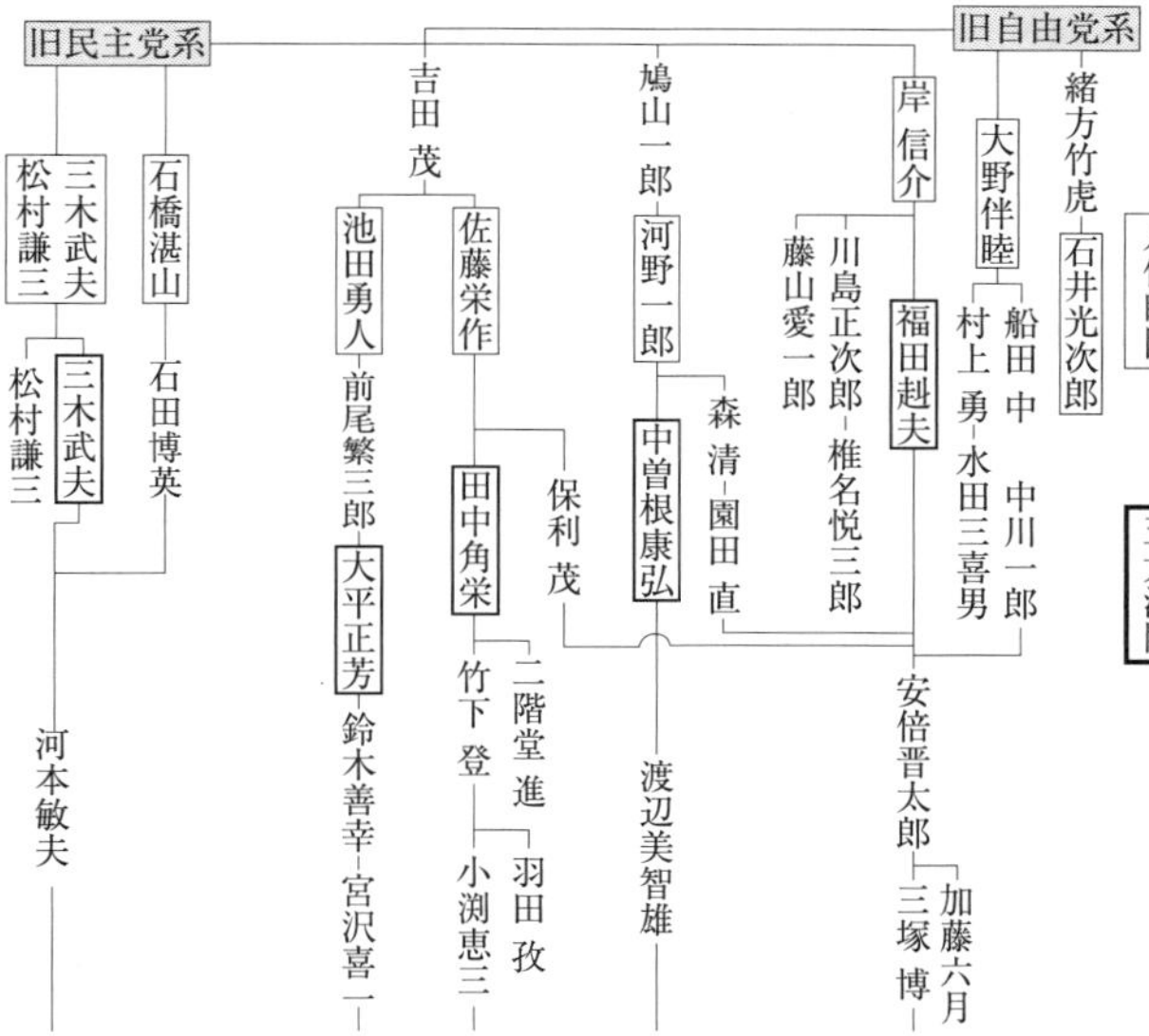

旧民主党系
旧自由党系
三木武夫・松村謙三
石橋湛山
吉田　茂
鳩山一郎
岸　信介
大野伴睦
緒方竹虎
八個師団
松村謙三
三木武夫
石田博英
池田勇人
佐藤栄作
河野一郎
藤山愛一郎
川島正次郎
福田赳夫
村上　勇
船田　中
石井光次郎
前尾繁三郎
田中角栄
保利　茂
中曽根康弘
森　清
椎名悦三郎
水田三喜男
中川一郎
五大派閥
園田　直
大平正芳
河本敏夫
鈴木善幸
竹下　登
二階堂進
渡辺美智雄
安倍晋太郎
宮沢喜一
小渕恵三
羽田　孜
三塚　博
加藤六月

出所：中北浩爾『自民党政治の変容』（NHK ブックス，2014年）286頁に加筆修正

に加わるインセンティブとしては、政治資金やポストが用いられた。

中選挙区制と派閥

総裁選挙と並んで、自民党の派閥を確立させたのは、国政選挙、とりわけ衆議院の中選挙区制であった。

中選挙区制とは一つの選挙区から三～五名（正確には二～六名）の議員を選出する選挙制度であり、広義の大選挙区制の一種である。自民党は、政権を維持すべく衆議院での過半数の獲得を目指したため、各選挙区で複数の公認候補を擁立せざるを得ない。そこで、自民党の候補者は、同じ自民党の別の候補者と争わなければならなくなり、選挙運動で党組織に頼ることができず、派閥に支援を求めたのである。

中選挙区制に伴う同士討ちは、自民党の結成によって所属議員数が増えたため、ますます激化することが予想された。それゆえ、中選挙区制を廃止して、一つの選挙区から一名の議員を選出する小選挙区制を導入しようと、一九五六年三月に第三次鳩山内閣の下で法案が国会に提出された。ところが、審議未了・廃案に終わった。小選挙区制は最大政党に有利な選挙制度であり、憲法改正を懸念する社会党が反対したのに加え、党執行部の権力の強化を危惧する自民党の反主流派が、批判的な態度をとったからである。

自民党結成後、初めての総選挙が一九五八年五月に実施された。先の総裁選挙を通じて数の力を実感した各派閥は、勢力拡大を目指して、党の公認の獲得、選挙資金の提供、応援演説の実施など、あらゆる手段を使って自派の候補者を支援した。それぞれの候補者も、派閥の支援に依存せざるを得なかった。中選挙区制の下での自民党候補同士の争いが、政治資金やポストと並んで、派閥に加入するインセンティブを与えたのである。

とりわけ重要なのは、個人後援会の普及である。この総選挙では、候補者が個人後援会を結成して事前に組織的な活動をすることが、全国的な流行になったと報じられた。個人後援会はそれ以前から存在していたが、高度成長などに伴い地方名望家の集票能力が衰えたことに加え、保守合同によって同士討ちが激化したため、有権者を直接的に組織化する個人後援会が急速に広がったのである。それにかかる多額の費用を捻出する上で、各候補者は派閥の支援に依存せざるを得なくなった。

以上にみてきたように、総裁選挙と中選挙区制の二つを主たる背景として、「党中党」たる派閥が自民党の内部で定着していった。派閥の領袖は、企業や団体などから政治資金を調達するとともに、国政選挙で候補者を擁立し、資金援助などを与える。それを通じて派閥のメンバーを増やし、党内での発言力を高め、政府・国会・党のポストを獲得する。それによって、メンバーの忠誠を強化する一方、政策決定過程に影響力を及ぼし、資金提供者の要望に応える。

個々のメンバーからみると、派閥に所属し、党内の実力者たる領袖の庇護下に入ることによって、党の公認を獲得するとともに、個人後援会を培養するのに不可欠な資金援助などを受け、選挙での当選を勝ち取る。その上で、政府・国会・党のポストの配分を得て、個人後援会を固めるとともに、発言力や集金力を高めていく。それを用いて派閥に貢献することで、領袖を支える幹部へと出世を遂げ、さらには領袖の座を継承して、総裁候補として名乗りを上げることを目指す。

田中角栄と派閥政治の発展

派閥政治は、政策なき権力抗争と金権腐敗とを生み出し、強い批判を浴びた。そうした批判に加えて、総裁のリーダーシップを妨げたため、党執行部から繰り返し派閥解消の動きが生じた。党近代化論が、それである。ところが、中選挙区制と総裁選挙が存在する以上、派閥はますます発展し、自民党の運営も次第に派閥の存在を前提とするものに変化していった。そうなると、国会議員はポストなどを獲得する必要上、いずれかの派閥に所属せざるを得なくなる。やがて派閥解消の声も小さくなった。

派閥政治の発展の一つの表れは、衆議院議員のみならず、参議院議員の派閥への所属が明確化したことである。参議院の地方区（選挙区）では自民党の候補者間の競合は少ないし、衆議院議員の支援を幅広く受ける必要から派閥への所属は必ずしも望ましくない。比例区の前身である全国区も、各種の友好団体の応援こそが重要な意味を持つ。ところが、長く参議院自民党を支配した重宗雄三が一九七一年に失脚した翌年、田中角栄が激しい多数派工作の末に総裁選挙で福田赳夫を破ったのを契機として、参議院でも派閥化が進展していく。

同じ時期、派閥の組織や機能も強化された。それを主導したのは、田中派である。派閥幹部による上納金を制度化し、政治資金を潤沢にする一方、様々な政策分野をカバーする族議員を揃えて陳情処理能力を高め、「総合病院」と呼ばれた。なお、三木内閣による政治資金規正法の改正を受けて、派閥がパーティーで政治資金を集めるようになったのも、この時期のことである。田中派は所属議員の秘書も「秘書軍団」に組織化した。こうしたイノベーションを背景として田中派は膨張し、他派も追随して組織改革を行った。

派閥の寡占化も進んだ。自民党は一九七七年、激しい派閥抗争への批判を受けて党改革に踏み切り、一般党員の参加による総裁予備選挙を導入し、翌年、初めて実施された。しかし、その結果、総裁選挙でキャスティングボートを握ることが難しくなった小派閥や無派閥議員が淘汰され、「三角大福中」と呼ばれた三木武夫、田中角栄、大平正芳、福田赳夫、中曽根康弘の五大派閥に集約される。また、田中派が「秘書軍団」などを用いて党員票を集めたことから、派閥が地域や団体の末端まで根を下ろしていった。

さらに、一九八〇年代半ばになると、規模の拡大に対応して、派閥の運営が領袖専決主義から機関中心主義へと変化した。これについても田中派が先行した。さすがの田中角栄も、一〇〇名を超える派閥を一人で差配することは困難であった。そこで、閥務を統括する「派閥幹事長」として事務総長ポストが設置されるとともに、領袖と主要幹部による常任幹事会という名称の最高決定機関を設け、そこで決まった方針を総会で説明し、了承を得るという手続きがとられるようになった。これもやがて一般化した。

巨大化した派閥は、多額の政治資金を必要とし、ポストなどで冷遇されることに耐えられない。その結果、総主流派体制が常態化した。五大派閥の間で総裁の選出など党の重要事項について事前の根回しを行うべく、各派の事務総長による会議が開かれるようになった。事務総長会議は、竹下内閣の発足を受けて一九八七年一二月に「師走会」と名づけられ、毎月一回、ほぼ定例的に開かれることが決まった。こうして自民党は派閥連合政党として完成の域に達したのである。[8]

3　失われた機能

政治改革と派閥数の増加

一九八〇年代半ばに最盛期を迎えた自民党の派閥政治は、その後、衰退していくことになる。その最大のきっかけとなったのが、一九八八年に発覚し、世論の強い批判を浴びたリクルート事件であった。

前述したように、中選挙区制の下、同士討ちを余儀なくされる自民党の候補者は、党の組織や政策に頼った選挙運動を展開できないので、個人後援会を作り、「党中党」たる派閥に庇護を求め、利益誘導政治に走る。それが金権腐敗の根源である以上、政治家の倫理を問うよりも、中選挙区制を廃止して、小選挙区制を導入しなければならない。リクルート事件を契機として、このような認識が党内外で高まり、小選挙区制の導入を中核とする政治改革の動きが開始された。

なかでも自民党幹事長を務めた小沢一郎は、たんなる腐敗防止を超えて、政治的リーダーシップの強化という観点から政治改革の必要性を説いた。すなわち、中選挙区制ゆえに、自民党は派閥連合政党にとどまっており、総裁の権力が制約されている。しかも、一九八〇年代に入って総主流派体制が生まれ、派閥間の競争も失われてしまった。したがって、小選挙区制を導入することで、政権交代の可能性を高め、政治的競争性を取り戻すとともに、党首を中心とする執行部の権力を強化し、政党本位の政治を実現しなければならない。

こうした目的を持つ政治改革は、小沢ら羽田派などが自民党から離れ、細川護熙を首相とする非自民連立政権が樹立されることで、一九九四年に実現した。ほかにも中選挙区制を単記制から連記制に手直しする案や、小選挙区比例代表併用制や連用制などが唱えられたが、最終的に導入されたのは、小選挙区三〇〇、比例代表二〇〇の小選挙区比例代表並立制であった。比例代表との並立制といっても小選挙区制を中心とするものであり、二〇〇〇年には比例代表の定数が二〇削減され、小選挙区制としての性格が一層強められた。[9]

中選挙区制が廃止されたことで、派閥は変化を余儀なくされた。最も目に見えやすい変化は、派閥数の増加である。一九七〇年代末に自民党の派閥の数がほぼ五つに集約されたのは、総裁予備選挙の実施に加え、一つの選挙区から三〜五名の議員を選出する中選挙区制と関係していた。[10] 中選挙区制の下、自民党の公認候補は最大で五名になるが、互いに競合するため、別々の派閥に所属する。そして、選挙区レベルの五人の候補者の競合は、総裁選挙を媒介として、全国レベルの五大派閥への収斂を生み出したのである。

しかし、一九九六年に小選挙区比例代表並立制の下で初めて総選挙が実施されて以降、新たな派閥の結成が進んだ。一九九八年から翌年にかけて、政策科学研究所（旧渡辺派）を離

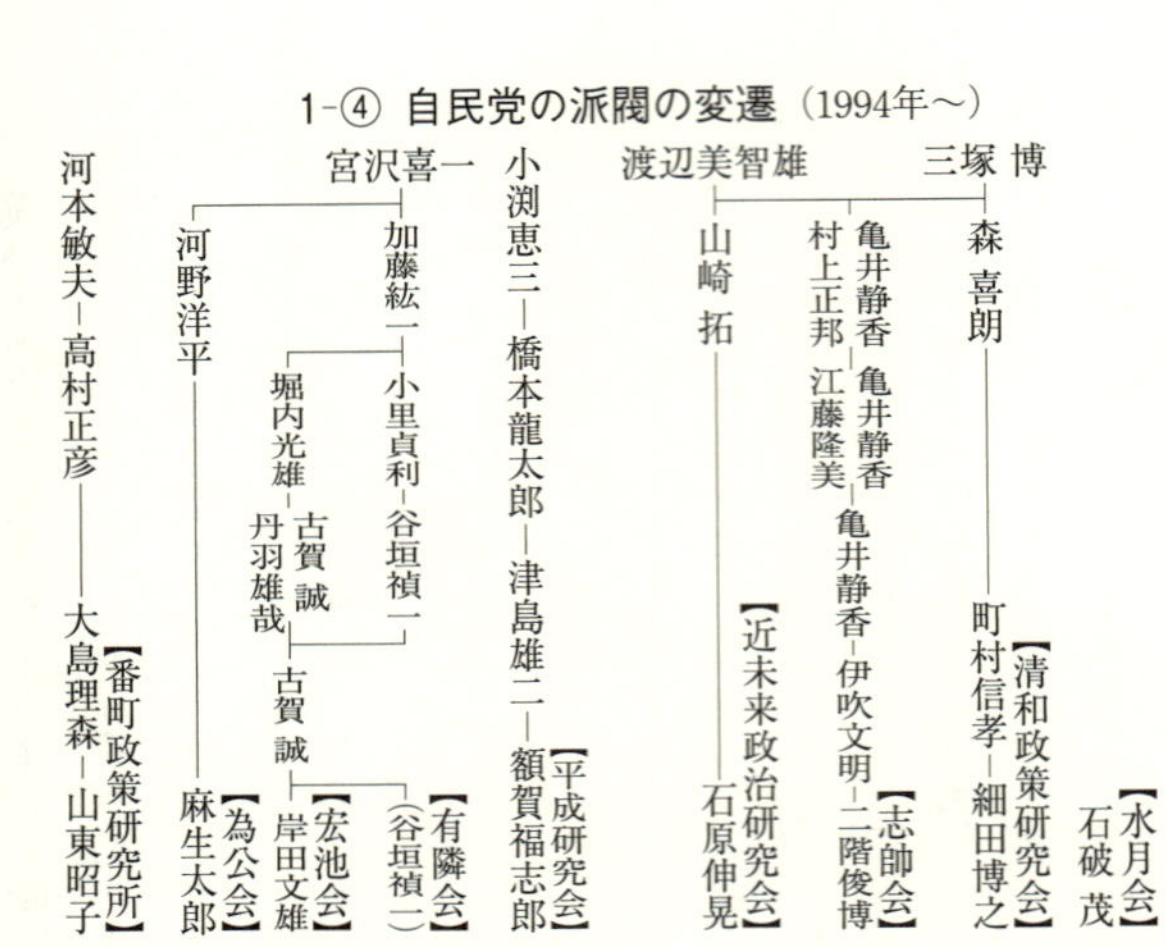

注記：（　）は派閥ではなくグループ
出所：中北浩爾『自民党政治の変容』（NHKブックス，2014年）286頁に加筆修正

脱した山崎拓グループが近未来政治研究会（近未来研）、宏池会（宮沢派）から分かれた河野洋平グループが大勇会、清和会（三塚派）を脱退した亀井静香グループが旧渡辺派の残留組と合流して志帥会をそれぞれ結成した。これらの派閥は、その後も消滅せず、派閥の数が七に増加した。二〇〇〇年には「加藤の乱」の結果、宏池会がさらに二つに分裂した（1―④）。

その後も中選挙区制の廃止に伴う派閥の求心力の減退が進行する。二〇〇五年の小泉首相による郵政選挙を契機に無派閥議員が急速に増加した。さらに、二〇一五年には、石破茂を領袖とする水月会が、無派閥議員を集めて結成された。既存の派閥の分裂ではなく、まったく新たな派閥が生まれたのは、一九七九年に中川一郎率いる自由革新同友会が結成されて以来のことであった。他の派閥との重複加入を認めて派閥を名乗っていない有隣会を除いても、現在、八つの派閥が乱立している。

派閥選挙の後退

派閥数の増加や無派閥議員の増大にみられる派閥の求心力の低下は、中選挙区制から小選挙区制に変わった結果、同士討ちがなくなり、派閥が衆議院選挙に関与する度合いを減少させたことを一因としている。中選挙区制の下で、同士討ちを余儀なくされる候補者は、同一選挙区に所属議員がいない派閥に支援を求め、他方、派閥も内部の結束を乱さないため、メンバーがいない選挙区に候補者を擁立し、総裁選挙に向けて勢力を拡張しようと努めた。自民党の衆議院選挙は、派閥選挙だったのである。

派閥の候補者に対する支援の第一は、党の公認の獲得であった。公示前には派閥の助力を得て後援会づくりが進められる。公示後も無所属候補に派閥が実質的な援助を与えることは可能であり、当選すれば自民党の追加公認という道も開かれていた。しかし、公認候補になると、選挙資金の援助や友好団体の応援といった便宜が党から与えられるし、非公認になれば、派閥としても党則上、公然と支援することが難しくなる。だからこそ、かつて派閥は公示の直前、党の公認の獲得をめぐって争ったのである。

ところが、現在では、候補者が党の公認を取りつける上で、派閥が役割を果たすことはほとんどない。小選挙区比例代表並立制の導入後も一〇年ほどは、候補者間の調整がつかず、一人が小選挙区、もう一人が比例代表に単独で立候補し、次の選挙で入れ替わるコスタリカ方式がかなり残っていた。しかし、コスタリカ方式の解消が進むと、候補者が別々の派閥の支援を受けて公認を争うことが、めったになくなった。その結果、派閥という要素は、党の公認の決定に際して重要性を失っていった。

そのことは、公認の決定プロセスの変化にも示される。自民党本部の選対関係者によると、二〇〇〇年代の半ばまでは、各派閥が選挙対策小委員会に委員を送り出しており、選挙対策本部で公認候補を決める際には、そこで事前に派閥間の調整が行われ、了承するという手続きが踏まれていた。いまでも多くの派閥が選挙対策委員会の副委員長にメンバーを送り込んでいるが、かつてのような派閥間の調整メカニズムはなくなり、選対副委員長の役割も派閥の代表から選対委員長の補佐に変化してきているという。

他方、小選挙区制の導入により、各候補者にとって党の公認は決定的に重要化した。当選に必要な得票率が中選挙区制よりも上昇したため、党の公認なくして当選することが困難になったからである。また、中選挙区制下のように、無所属で立候補した上で党の公認候補を破って当選し、追加公認を得るという道もほぼ失われた[11]。その結果、党執行部が持つ公認権は強化され、「加藤の乱」や郵政選挙の際には、造反を抑え込む上で大きな効果を発揮した。なお、拘束名簿式の比例代表制も、党執行部の公認権を強くする。

中選挙区制での派閥の候補者に対する支援の第二は、選挙運動への応援である。各派閥はそれぞれ独自に選対を設置し、知名度が高い幹部やメンバーを応援弁士として派遣したり、衆議院選挙であれば参議院議員、参議院選挙であれば衆議院議員の秘書を手伝いのために送り込んだりした。応援弁士は、選挙前にも国政報告会などの際に派遣されるが、浮動票の獲得とともに、陣営を引き締める効果を持つ。派閥は、接戦の選挙区に重点的に支援を行うことで、自派のメンバーを増やそうとした。

現在でも、選挙に際して派閥選対が設置される。ところが、各派閥の関係者は一様に、応援弁士の派遣について、派閥も行っているとはいえ、党本部が中心的な役割を果たすようになったと語る。かつては派閥が芸能人を応援で送り込むこともあったが、いまではほとんど聞かれなくなった。秘書の派遣も少なくなっている。このように派閥の活動量が低下した大きな原因は、資金力の減少にある。

派閥の候補者に対する支援の第三は、資金面での援助であるが、これも同じく重要性を低下させている。総じて、国政選挙で派閥の役割が後退していることは間違いない。

減退する派閥の資金力

現在、派閥が求心力を失っている大きな理由は、資金力の減退にある。豊富な政治資金がなければ、メンバーに対して選挙の際あるいは日常的に十分な援助をすることができないし、メンバー相互の親睦を深める機会も貧弱なものになってしまう。手狭な事務所で我慢しなければならず、職員の数も削減を余儀なくされる。それどころか、派閥の活動にあたって、メンバーに負担を強いる機会も増える。いまや派閥に加入することは、必ずしも金銭的に魅力的ではなくなった。

もっとも、派閥の全盛期である一九八〇年代半ばでも、国会議員は所属派閥に政治資金を全面的に依存していたわけではない。大臣経験者は原則として自前の資金調達を求められたし、若手議員でも派閥からの資金援助は多くとも収入の一~二割にすぎなかった。それゆえ派閥の役割は、直接的な資金援助よりも、むしろ一種の信用供与、すなわちパーティー券の販売や企業献金の開拓などで使用できる派閥の資金ネットワークへのアクセス権の提供にあったといわれる。[12]

とはいえ、その当時、派閥は夏(六月)に氷代、冬(一二月)にモチ代として年二回、それぞれ二〇〇万~四〇〇〇万円をメンバーに配っていた。党からも氷代およびモチ代が幹事長の手渡しで配布されたが、ほぼ同額あるいは若干少ない二〇〇万~三〇〇〇万円であった。また、国政選挙の際には、党が公認料として全員に一〇〇〇万円ずつ供給したが、派閥も最低でも同額の資金援助を行っていたという。そのほか、派閥の幹部からの個別的な資金提供も、一定程度存在していた。[13]

現在はどうか。政治資金を正確に把握することはきわめて困難であるが、平成研、宏池会、清和会といった派閥の政治団体の二〇一五年の政治資金収支報告書によると、氷代とモチ代はそれぞれ五〇万～一〇〇万円であり、その前年をみると、総選挙の際の資金援助は一〇〇万～二〇〇万円である。これは各派閥の関係者に行ったインタビューの内容とも符合している。派閥からメンバーへの資金援助が、少なくとも一九八〇年代に比べると、大きく減少していることは疑いない。

所属する派閥への支出についてみると、会費は一律に月額五万円、年額でいうと六〇万円である。また、派閥が開催する政治資金パーティーの券の販売も求められる。ある派閥では、当選一回は五〇万円、二回以上は一〇〇万円、閣僚経験者は二〇〇万円が努力目標であり、それを超える分については寄付金として還付するというインセンティブを設けているという。当選一回で一〇〇万円、副大臣が一三〇万円というところもあれば、おおむね二〇〇万～三〇〇万円、最高ランクで七〇〇万円という派閥もあると聞く。

総じてみるならば、派閥との政治資金のやり取りは、若手議員で収支が若干のプラス、もしくは均衡、中堅・有力議員になると負担のほうが多くなるようである。少なくとも政治資金上、派閥への加入に大きなメリットがあるとはいえない。例えば、武井俊輔衆議院議員は、こう語っている。「私は理念や伝統に魅かれて宏池会に入っているのであって、カネだけで言ったら、ほぼトントンというのが実感です。だから入会しない人もいるのだと思う。入らないと資金が回らないのなら、みんな派閥に入りますよ」。

こうした状況は、派閥の集金力の減退によって生じている。派閥の政治団体の収支報告書をみると、春季に開催する政治資金パーティーに全面的に依存していることがわかる。二〇一五年の清和会の収入二億五〇七三万円の七〇・七%、平成研の収入一億四二三三万円の七六・一%、宏池会の収入一億九四一六万円の七五・三%が、パーティー収入である（繰越金を除く）。一枚二万円のパーティー券を政治資金収支報告書に記載される二〇万円を超えて購入する企業や団体は少なく、派閥は収入源の確保に四苦八苦している。

政治資金制度改革のインパクト

以上にみた派閥の集金力の減退の主たる原因も、政治改革にある。細川政権の下で一九九四年、政党本位の政治を目指して、小選挙区制の導入を柱とする選挙制度改革が行われるとともに、政治資金制度改革が実施された[14]。

内容は多岐にわたるが、重要なポイントの第一は、国家財政から政党に資金援助を行う政党助成制度の導入である。国会議員五名以上といった要件を満たす政党に対して、国民一人当たり二五〇円、総額約三〇九億円を、議員数と得票数に応じて配分する制度であった。当初、当該政党の前年の収入総額の三分の二が交付額の上限として設定されていたが、翌年の政党助成法の改正で「三分の二条項」は撤廃された。共産党を除く各政党は政党交付金への依存を深め、その配分権を有する党執行部の権力が増大した。

第二は、政党（およびその政治資金団体）以外への企業・団体献金の禁止である。その結果、派閥が作っていた政治団体は、企業・団体献金を受け取ることができなくなり、大きな打撃を被った。例外的に政治家個人の資金管理団体は、五年間に限って年間五〇万円以内の企業・団体献金が認められたが、これも一九九九年の政治資金規正法の改正で禁止された。政党支部を通じて政治家個人が企業・団体献金を受け取る抜け穴もあるが、派閥の資金集めには大きな足枷（あしかせ）となった。

第三は、政治資金の透明化である。政党・政治資金団体以外の政治団体への献金の公開基準が、それまでの年間一〇〇万円超から五万円超へと引き下げられた。政治資金パーティーについても、同一の者による同一のパーティー券の購入の公開基準が一〇〇万円超から二〇万円超へと変更された。子会社や複数の政治団体を用いるといった抜け穴はあるが、企業・団体は様々な理由から名前を公表されることを嫌うし、これを口実に購入額を限定しようとするため、派閥にとって大きな制約となっている。

実際、各派閥の集金力は、一九九四年の政治改革を境に急激に減少した。一九八〇年代後半には年間二〇億円を超えることもあった派閥の収入総額は、五億円を超えることがなくなった（1—⑤）。もちろん、一九九一年のバブル崩壊後の平成不況の長期化、一九九三年の自民党の下野なども、無視しえない要因として作用したはずである。しかし、政治資金制度改革を抜きにして、一九九〇年代半ばの派閥の集金力の低下、その後の低迷を説明すること

1-⑤ 主要派閥の政治資金の推移

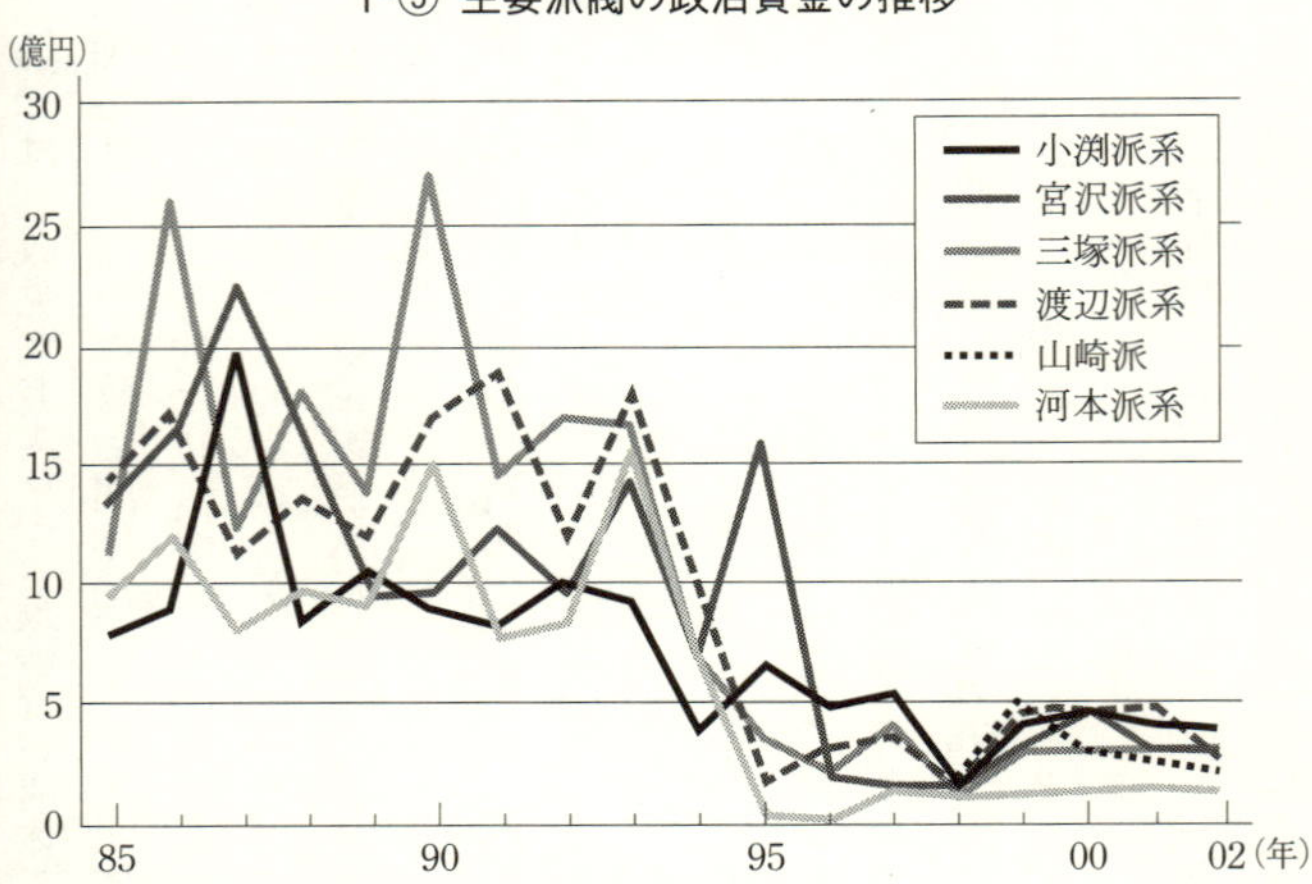

注記：派閥の名称は1994年６月，自民党政権復帰時のもの
出所：竹中治堅『首相支配』（中公新書，2006年）155頁

はできない。

派閥の資金力の衰えの背景として、もう一つ注目すべきは、自民党から各派閥への資金配分の消滅である。ほとんど知られていないが、一九九〇年の総選挙対策として、当時の小沢幹事長が実施したことをきっかけに、党から派閥への資金援助が始まり、九二年には総額で約三一億円、九三年には約四〇億円が所属議員数に応じて派閥に渡された。政権からの転落などを受けて一九九四年には四億五〇〇〇万円にとどまったが、その後も党から派閥への資金援助が継続した。

一九九四年の政治改革で政党助成制度が設けられたが、その資金が派閥に回れば、政党本位の政治は有名無実になる。しかし、自民党から各派閥への資金配分は、小泉内閣の際に大きく削減され、再度の下野を受けて二〇一〇年に最終的に廃止された。自民党は派閥経由をやめ、その分を所属議員への直接交付に切り替えたのである[15]。このことは派閥が衰退した結果であるとともに、それを促進する原因にもなった。政治資金の面でも、自民党は派閥連合政党から脱却してきたといえる。

4　残存する役割と上意下達機関化

当選後に進む派閥への加入

先に自民党の派閥が有する機能のうち重要なものとして、①総裁選挙での候補者の擁立と支援、②国政選挙の候補者の擁立と支援、③政治資金の調達と提供、④政府・国会・党のポストの配分の四つを挙げた。これまでみてきたように、政治改革を受けて、②と③について派閥の役割は大きく低下し、党本部に重心が移った。それればかりか、次の章で確認する通り、①と④に関しても、派閥の機能は減退している。ならば派閥は存在意義を失い、やがて消え去るのか。必ずしもそうとはいえない。

外形的にみる限り、派閥の姿は以前からほぼ変わっていない。すなわち、会則と会員名簿があり、会長を頂点とする役職と機関を保持する。政治団体として独自の財政を持ち、党本部の外に事務所を有し、常勤の職員を配置している。定期的な会合を行い、国政選挙にあた

1-⑥ 2012年に初当選した衆議院議員の派閥所属の推移

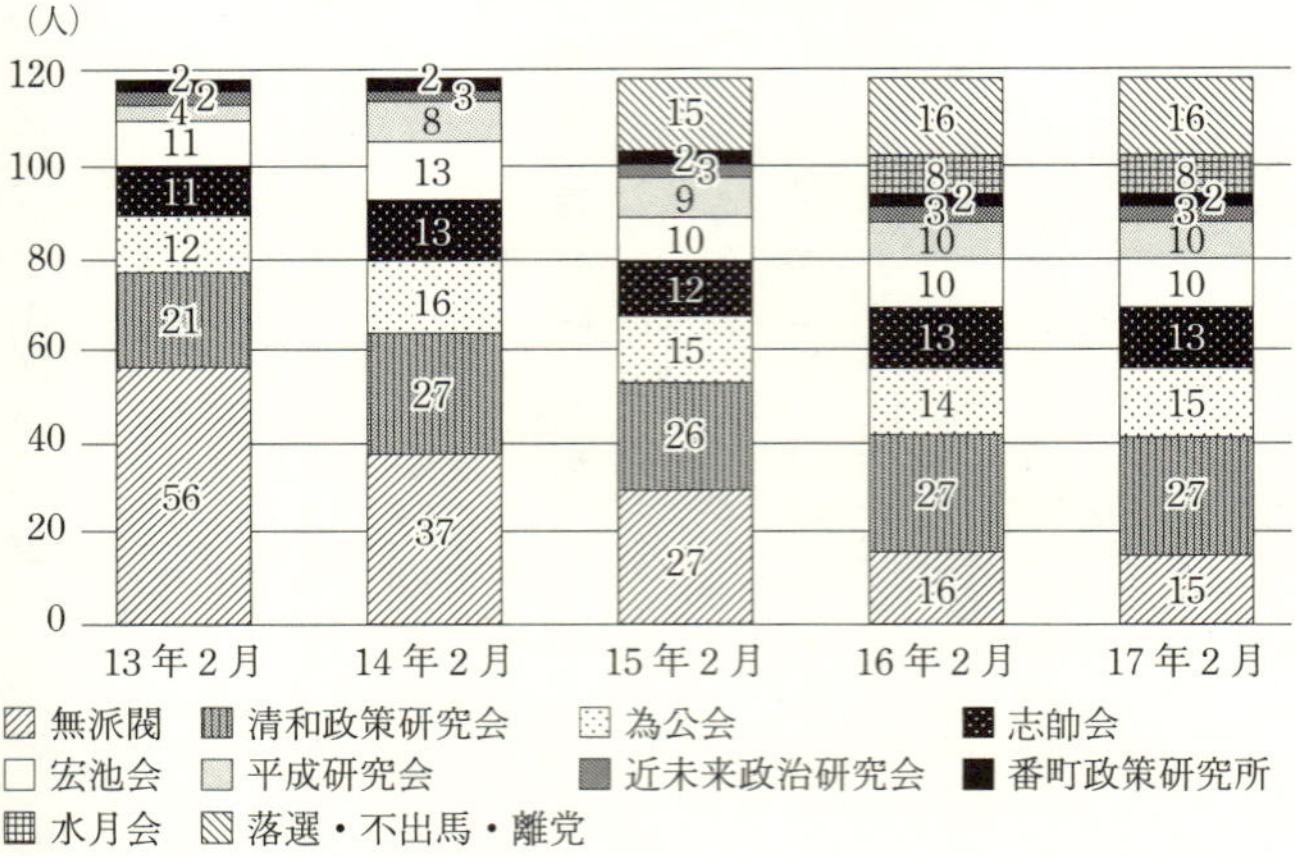

（人）

	13年2月	14年2月	15年2月	16年2月	17年2月
無派閥	56	37	27	16	15
清和政策研究会	21	27	26	27	27
為公会	12	16	15	14	15
志帥会	11	13	12	13	13
宏池会	11	13	10	10	10
平成研究会	4	8	9	10	10
近未来政治研究会	2	3	3	3	3
番町政策研究所	2	2	2	2	2
水月会				8	8
落選・不出馬・離党			15	16	16

出所：『国会便覧』各号より著者作成

って選対を設置する。なかでも重要なのは、あらゆる派閥が重複加入を認めていないことである。すべての派閥が木曜日の正午から例会（総会）を開くことで、互いにメンバーを囲い込んでいる。

要するに派閥は、相互の承認によって成り立っている一種のシステムであり、それゆえ持続性を有している。確かに、宏池会の再分裂によって生まれた有隣会は、派閥ではなくグループと称し、他の派閥との掛け持ちを認めてきた。その一方、無派閥議員を中心に緩やかなグループ「無派閥連絡会」を作っていた石破茂は、水月会という派閥を結成した。派閥として認められれば、派閥間の事務総長会議や党のいくつかのポストに代表を送り込めるし、内部の結束力を固められるというメリットがある。

1-⑦ 当選回数別の無派閥議員の比率の推移
（2012年総選挙～14年総選挙）

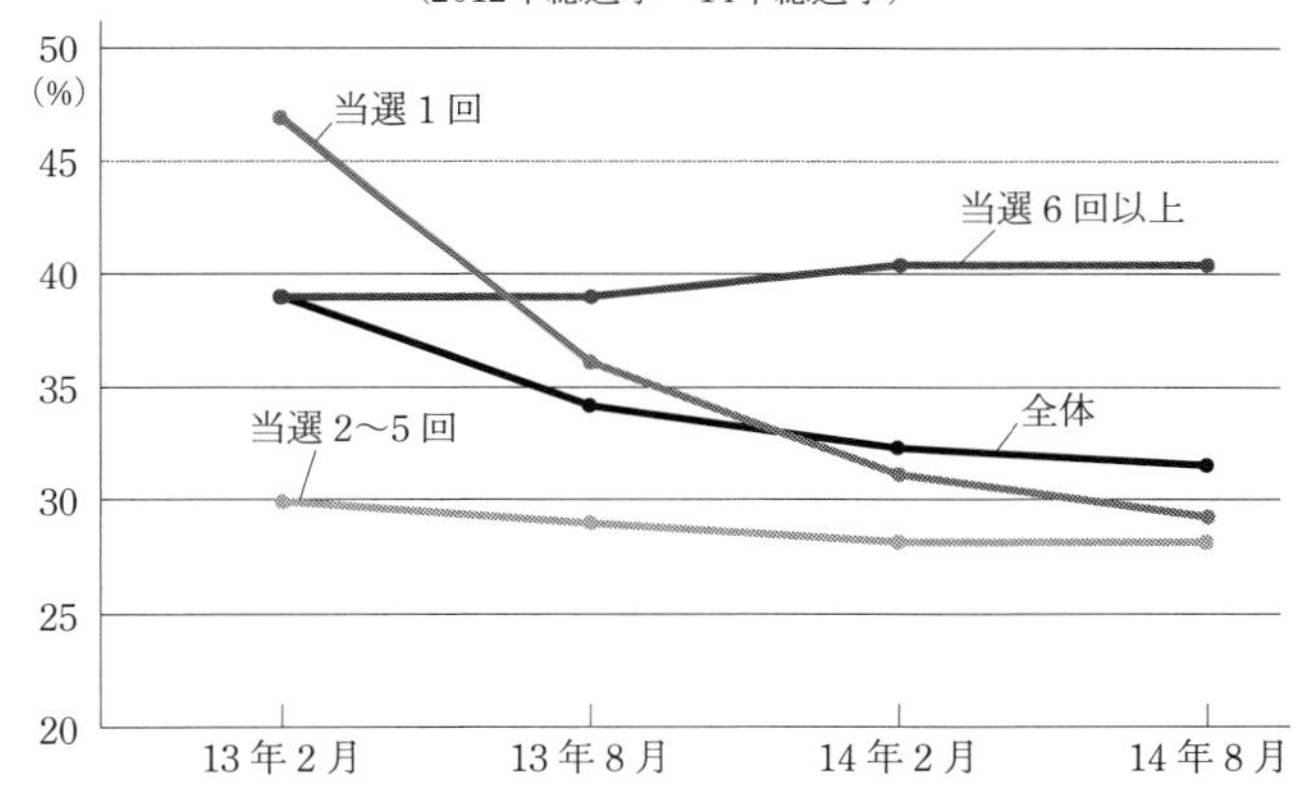

注記：役職への就任に伴い派閥を一時的に離脱しているケースは派閥所属とした
出所：『国会便覧』各号より著者作成

さらに、新たなメンバーの獲得というリクルートメントの面でも、派閥は一定程度の持続性を持っている。例えば、二〇一二年一二月の総選挙で初当選した一一九名の新人議員をみると、翌年二月の段階で四七・一％の五六名が無派閥であったが、その割合は次第に低下し、二〇一七年二月には一二・六％の一五名まで減っている。二〇一四年一二月の総選挙での落選者や離党者が一六名いるが、それを差し引いても一四・六％で、急激に派閥に吸収されたことがわかる（１―⑥）。

公募の導入が進むなど、現在では候補者が党の公認を取りつける上で、派閥が役割を果たすことがほとんどなくなっている。もちろん、世襲をはじめ事前に派閥との関係を有する候補者もいるし、公認の過程で都道府県連の役職に就いている派閥幹部との結びつきができるケースもある。だからこそ、総選挙の直後に新人議員の半分近くが派閥に所属しているのであるが、その後、加入者が次第に増えるのは、派閥が若手議員にとって魅力的な存在であることを意味する。

新人議員が派閥に吸収されていくと、当選回数が増えるほど無派閥が多くなるという傾向が浮かび上がってくる（1―⑦）。野党時代も有力・中堅議員の派閥からの脱退が目立った。若手議員には派閥に所属するメリットがそれなりにあるが、有力・中堅議員になると、派閥に所属することによる政治資金上の負担が重くなる。すでに独自の人脈を作り上げ、一定のポストを手にしている場合も多い。したがって、様々な理由から派閥の運営に不満を抱くと、退会してしまうのである。

人的ネットワークとしての派閥

以上にみてきたことは、現在の派閥の主たる機能を端的に示している。人的ネットワークとしての役割である。いいかえれば、仲間としての派閥である。だからこそ、有力・中堅議員よりも若手議員にとって、派閥は魅力的な組織なのである。もちろん、そのような役割は、従前から派閥に存在していたといえる。しかし、①総裁選挙、②国政選挙、③政治資金、④ポストに関する主要な機能が低下した結果、そうした側面が相対的に浮上するようになったのである。

派閥の日常的な活動として最も重要なのは、国会開会中の毎週木曜日の正午から三〇分～一時間弱開かれる例会である。各派閥の関係者に聞くと、多忙な国会議員にしては、例会への出席率が高いことがわかる。多くの場合、七～九割といった回答が寄せられる。もちろん、例会が開かれる派閥の事務所（あるいは自民党本部）が国会から至近であり、昼食つきというところが大きい。仲間と一緒に食事をしながら、一息つくのだという。国会閉会中は、例会の代わりに在京議員懇談会を開く派閥が多い。

例会以外にも、政策に関する勉強会が開催されるほか、派閥によって異なるが、忘年会が行われたり、国会開会時と閉会時に懇親会が持たれたりする。また、八月から九月にかけて勉強と懇親を兼ねた泊りがけの夏季研修会が開かれる。こうしたなかで人的ネットワークとしての派閥の基盤が培われる。情報の入手には親しい仲間が必要であるし、陳情の処理にも、政府などの役職に就いている先輩議員の存在が有利である。派閥は政治家にとって不可欠な人脈を提供する機能を果たしている。

もっとも、いずれの派閥でも勉強会の頻度が以前より減少しているし、野党時代に中断していた夏季研修会も、復活したとはいえ、最盛期ほどの規模ではない[16]。かつて派閥の事務所は情報交換や雑談、時には囲碁なども行われる一種の溜まり場であったが、いまでは例会など以外に議員が立ち寄ることがめったになくなった。それでも選挙をはじめ激しい競争に晒されている孤独な国会議員にとって、派閥は「寄らば大樹の陰」である。不祥事などの際に守ってくれる存在として加入するメリットがある、と語る国会議員もいる。

加えて、前記の①〜④の派閥の機能も、低下したとはいえ、完全には失われていない。政治資金について、若手議員には若干のプラスがあることは前述したが、地元での国政報告会や選挙の際の応援演説を依頼しやすいのは、派閥の幹部である。後述するように、ポストに関しても、かつてのような派閥人事は行われなくなったが、それでも派閥は事務総長を中心に自らの希望を党幹部に伝え、後押ししてくれる。人的ネットワークとしての派閥は、これらの機能を一定程度果たしている。

とはいえ、やはり派閥の機能はかつてに比べて著しく低下しているし、派閥に所属しない自民党議員が全体として増加していることもまた、厳然たる事実である。外形的な派閥の姿は、従来とほとんど変わっていないが、それに見合うほどの内実があるとはいえなくなってきている。過去の遺産と人的ネットワークという機能に下支えされながら、派閥は衰退しつつも生き延びている。

志帥会という例外

現在、麻生太郎の個人的な魅力で結束し、拡大する為公会と並んで、自民党の派閥のなかで例外的に活性化しているのが、二階俊博を領袖とする志帥会である。

旧来の三大派閥などと比較して志帥会に特徴的なのは、積極的な勢力拡張策である。その主たるターゲットの第一は、新人議員である。二〇一二年および一四年の総選挙での初当選組を最も多く入会させているのは、総裁派閥の清和会であるが、三大派閥の平成研や宏池会を抑えて、清和会に次ぐ人数を集めているのは、為公会とともに志帥会である。志帥会は、参議院では三大派閥に劣るが、衆議院議員についてみると、平成研や宏池会に匹敵する規模にまで膨らんでいる。

第二に、無所属から自民党に入党した議員である。元民主党の山口壮と平野達男が、それに該当する。また、自民党の公認を得られず、自民党公認候補を破って当選したため、入党できない無所属議員を特別会員として取り込んでいる。現在、小泉龍司と長崎幸太郎の二名がいる。長崎は派内で政策委員長の要職にもある。自民党公認の対立候補が比例代表で復活当選し、他の派閥に所属しているケースが多いから、これが大きな摩擦を生じさせる行為であることはいうまでもない。

第三に、二〇一三年の法改正で衆議院の定数について〇増五減が実施されたが、その結果、小選挙区を失い、比例単独候補になった議員である。具体的には、旧福井二区から北陸信越ブロックに移った山本拓、旧佐賀二区から九州ブロックに回った今村雅弘、旧高知一区から四国ブロックに移動した福井照が挙げられる。かつてのコスタリカ方式と同じく、定数是正によって選挙区に問題を抱えるケースが生じており、弱い立場に陥った議員にとって、志帥会は「駆け込み寺」のような存在になっている。

派閥としての活動も、他派に比べて活発にみえる。陳情の処理や悩み事の解決も、派閥として迅速かつ積極的に対応している。政策の勉強会が比較的頻繁に開催されているほか、選挙のノウハウを先輩が後輩にきめ細かく教えるための勉強会がしばしば開かれており、団結力の強化につながっているという。夏季研修会も、高野山・沖縄、身延山、秩父、札幌と、毎年かなり遠方で開催している。砂防会館の別館にある事務所は、平成研や宏池会よりも広く、職員数も清和会と同じ三名である。

とはいえ、志帥会の二〇一五年の繰越金を除く収入は一億八四〇二万円であり、決して資金力が突出しているわけではない。その求心力の源泉は、領袖の二階の統率力である。二階は、田中派(木曜クラブ)、竹下派(経世会)に所属した過去を持つ。最強派閥の全盛期を知る、いまでは数少ない自民党議員の一人である。小沢一郎とともに自民党を離党し、新進党、自由党、保守党、保守新党を経て二〇〇三年に自民党に復帰して、同じ復党者からなるグループ「新しい波」を率いた後、志帥会に合流し、一二年に同派の会長に就任した。

現在では平成研よりも、中曽根派や福田派を源流とする志帥会のほうが、二階のリーダーシップの下、かつての田中派に近似している。積極的な拡張策にみられる「数は力」という政治哲学、「日本列島改造」論を彷彿させる「国土強靱化」というスローガンなどである。なかでも建設や運輸は二階の得意分野であり、官僚や業界に大きな影響力を持ち、圧倒的な陳情処理能力を誇るといわれる。豊富な経験と幅広い人脈を有する二階の面倒見のよさが、志師会の結束力を支える最大の要因となっている。

しかし、そのことは同時に、志師会の活性化が二階という政治家個人の能力に依存していることを意味する。二階によって変貌した志師会が、派閥が衰退しているなか、今後も同じであり続ける可能性は必ずしも高くない。同派の関係者が述べるように、衆参合わせて四〇名程度という現状が適正規模であり、これよりも人数が増えると、目が届きにくくなるし、資金的な手当ても大変になる。また、田中角栄が体現したような利益誘導政治が本格的に復活することもあり得ない。二階の高齢という問題もある。

上意下達機関へ

かつての自民党は、派閥連合政党であった。派閥が基本的な単位となり、それに基づいて党運営がなされたからである。先にみてきた①総裁選挙、②国政選挙、③政治資金、④ポストに関する自民党の様々な機能が、「党中党」たる派閥に担われていた。激しい派閥抗争を経て、一九八〇年代に入ると、総主流派体制が常態化し、五大派閥の間の事前の話し合いに従って、党の重要事項が決められるということが生じた。各派の代表からなる事務総長会議が、それである。

しかし、事務総長会議には、派閥の意思を党運営に反映させること以外に、もう一つの役割が存在した。党内の統制を強化することである。一九八七年の竹下内閣の成立とともに定例的に開かれるようになった事務総長会議は、消費税の導入を全派閥が協力して推進することを申し合わせるなど、税制改正に対する党内の異論の封じ込めに効果を発揮した。[17] つまり、最盛期を迎えた派閥は、メンバーの意向を党に送り届ける機能とともに、党の方針をメンバーに受け入れさせる役割を果たすようになっていた。

その後、一九九四年の政治改革を受けて、派閥は徐々に衰退していくことになる。同年の八月二六日、自民党の党改革本部は派閥の解消などを盛り込む「党運営・機構等基本問題に関する答申」を決定し、党改革実行本部の最終報告を経て、五大派閥が年内に解散した。しかし、それは名目上にとどまり、政策集団などとして存続した。ところが、「古い自民党をぶっ壊す」と叫んで派閥を攻撃した小泉政権、さらに二〇〇九年の政権交代を受けて、派閥はその機能を次第に低下させてきた。

その結果、党と派閥の関係について、何が起きたのか。一言でいえば、派閥の上意下達機関化である。派閥は、党と国会議員の間で「下から上へ」と「上から下へ」という双方向の意思疎通のパイプとなってきたが、前者に対して後者の役割が強まっている。派閥の事務総長会議は、平成研の今津寛事務総長によると、現在も二ヵ月に一回程度開かれている。「今後は重要な党運営上の決定に関する事前調整を行う機会もあろうが、現在のところ派閥間の懇親や情報交換を図り、党内の結束を確認する場として主に機能している」という。

同じことは、派閥の運営にも見受けられる。依然として派閥からは、様々な党の「副」のポストに代表が送り込まれている。副幹事長、政調副会長、国対副委員長などが、その例である。しかし、選挙対策委員会について前述したように、その役割は派閥の意向の反映よりも、それぞれのポストの長のサポート役に変わってきている。そして、各派閥の毎週の例会では、会長の挨拶とともに、副幹事長などの報告がなされるが、メンバーは一方的に聞くだけになっていることが多い。

さらにいえば、いずれの派閥も重要な意思決定を独自に行うことが、かつてに比べて大幅に減少しているという。清和会は幹事会、平成研は役員会を例会の直前に開いているが、宏池会や志帥会は幹部会を不定期でしか開催していない。それは領袖を中心に幹部が集まって決めなければならない事項が少なくなっているからであり、例会が一種の報告会になっているのも、その帰結である。派閥は、従来と同じ外形を一見保っているが、実態をつぶさにみると空洞化が著しい。

志帥会を率いる二階の政治的影響力も、安倍首相に対して積極的に協力していることが大きい。例えば、二〇一五年の総裁選挙にあたって安倍の無投票再選をいち早く支持したり、一六年の参院選後、総裁任期の延長を容認する考えを率先して示したりしてきた。「戦略的互恵関係」とも呼ばれるが、明らかに主導権は安倍首相にあり、二階は補完的な役割を果たしているにすぎない。こうした派閥の状況は、次の章で扱う総裁およびその他の人事についても顕著にみられる。

第2章　総裁選挙とポスト配分——総裁権力の増大

1　脱派閥化する総裁選出プロセス

総裁候補としての派閥の領袖

本章では、総裁選挙やその他のポスト配分の変化を通して、国政選挙や政治資金のみならず、人事に関しても自民党の派閥が衰退していることを明らかにしていく。まず総裁選挙からみていきたい。

自民党は一九五五年の結党とともに、国会議員および都道府県連選出の代議員の投票によって総裁を公選する総裁選挙を導入した。その圧倒的多数は国会議員票であったが、それが背景となって、総裁候補を中心とする国会議員の集団として派閥が成長した。総裁候補は当選するため、政治資金の提供とポストの配分をインセンティブとして、第一に国会議員を派閥に組織化し、第二に派閥間の合従連衡を行う。まずもって派閥は、領袖による総裁選挙での集票ないし多数派工作の手段であった。

しかし、それだけならば、総裁選挙のたびに派閥が流動化してもおかしくない。派閥が安定化していったのは、一つの選挙区から三〜五名を選ぶ衆議院の中選挙区制のためである。同士討ちを余儀なくされる衆議院議員は、それぞれ別の派閥に支援を求め、それゆえ派閥のメンバーシップが固定化した。他方で、党の組織や政策に依存して選挙を戦うことができず、誰が総裁であるかも必ずしも重要性を持たなかった。総裁選挙と中選挙区制は、自民党が派閥連合政党として成長する上で補完的な制度であったといえる。

以上を背景として、自民党総裁は初代の鳩山一郎以来、国会議員の集団たる派閥の領袖が続いた。とりわけ一九七〇年代から八〇年代にかけて、三木武夫、田中角栄、大平正芳、福田赳夫、中曽根康弘という五大派閥の領袖が「三角大福中」と呼ばれ、大平の後継者となった鈴木善幸を挟み、相次いで総裁に就任した。その次の「ニューリーダー」が、安倍晋太郎、竹下登、宮沢喜一の「安竹宮」であり、清和会、経世会、宏池会の三大派閥の領袖として中曽根後継を争い、竹下が総裁になった。派閥の全盛期である（2—①）。

総裁選挙に関する制度改革も無視できない。一九七二年の総裁選挙から立候補制が導入され、国会議員のなかから推薦人（導入時一〇名）を確保しなければならなくなったことも、総裁選挙での派閥の存在価値を高めた。また、一九七八年の総裁選挙から始まった一般党員の参加による予備選挙も、提唱者の三木や福田の意図に反して、派閥の有権者への拡大につ

2-① 自民党総裁と派閥領袖（1972～2012年）

総裁就任日	三大派閥領袖	その他派閥領袖	非派閥領袖
72年7月5日	田中角栄		
74年12月4日		三木武夫	
76年12月23日	福田赳夫		
78年12月1日	大平正芳		
80年7月15日	鈴木善幸		
82年11月25日		中曽根康弘	
87年10月31日	竹下登		
89年6月2日			宇野宗佑
89年8月8日			海部俊樹
91年10月31日	宮沢喜一		
93年7月30日			河野洋平
95年10月1日			橋本龍太郎
98年7月24日	小渕恵三		
00年4月5日	森喜朗		
01年4月24日			小泉純一郎
06年10月1日			安倍晋三
07年9月23日			福田康夫
08年9月22日		麻生太郎	
09年10月1日			谷垣禎一
12年9月26日			安倍晋三

出所：自由民主党編『自由民主党五十年史　資料編』自由民主党，2006年などより著者作成

ながった。実際に投票が行われた一九七二年、七八年、八二年の総裁選挙に立候補したのは、派閥の領袖（もしくは後継者）に限られた。

　こうした状況を覆したのが、リクルート事件である。竹下後継と目されていた安倍や宮沢が事件に巻き込まれ、一九八九年、結党から初めて派閥の領袖ではない宇野宗佑が総裁に就任した。翌月の参院選で大敗すると、非派閥領袖の間で総裁選挙が争われざるを得ず、海部俊樹が総裁に就く。ところが、海部は宇野と同じく、最大派閥の経世会によって緊急避難的に擁立された

2-② 総裁選挙と派閥領袖（1972～2012年）

	1位	2位	3位	4位	5位
72年7月5日	田中角栄	福田赳夫	大平正芳	三木武夫	
決選投票	田中角栄	福田赳夫			
78年11月27日	大平正芳	福田赳夫	中曽根康弘	河本敏夫	
82年11月24日	中曽根康弘	河本敏夫	安倍晋太郎	中川一郎	
89年8月8日	海部俊樹	林義郎	石原慎太郎		
91年10月27日	宮沢喜一	渡辺美智雄	三塚博		
93年7月30日	河野洋平	渡辺美智雄			
95年9月22日	橋本龍太郎	小泉純一郎			
98年7月24日	小渕恵三	梶山静六	小泉純一郎		
99年9月21日	小渕恵三	加藤紘一	山崎拓		
01年4月24日	小泉純一郎	橋本龍太郎	麻生太郎	（亀井静香）	
03年9月20日	小泉純一郎	亀井静香	藤井孝男	高村正彦	
06年9月20日	安倍晋三	麻生太郎	谷垣禎一		
07年9月23日	福田康夫	麻生太郎			
08年9月22日	麻生太郎	与謝野馨	小池百合子	石原伸晃	石破茂
09年9月28日	谷垣禎一	河野太郎	西村康稔		
12年9月26日	石破茂	安倍晋三	石原伸晃	町村信孝	林芳正
決選投票	安倍晋三	石破茂			

■三大派閥領袖／□その他の派閥領袖／□非派閥領袖
注記：領袖には就任予定者を含む
出所：自由民主党編『自由民主党五十年史　資料編』自由民主党，2006年などより著者作成

にすぎなかった。リクルート事件に伴う危機がいったん終息した一九九一年の総裁選挙は、一転して派閥の領袖の間で争われ、宮沢喜一が当選する（2—②）。

一九九三年に初めて野党に転落すると、自民党は派閥政治からの脱却を迫られ、再び非領袖の河野洋平総裁が誕生した。翌年、自民党は社会党などと連立を組んで与党に復帰するが、首相の座は取り戻せなかった。一九九五年の総裁選挙は、橋本龍太郎、小泉純一郎という非領袖の間の戦いになり、橋本が勝利を収めた。しかし、翌年に自民党が首相ポストを回復すると、経世会の後身の平成研をはじめ派閥の復活が顕著となり、小渕恵三、森喜朗と三大派閥の領袖が相次いで総裁に就任する。

小泉革命と「選挙の顔」の重要化

以上のように、派閥政治は復元力を保っていた。派閥が長年蓄積してきた人材その他の資産は大きく、自民党も派閥連合政党に代わる有効なシステムを構築できなかったからである。しかし、一九九四年の政治改革の結果、中選挙区制に伴う同士討ちが解消に向かい、政治資金の面でも派閥の力に陰りがみられた。さらに、小選挙区比例代表並立制の下で二大政党の一角を占めるべく、一九九四年に新進党が、九八年には民主党が結成され、それへの対抗上、「選挙の顔」となる総裁の役割が重要化しつつあった。

こうした潜在的な変化を一気に顕在化させたのが、二〇〇一年の総裁選挙での小泉純一郎の勝利である。小泉は、首相に就任した森の代理として清和会の会長を務めるなど、決して派閥と無縁ではなかった。しかし、総裁選挙の過程で「古い自民党をぶっ壊す」と叫び、国民の間にブームを巻き起こした。それが党員や国会議員に影響を及ぼし、平成研の領袖となっていた橋本龍太郎を破った。平成研は田中派以来、自らが推す候補者を総裁選挙で常に勝たせてきたが、政治改革の結果、往年の力を失っていた。

自民党総裁に就任し、首相となった小泉は、高い内閣支持率を背景として、平成研を中心とする派閥の弱体化を図った。派閥を無視した人事を行う一方、公共事業費の削減、郵政事業や道路公団の民営化などを進めたのである。そればかりか、参議院幹事長の青木幹雄に接近し、平成研を分断した上で、二〇〇三年の総裁選挙で再選を勝ち取った。さらに二〇〇五年、郵政民営化法案が参議院で否決されると、衆議院の解散に踏み切り、有権者の支持を得て総選挙で勝利を収め、郵政民営化を実現した。

高い支持率を背景に派閥を軽視しつつ、強力な政治的リーダーシップを発揮した小泉の登場を契機として、総裁選挙の戦われ方も大きく変化することになった。政治資金の提供とポストの配分をインセンティブとする派閥の多数派工作の比重が低下し、小泉ほどではないにせよ、有権者の間で人気があり、「選挙の顔」になりうる候補者に雪崩を打つという現象が起きるようになる。二〇〇六年の安倍晋三、〇七年の福田康夫、〇八年の麻生太郎の各総裁は、そのようにして選出された。[1]

この結果、小泉以降、非派閥領袖が総裁に就任することが定着していく。ポスト小泉を争ったのは、「麻垣康三」と呼ばれた麻生太郎、谷垣禎一、福田康夫、安倍晋三であり、二〇〇九年にかけて相次いで総裁に就任したが、このうち領袖は麻生のみであり、その派閥の規模も相対的に小さく、勝利したのも麻生自身の人気ゆえであった。自民党の内部では無派閥の国会議員が増えていたし、二〇〇九年に政権を奪われるなど、民主党の台頭がみられたことも大きな影響を及ぼした。

清和会、平成研、宏池会という三大派閥の領袖は、森喜朗以降、総裁に就任していないばかりか、総裁選挙に立候補することすら難しくなっている。それは、当選回数、面倒見のよさ、集金力といった派閥の領袖になるための条件と、国民の間での人気という総裁選挙で勝利するための条件が一致しなくなっているからである。加えて、派閥の結束力が弱まり、仮に立候補したとしても、派閥の内部の票すら固めることが困難になっているという事情も存在する。

右派の理念グループの台頭

政治改革を根本的な原因とし、直接的には小泉の登場を契機として、総裁選挙の脱派閥化が進展した。そうしたなか、「選挙の顔」たりうることが総裁候補として重要になったことと並んで、もう一つ顕在化した現象がある。それは、本質的に非イデオロギー的な存在である派閥とは違う、理念グループの台頭である。

二〇〇七年、第一次安倍内閣が退陣を表明した後の総裁選挙で、福田に敗れた麻生を支援した議員を中心に、中川昭一を会長とする「真・保守政策研究会」が結成された。リベラル色が強い福田政権を警戒しつつ、安倍内閣が掲げた「戦後レジームからの脱却」を推し進めるべく、チベット問題で中国を非難する決議を採択するといった活動を展開した。福田後継を決める翌年の総裁選挙で、麻生が勝利を収めた背景には、麻生自身の人気に加え、この研究会の存在があった。

二〇〇九年に民主党に政権を奪われると、「真・保守政策研究会」は、急死した中川に代わって安倍を会長に据えるとともに、翌年、名称を創生「日本」に変更し、街頭演説や地方議員の組織化などを行う運動体への転換を図った。永住外国人への地方参政権の付与、選択的夫婦別姓制度の導入などについて、民主党政権に対決姿勢を示す一方、尖閣諸島や竹島といった領土をめぐる問題で、強硬な方針を示した。右派的な色彩が強い二〇一二年の自民党の改憲案を作る原動力となったのも、この会のメンバーであった。

その淵源(えんげん)は、一九九〇年代半ばまでさかのぼることができる。すなわち、自社さ政権の下で自民党がリベラル色を強めたことを危惧した中川や安倍は、一九九七年に「日本の前途と歴史教育を考える若手議員の会」を設立し、歴史教科書の「従軍慰安婦」の記述の見直しなどを求めた。北朝鮮による日本人拉致問題で国民的人気を博した安倍は、小泉によって二〇〇三年に自民党幹事長に起用されると、「自主憲法の制定」の党是を事実上棚上げした一九九五年の綱領的文書の見直しを進めた。こうして安倍を中心とする右派グループが徐々に形成されていった。[2]

しかし、派閥を横断する自民党右派の理念グループは、過去にも例が存在した。最も著名なのは、一九七三年に血判をもって結成された青嵐会であろう。中川昭一の父親である中川一郎がリーダーを務めるなど、創生「日本」の前身の「真・保守政策研究会」は、青嵐会から人間関係を色濃く継承していた。そればかりか、同研究会の結成準備会では、名称を「青嵐会」にすべきだという意見が何度も出されたという。もちろん、「自主憲法の制定」をはじめ、政策の面でも大幅に重なっている。[3]

だが、両者の外部環境は大きく異なる。第一に派閥の弱体化である。「角福戦争」のなか、やがて福田赳夫派の別動隊とみなされるようになった青嵐会は、中川と並ぶリーダーの渡辺美智雄が、田中角栄の意を体した大平正芳首相によって閣内に取り込まれることで、一九七九年に解体した。残った中川らのグループも派閥化せざるを得ず、最終的に福田派に吸収される。このように青嵐会が派閥に引き裂かれたのに対して、派閥の衰退期に結成された現在の右派の理念グループは、相対的に結束力を持つ集団として浮上した。

第二は、自民党内で理念が重視されるようになったことである。衆議院の中選挙区制の廃止によって選挙区での同士討ちがなくなり、候補者は自民党の組織や政策に依存して選挙を戦う傾向を強めた。それゆえ、「選挙の顔」たる党首が重視されるようになったが、加えて対抗政党と差異化するための理念も重要になった。二大政党の一角として台頭したのが旧社会党の流れを一部引く民主党であったから、自民党は必然的に右傾化していき、それが右派の理念グループにとって追い風となった。

安倍再登板と派閥の再構築

以上のように、自民党の総裁選挙で近年、派閥が役割を低下させる一方、「選挙の顔」たりうる候補者の重要化と右派の理念グループの台頭が進んでいる。民主党政権の末期に実施され、石破茂との決選投票で安倍晋三が勝利した二〇一二年の総裁選挙は、それを如実に示すものとなった。[4]

派閥の衰退は明らかだった。三大派閥の領袖として久々に清和会の会長である町村信孝が立候補したが、同派からは安倍が再登板を目指して出馬し、自身が病気に見舞われたこともあって、五名中で四位に沈んだ。また、結果として所属する谷垣前総裁を立候補断念に追い込んだ宏池会からは、領袖ではない林芳正が立ったが、参議院議員ということもマイナスに働き、五位に終わった。近未来研に所属する石原伸晃も、議員票で一位になったが、失言などが悪影響を及ぼし、全体では三位にとどまった。

第一回投票の一位は、平成研を離れて無派閥になっていた石破であった。「選挙の顔」として期待された石破は議員票では三位であったが、党員などの地方票で圧勝し、合計でも一位につけた。第一回投票の二位は、安倍である。野党転落の戦犯と目された安倍が、清和会の内部の反対を押し切って再登板を目指したのは、創生「日本」の同志たち、とりわけ菅義偉の説得ゆえであった。加えて、中小派閥の麻生太郎の為公会と高村正彦の番町研の支持を取りつけ、地方票と議員票、合計のいずれでも二位になった。

一位の石破の票が有効投票の過半数に達しなかったため、国会議員による決選投票が行われ、安倍が逆転で勝利を収めた。第一回投票で石原に票を入れた平成研の議員が石破憎しで安倍支持に回り、町村に投じた清和会の議員も同じ派閥ということで安倍に投票したためといわれ、派閥の影響力が決して失われたわけではない。しかし、以上の経過からみて、総裁選挙での派閥の役割は、以前に比べて著しく低下したことは確かである。いうなれば、主役から脇役へと変わったのである。

総裁選挙で脆弱性をあらわにした派閥には、その直後に変化がみられた。「選挙の顔」として総裁候補になりうる人物を領袖に担ぐという動きである。第一に、近未来研の会長が山崎拓から石原伸晃に交代した。石原慎太郎を父親に持ち、知名度が高い石原は、清和会、次いで宏池会に所属し、二〇〇七年に無派閥から同派に入ったという経歴を持つ。事実上の輸入領袖といえよう。第二に、議員票で敗れた石破茂が、無派閥議員を集めて「無派閥連絡会」を発足させた。二〇一五年に結成された水月会（石破派）の前身である。

どういうことか。二〇一二年の総裁選挙の結果を受けて、後述するように地方票の比重が高められたが、国民の人気だけでは総裁選挙に勝てない。総裁候補にとって派閥を保持することは、国会議員の推薦人を確保し、国会議員票を集める上で、依然として有効なのである。また、既存の派閥にとっても、「選挙の顔」となりうる総裁候補を領袖に戴くことによって、求心力を回復できる。今後、総裁候補を持つ派閥と持たない派閥の合併を含め、このような動きが広がっていく可能性もある。

2 揺らぐ人事慣行

準拠枠組みとしての派閥

総裁選挙はかつて派閥を単位として争われたが、総理・総裁よりも下の政府・国会・党のポストもまた、従来は派閥を単位として決められていた。自民党の人事慣行は、派閥との関係で、以下の三つのタイプが存在していた[5]。

第一が「派閥勢力比型」である。派閥が抱える国会議員の数にほぼ比例したかたちで、ポストを各派閥に配分する派閥均衡人事であり、最も重要な方式である。典型的には首相を除く政府の閣僚ポストであるが、参議院枠が存在し、他党や民間から入閣することもあるため、それ以外の閣僚の数が各派閥の衆議院議員数に比例する、というのが正確な理解である。総裁に次ぐ党の最高幹部である幹事長、総務会長、政調会長の党三役も、基本的にこの方式に従って決められた。

一九八九年に内閣を組織した海部俊樹は、次のように振り返っている。[6]「当時は、派閥の大きさに比例して、党三役や閣僚の数を決める慣習で、たとえば大派閥なら、三、四名の大臣ポストを獲得できた。自派の推薦人事については、派閥の長が、首相宛に書状を届けるのも習いだった。書状には、たいてい数名の名前が書かれており、順位は書かずにこの中からよろしくという形式もあれば、◎や○などで優先順位を示す領袖もいた」。自民党の総理・総裁の人事権は派閥によって大きく制約されていたのである。

もちろん、その場合でも、首相の人事権は皆無ではなかった。派閥ごとに割り当てる閣僚の数がおおむね決まっていたとしても、派閥から示される希望者の数は通常それよりも少し多く、そのなかから誰を選ぶかは、首相に委ねられていたからである。また、派閥が具体的なポストを要求してくることもあったが、人気が高いポストは派閥間の利害がぶつかり合うこともあって、ポストの割り振りには首相の意向が反映した。派閥の基盤が強い首相の場合、なおさらであった。[7]

この「派閥勢力比型」の大臣の選定は、結党以来の人事慣行ではなかった。それが定着したのは、一九六〇年代末の佐藤栄作内閣の頃、七〇年代半ばの三木内閣以降、七〇年代末の大平内閣の時期など、諸説ある。それ以前には、すべての派閥をメンバー数に応じて平等に処遇するのではなく、総裁選挙で勝利をもたらした主流派を優遇する人事が行われていた。それが転換していったのである。これは大きな変化であったが、その一方で、派閥を基礎として人事が行われる点では、結党以来不変であった。

党三役人事では、一九八二年に中曽根内閣が成立して以降、総裁派閥が党三役を出さなくなり、総裁派閥以外で規模の大きい三つの派閥が党三役を分け合う慣行が成立した。これも一種の「派閥勢力比型」と捉えることができる。一九九三年までで唯一の例外となったのは、総裁選挙で対抗馬を出した宏池会（宮沢派）を外した第一次海部内閣であったが、半年後には慣行に復帰した。なお、最大派閥の木曜クラブ（田中派）ないし経世会（竹下派）については、副総裁のポストが追加的に与えられることがあった。

残りのタイプを簡単にみていく。第二は「派閥代表型」であり、各派閥に対して同数（通常は一）を割り当てるものである。各派閥の意向を党機関に反映させる役割を担う副幹事長、政調会・総務会などの副会長のポストが、これに該当する。第三は「全員参加型」である。政務次官、政調会の部会長、国会の常任委員長など閣僚未経験者が就くポストは、当選回数などに従って党所属議員全員に配分される。したがって、「派閥勢力比型」とは違い、派閥には所属適格者数に比例してポストが割り当てられた。

2-③ 派閥の閣僚配分率と所属衆議院議員比率の乖離

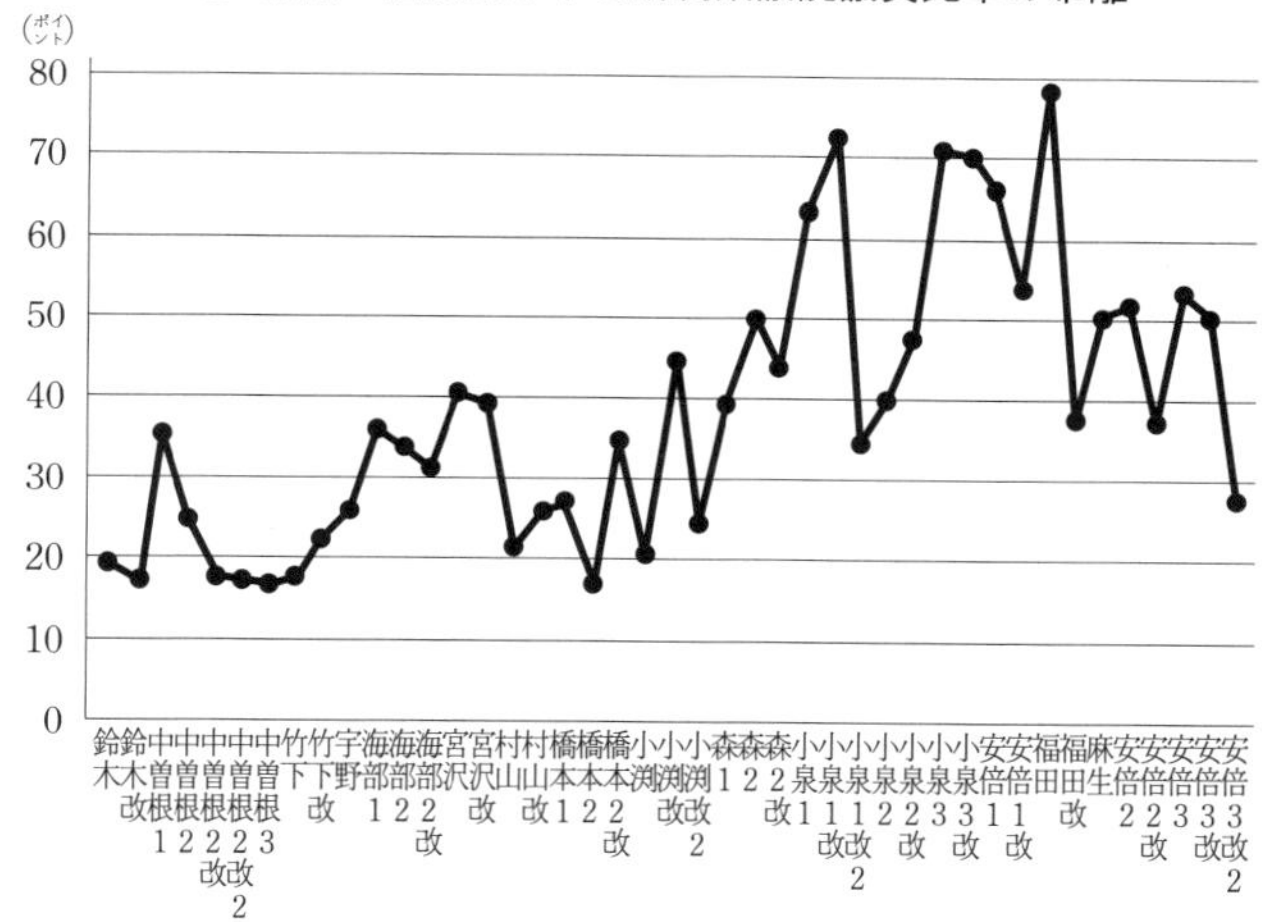

注記：閣僚の数からは首相，参議院議員，民間人，他党を除き，無派閥は一つの派閥として計算した
出所：『国会便覧』各号より著者作成

政治改革以降、派閥に関する人事慣行はどのように変化したのか。すべての派閥の閣僚配分率と所属衆議院議員比率との差の絶対値の合計をみると[8]、一九八〇年代にはおおむね二〇ポイント前後で推移していた（2—③）。しかし、第一次中曽根内閣も該当するが、一九八〇年代末から九〇年代初頭の海部・宮沢両内閣で、三〇ポイントを超えるようになった。それは圧倒的な優位を誇り、キングメーカーの役割を果たした経世会に閣僚ポストが過大に配分されたからである。ただし、その犠牲になったのは、主として総裁派閥であったから、主流派優遇人事への回帰とはいえない。

政治改革後、数値は上下を繰り返し

ながら推移したが、六〇ポイントを超える水準まで一気に高まったのは、第一次小泉内閣であった。小泉政権では、閣僚人事で総裁派閥の清和会が優遇される一方、平成研と宏池会が冷遇された結果、所属衆議院議員比率との間で大きな乖離を生じることが多かった。これ以降、大きな変動を伴いながらも、おおむね五〇ポイントを超える水準で推移するようになった。小泉内閣を契機として、「派閥勢力比型」の人事慣行が崩れたということができる。

それでは、小泉内閣以降、主流派優遇人事に回帰したのか。そうとはいえない。そもそも小泉の意図は最大派閥の平成研などに打撃を与えることにあり、後述するように、人事の手続きも派閥を無視して進められた。第一次安倍内閣以降は、総裁派閥になることが多い清和会が閣僚配分で過少になるなど、数字の上でも主流派優遇人事はなされていない。人事に際して派閥の比重そのものが低下したとみるべきであろう。そのことを確認するためにも、次に党三役の人事をみていきたい（2―④）。

前述したように、党三役については総裁派閥が出さなくなり、総裁派閥以外で規模の大きい三つの派閥が分け合う慣行が成立していた。この慣行は、一九九三年に自民党が下野した後も、自社さ連立の村山富市内閣の下での河野総裁の人事で平成研が党三役から排除されたこと、新たに発足した近未来研の深谷隆司が小渕第一次改造内閣で総務会長に留任したことを例外として、森内閣まで維持されてきた。なお、河野総裁の場合も、平成研の領袖の小渕恵三を副総裁に据えていた。

2-④ 党三役人事における派閥均衡の崩壊

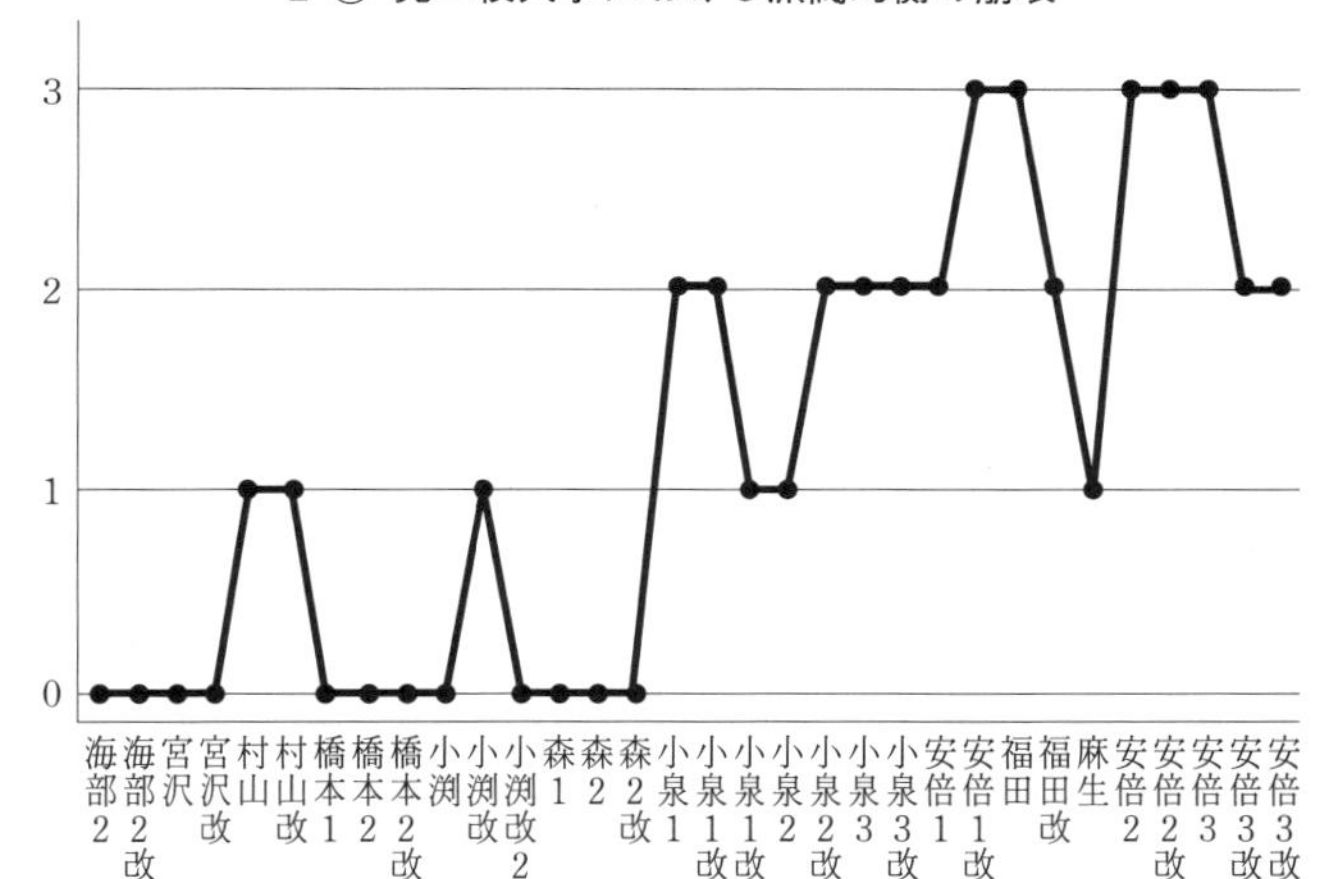

注記：自民党が与党の時期の組閣と内閣改造の際の党三役人事について，総裁派閥以外で規模（所属衆参両院議員数）の大きい三つの派閥が党三役を分け合う慣行から逸脱したポストの数
出所：『国会便覧』各号より著者作成

大きく変わったのは、やはり二〇〇一年に成立した小泉内閣である。小泉は清和会出身であるが、初めての組閣の際に、党三役から平成研を締め出した。また、二〇〇三年に総裁再選を果たすと、平成研を党三役に加える一方、同じ清和会に所属する安倍晋三を幹事長に据え、総裁派閥から幹事長を出さないという慣行を破った。さらに、二〇〇四年の参院選後の第二次小泉改造内閣以降は、宏池会を党三役から排除した。以上の小泉革命を契機として、党三役に関する「派閥勢力比型」の人事慣行は失われた。

なかでも、二〇一二年に成立した第二次安倍内閣は徹底していた。石破茂幹事長、野田聖子総務会長、高市早苗政調会長と、党三役をすべて無派閥議員で固めたのである。副総裁に番町研の高村正彦、党四役の選挙対策委員長に志帥会の河村建夫を充てたが、安倍自身が清和会とはいえ、平成研と宏池会が排除された。二〇一四年の第二次安倍改造内閣で、平成研から茂木敏充が選対委員長に就任し、その後、政調会長に転じたが、宏池会は依然として締め出されている。

シニオリティ・ルール（当選回数主義）

ところで、自民党の人事慣行として、派閥均衡と並んで重要な位置を占めてきたのは、当選回数主義である。昇進その他を勤続年数に従って行うシニオリティ・ルールは、企業などでもみられるが、自民党の国会議員の場合、当選回数を基準として政府・国会・党の役職が配分され、キャリア・アップしていくことになる。

一九八〇年代には、次のようなキャリア・パスが衆議院議員に存在したといわれる。まず当選一回は、国会対策委員会のヒラ委員などを務める。いわば見習い期間である。そして、当選二回は党の政務調査会の副部会長、国会の常任委員会の理事などであり、当選三回で政務次官に就き、国会対策委員会などの副委員長にも任命されることになる。その後、当選四回で政調会の部会長、当選五回で国会の常任委員長に就任し、当選六回になると、ようやく大臣に任命される。

以上が標準的な例であるが、早ければ、当選二回で政務次官、当選三回で政調会の部会長、当選四回で国会の常任委員長、当選五回で大臣に就任する場合もある。また、全体としての変動も存在する。自民党が単独政権を続けている限り、ポストの数は大きく変動しないが、その一方で、総選挙が短い間隔で行われたり、ある総選挙で新人議員が大量に当選したりすると、適格者の数が増加する。その場合、ポストに就くのに必要な当選回数が、必然的に増えることになる。

ともあれ、全員がほぼ横並びで進むのは、初入閣までである。それ以降は、能力主義に基づいてポストが与えられ、処遇の差が出てくる。有力議員の場合、大臣として再入閣したり、国会の議長・副議長・議員運営委員長などのポストが与えられたり、党三役や国会対策委員長に就任したりする。さらには、総理・総裁を目指すことになる。それ以外の議員は、総務会の総務を務めたり、政調会の調査会長になったりする。一五〜二〇年程度かけて、ゆっくりとした選抜が行われるのである。

しかし、初入閣する前にも、隠れた競争が存在している。例えば、政調会の内部の部会や調査会の下に置かれる小委員会の長である。この小委員長は当選回数主義とは無関係であり、何度も就く議員とそうではない議員とがいる。また、選挙実務を担当する党の総務局長（現在は選挙対策委員長）であるとか、副幹事長といったポストも、重要でありながら数が限られており、誰もが就任するわけではない。つまり、表面的な横並びの裏で、初入閣後に向けて選抜が進められているのである。[9]

2-⑤ 衆議院当選6回以上の未入閣者の数と割合の推移（1980〜2014年）

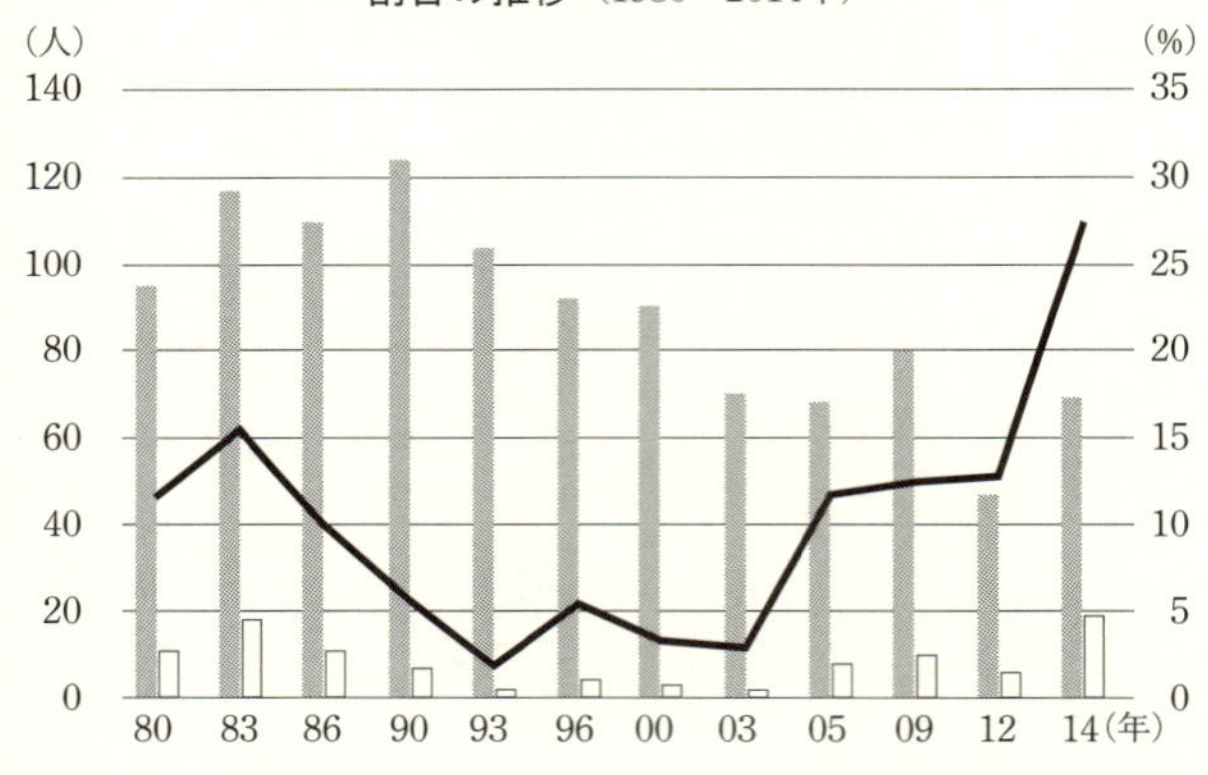

衆議院当選6回以上の自民党衆議院議員数（左目盛り）
うち未入閣者数（左目盛り）
当選6回以上の未入閣者の割合（右目盛り）

出所：『国会便覧』各号（総選挙の直前）より著者作成

派閥均衡人事に比べるならば、当選回数主義は持続力が高いということができる。昇進は国会議員にとって大きな関心事である。しかも、大臣をはじめとするポストの獲得は、選挙での再選にも寄与する。そうしたなかで、当選回数による処遇は国会議員から納得が得られやすいし、政権政党たる自民党にとってみても、国会議員の教育訓練や人材育成という観点から有用である。ただし、派閥均衡人事と重なり合うことで、当選回数主義が厳格に適用されたというのが、一九八〇年代の自民党の特徴であった。

　近年、当選回数主義に基づくキャリア・パスに変化がみられる。例えば、当選六回以上の衆議院議員で未入閣者の比率が高まっている。二〇一四年の総選挙の直前では、二七・五%に上った（2—⑤）。その一因は、二〇〇九年の下野によって三年あまりの間、政府のポストを配分できなかったことにある。しかし、それに加えて、大臣に必要とされる能力が高くなっているためでもある。誰もが当選を重ねれば初入閣までは横並びで昇進する、という処遇が難しくなりつつある。

抜擢人事の増加

より注目すべきは、首相の人事権の行使が自由になり、当選回数主義に基づかない閣僚人事が行われるようになったことである。ここでは先行研究に倣（なら）って、当選四回以下の衆議院議員、当選一回の参議院議員に加え、議席を持たない民間人の入閣を抜擢人事と呼ぶ[10]。

自民党首班内閣の抜擢数の推移をみると、政治改革後に増加したことがわかる（2—⑥）。一九八〇年代から九〇年代初頭にかけては、中曽根内閣で官房長官などを務めた後藤田正晴と、第一次海部内閣の経済企画庁長官に起用された民間人の高原須美子の例だけである。ところが、小渕内閣で二〇名中三名と一五・〇%を占めて以降、抜擢人事が増加し、第一次小泉内閣では一五名中七名で四六・七%に達した。この結果、抜擢人事は例外的なことではなくなった。ただし、その後、減少に向かい、最近は落ち着きをみせている。

抜擢人事の内容は、いくつかに分けることができる。第一に、国会議員ではない民間人である。小渕内閣から森内閣にかけて経済企画庁長官を務めた堺屋太一、森内閣から小泉内閣

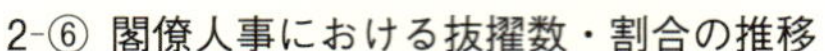

2-⑥ 閣僚人事における抜擢数・割合の推移

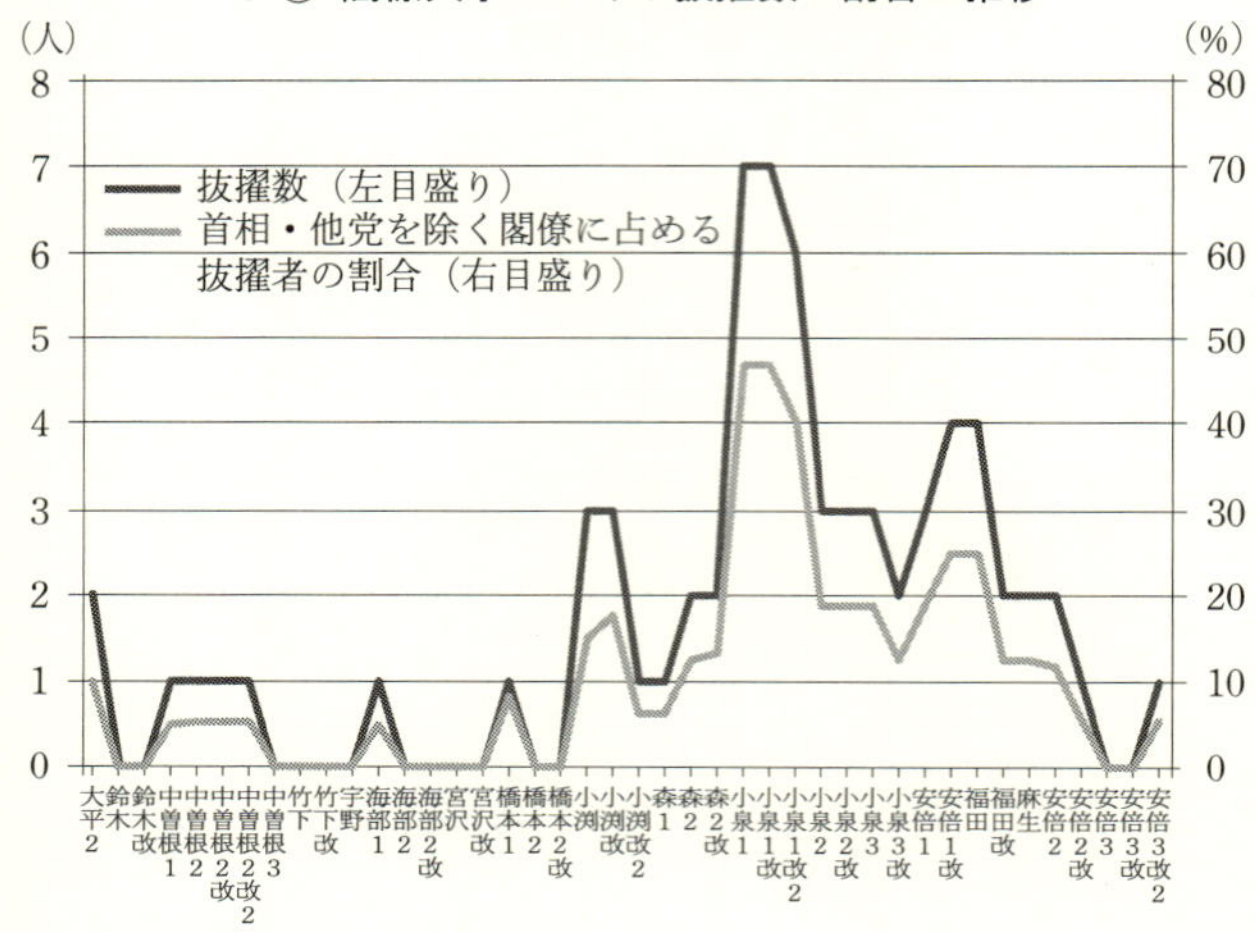

出所：『国会便覧』各号より著者作成

の時期に環境相や外相に起用された川口順子、経済財政担当相などとして小泉内閣の構造改革の司令塔になった竹中平蔵などが、その代表的な例である。大臣として高い専門知識を求めるという目的とともに、清新さを有権者にアピールする役割を期待されての起用であるとみてよい。

第二に、女性である。川口順子のほか、橋本内閣の長尾立子法相、小泉内閣の遠山敦子文科相、安倍内閣の大田弘子経済財政担当相というように民間人にも女性は少なくないが、当選回数が少ない国会議員の起用にも女性が多い。具体的な名前を挙げると、野田聖子、猪口邦子、高市早苗、上川陽子、中山恭子、小渕優子、森雅子、稲田朋美、松島みどりであるが、少子化・男女共同参画担当相が目につく。女性の大臣への抜擢は、国民向けのアピールであるとともに、女性議員が自民党で少ないことが大きな原因になっている。

第三に、能力による選抜の要素もある。当選四回以下で大臣に抜擢された衆議院議員のなかには、福田康夫、石原伸晃、河村建夫、茂木敏充、菅義偉、佐藤勉らがいる。女性についてみても、野田聖子、高市早苗、稲田朋美などがいる。つまり、抜擢人事を通じて、総理・総裁や党三役、官房長官といった自民党政権の中枢を担う有力議員が育っているのである。当選六回で入閣できない議員が増加していることと考え合わせると、初入閣の段階で二極化が生じつつあるといえよう。

その一因には、先述したように閣僚に求められる資質の高まりがある。一九九九年の国会審議活性化法により、政務次官に代えて副大臣・政務官が設置されるとともに、国会で官僚が大臣の代わりに答弁する政府委員制度が廃止された。政治主導に向けた制度改革によって、大臣を務めるためには幅広い知識と高い判断能力が不可欠になっている。国政選挙に勝利する上でも、失言や不祥事を起こさないことを含め、閣僚のパフォーマンスが重要になっている。そうしたなかで、入閣に関する当選回数主義は崩れてきている。

抜擢人事は、党三役にも及んでいる。森内閣までは、党三役は最低でも衆議院で当選七回が通例であったが、小泉内閣以降、初入閣と同じ当選六回で党三役に就任する例がみられるようになった。それどころか、第一次小泉第二次改造内閣では、当選三回の安倍晋三が幹事長に起用された。第二次安倍改造内閣でも、当選三回の稲田朋美が政調会長に登用されている。総裁の意向に従い、以前ではまったく考えられないような人事が行われるようになっていることは確かである。

以上にみてきたように、派閥均衡や当選回数主義といった自民党の人事慣行は、政治改革、とりわけ小泉政権以降、大きく崩れてきている。その結果として、総理・総裁の人事権が強まっているようにみえる。それでは、ポストは具体的にどのような手続きで配分されるようになったのか。

3　ポストはどう配分されるのか

閣僚・党三役人事の変化

組閣あるいは内閣改造は、通常、自民党の役員人事と合わせて実施されるが、最初に行われるのは、総裁の次のランクの党の最高幹部の決定である。すなわち、総裁が党役員人事について総務会で報告を行い、了承を受ける。その対象となるのは、副総裁および幹事長、総務会長、政調会長の党三役であり、現在、それに選挙対策委員長を加えた党四役である。最近は同じ総務会の席で、幹事長が決定権を持つ国会対策委員長や幹事長代行、衆議院議院運営委員長の候補者などについても、承認を受けるという。

しかる後に首相（組閣の場合には国会で首班指名を受けた上で新首相）は、首相官邸に組閣本部を設置し、幹事長をはじめとする党の最高幹部、官房長官への就任予定者などとともに、閣僚の選定を進め、入閣者を順次呼び込む。首相官邸の記者会見場で官房長官が閣僚名簿を発表した後、閣僚が次々と記者会見を行い、その上で首相が記者会見をすることが慣例になっている。その前後に、宮中で（首相の親任式と）大臣の認証式が行われ、組閣ないし内閣改造が完了する。

この手続きは、組閣本部を設置する前に自民・公明の党首会談が開かれるようになったことを除いて、過去も現在も変わらないが、具体的な人選のプロセスは異なる。閣僚についてみると、かつては各派閥の勢力比に応じた枠が存在したことに加え、組閣本部が設置される前に、各派閥から入閣希望者のリストが首相に伝えられ、派閥の同意を得ながら閣僚名簿の作成が進められた。党三役は総裁派閥以外で規模の大きい三つの派閥から出ているので、組閣本部で最終的な調整が行われ、閣僚名簿の発表が深夜に及ぶこともあった。

それが変化するのは、一九九四年の政治改革後である。まず試みられたのが、総裁が自由に人選を行う「総裁枠」の導入であり、一九九八年に成立した小渕政権によって本格的に始められた。それを通じて、元首相の宮沢喜一が蔵相、元東大総長で参議院当選一回の有馬朗人が文相、女性で衆議院当選二回の野田聖子が郵政相、作家の堺屋太一が経企庁長官に起用された。「総裁枠」は次の森内閣にも踏襲されたが、それ以外のポストについては、旧来と同じ「派閥順送り人事」が行われ、その意味で過渡的な措置にとどまった。

閣僚の人選について抜本的に変更したのは、小泉首相である。二〇〇一年の総裁選挙で勝利した小泉は、「派閥順送り人事はしない」という公約に従い、様々なルートで情報を収集しながら、各派閥の領袖はもちろん、党三役にも相談せずに人事の案を練り、自ら電話をかけて「一本釣り」を行い、党役員人事と組閣を進めた。その結果、五名の女性と三名の民間人、四名の当選四回以下の衆議院議員が、閣僚に起用された。五年五ヵ月に及ぶ小泉内閣は、党役員人事を含め、こうしたやり方を続けたのであった。

この小泉政権を契機として、閣僚・党役員人事の手続きは決定的に変化した。派閥が強ければ、その協力を求めない限り、円滑な政権運営を行うことができない。しかし、政治改革によって、国政選挙や政治資金の面で派閥の力は衰えつつあった。総裁選挙で「古い自民党をぶっ壊す」と叫んだ小泉が勝利を収め、さらに派閥を敵視した人事を行うと、派閥の弱体化が決定的なものとなった。その結果、派閥均衡人事が行われなくなり、当選回数主義も後退したのである。

もっとも、最近でも派閥の領袖は様々な機会を捉えて入閣希望者のリストを首相に伝えるのが通例であり、首相にとっても派閥が一つの重要な考慮要因になっている。しかし、派閥の要望は、かつてに比べて格段に聞き入れられなくなっている。派閥の所属議員数に比例した事前の割当て枠はもはや存在せず、リスト外からの「一本釣り」も常態化している。抜擢人事も少なくない。閣僚・党三役人事の主導権は、派閥から総理・総裁に移行し、かなり自由に人事権を行使できるようになった。

それ以外の政府・国会・党のポスト

幹事長をはじめとする党役員人事と組閣ないし内閣改造が終わると、それ以外の政府・国会・党のポストが決められていく。

それらについても、かつては派閥が人事に深く関与した。まず入閣を逃した議員は、衆議院の予算委員長をはじめとする国会のポスト、あるいは現在でいえば組織運動本部長や広報本部長など党の総裁指名ポストで処遇する必要がある。また、幹事長の下には、今日の選挙対策委員長にあたる総務局長がかつて置かれ、現在も経理局長などが配置されている。こうした入閣待ちの中堅議員が充てられることが多い重要ポストについては従来、各派閥の調整なしに決めることができなかった。

注目すべきは、初入閣する前の議員全員が当選回数に従って配分されるポスト、前述した言葉を使えば「全員参加型」についても、派閥が人事に関与したことである。具体的にいえば、政府の政務次官（二〇〇一年以降は副大臣・政務官）、党の政調会の部会長、国会の（議院運営委員会を除く）常任委員会の委員長と理事などである。全員に配分されるといっても、各議員には希望があり、現在の農林、経済産業、国土交通といったポストに集中する。そうした調整を派閥が担ったのである。
以上のポストの配分に派閥の窓口として中心的に関わったのが、幹事長室、政務調査会、国会対策委員会に「派閥代表型」で一名ずつ出ている「副」、すなわち副幹事長、政調副会長、国対副委員長であった。政務次官（副大臣・政務官）と国会の常任・特別委員会の委員長は幹事長・同代理・副幹事長が、政調会の部会長や調査会長は政調会長・同代理・副会長が、国会の常任・特別委員会の理事は国対委員長・同代理・副委員長が、各派閥の推薦リストに基づいて調整し、決定した。
派閥の人事に対する影響力は末端にまで及んでいたのであり、簡単には変えることができなかった。小泉政権も、閣僚や党の最高幹部については派閥を無視して人事を断行したが、副大臣・政務官人事に関しては各派閥の推薦リストを尊重する姿勢をとった。そこには、派閥からの批判を弱めたり、閣僚の配分の不均衡を副大臣・政務官で埋め合わせたりする目的が存在したことは確かである。しかし、実際の問題として、派閥からの推薦がなければ、誰が適任かを把握するのは難しいという事情があった。[11]
ところが、これらの人事についても現在では、閣僚・党四役人事ほどではないにせよ、派閥の影響力が低下している。依然として副幹事長、政調副会長、国対副委員長は派閥から送り込まれており、各派閥は推薦リストを作成している。しかし、かつてに比べて「副」の間の調整機能は弱まり、幹事長、政調会長、国対委員長のそれぞれの決定権が強まっているという。その決定にあたって派閥の絶対性は失われ、重要ながらも様々な考慮要因のうちの一つに変化している。

さらに、副大臣と政務官の人事を行う中心が、第三次安倍内閣の二〇一五年一〇月の内閣改造・党役員人事以降、従来の幹事長から官房長官に移ってきている。副大臣と政務官の任免は、その組織の長である大臣の申し出により内閣が行うことが法律上規定されているし、政務次官に比べて国会答弁などの面で権限が強まっているため、これが定着していく可能性もある。その場合、幹事長室とは違い、首相官邸には各派閥の代表がいないこともあって、派閥の影響力が一層低下することになる。

希望役職アンケート

以上のような変化の一つの鍵を握っていると考えられるのが、人事の際に幹事長室によって実施される「希望役職に関する自己申告書」というアンケートである。

この希望役職アンケートの対象は、自民党所属の当選五回以下の衆議院議員で、大臣・党四役の未経験者の全員である。参議院議員は対象外となっている。A4一枚の簡単な書式であり、「役職」「希望する理由」「取り組みたい課題等」が第一～第五希望まで記入できるようになっていて、政府の副大臣・政務官、国会の衆議院常任・特別委員会の委員長、党則に定めのある党の役職が、記入できるポストとされている。さすがに、ほぼすべての対象者が提出するという。

現在とは書式が違っているが、このアンケートが最初に導入されたのは、小泉政権の下、二〇〇四年の参院選の後に行われた内閣改造・党役員人事であり、安倍幹事長による党改革の一環としてであった。安倍を委員長とする「党改革検証・推進委員会」は、二〇〇四年六月二日に党改革に関する中間提言を発表し、そのなかで「各議員が派閥を通さず、総裁に対し直接自らの関心分野、専門能力などを明らかにする『人事自己申告制度』を導入する」と謳った。これが早速、始められたのである。

ところが、それは導入時には十分な効果を発揮せず、副大臣・政務官人事も「派閥順送り」となった。その後も急激な変化は生じなかったが、それでも従来は派閥が独占していた未入閣者の人事に関する希望を党が直接把握できるようになったことは大きく、派閥の影響力の低下につながっていった。現在、清和会や宏池会などは所属議員に対して幹事長室のアンケートのコピーを提出させ、派閥としての推薦リストを作成しているという。そのことに象徴されるように、人事でも党と派閥の関係は逆転しつつある。

自民党は二〇一三年九月、副大臣・政務官および党役員人事を行ったが、当時の高市早苗政調会長は、一一一名の政調会の役員人事に関して、もはや派閥の推薦リストに従って調整する慣行が存在しないと記した上で、党の希望役職アンケートの一覧表に基づき、「ご本人が強く希望された役職に就いていただけるように最大限の努力をしました」と書いている。

ただし、アンケートでは当選六回以上が除かれているので、別途、政調会長室で当選一四回までの衆議院議員の経歴表を作成し、得意分野を把握したという。

それにしても、政府・国会・党にわたる膨大な数のポストを埋めていくのは、かなり難しい作業である。難航する理由の一つは、政府・国会・党の人事を並行して進めなければならないことにある。高市も、先の記述に続いて、政調会の部会長の人事を決めても、政府の副大臣・政務官、国会の常任・特別委員会の委員長とは兼任できないルールになっているため、重複した場合、やり直さなければならなくなったと振り返っている。まさに人事は「壮大なパズル」なのである。[12]

もう一つの難しさの理由は、限られた人気ポストに希望が集中することである。そうである以上、任命権者は、希望役職アンケート以外の情報によって人選しなければならない。例えば、過去の経歴や実績、他の最高幹部や前任者の推薦のほか、個人的な関係や一緒に仕事をした経験などである。副大臣や政務官の場合、上司にあたる大臣の意向も重要である。そうしたなか、現在も重要な考慮要因の一つとして、派閥の意向や派閥間のバランスが入ってくるのである。

任命権者の人事権の実質化

以上要するに、総理・総裁よりも下の政府・国会・党の人事については、派閥の影響力が低下した結果、法律や党則上の任命権者の決定権が実質化してきている。

まず総理・総裁が、幹事長・総務会長・政調会長・選対委員長という党四役や閣僚を決定する。副大臣・政務官人事に対する首相官邸の影響力も高まっている。総務会はやや特殊であるが、幹事長は幹事長室および傘下の各局の、政調会長は政務調査会の内部の、選対委員長は選挙対策委員会の内部の人事を行う。また、衆議院の会派代表でもある幹事長は、国対委員長のほか、衆議院の常任・特別委員会の各委員長を決める。国対委員長は、国会対策委員会の内部の人事に加え、衆議院の常任・特別委員会の理事を選定する。

かつて「党中党」であった派閥の影響力が減少したため、総理・総裁を頂点とする上から下への人事の連鎖的決定のプロセスが、実質的に作動するようになってきている。ただし、自民党の組織文化は、現在もなおコンセンサス重視である。決定権者が中心となるのは確かだが、何事も独断で決めるのは回避され、そのポストに関係する役員の同意を取りつけるのが慣例である。そうしたなかであっても、すべての人事の頂点に立つ総理・総裁の判断が、最大限尊重されるようになったことは間違いない。

副幹事長、政調副会長、国対副委員長といった「副」の役割も変化した。幹事長室を例にとると、幹事長代理の統括の下で副幹事長は、旧来と同じく政調会や国会対策委員会といった党内の各機関との連絡・調整を担当するほか、衆議院の比例代表のブロックごとの管轄が仕事として割り当てられている。副幹事長が果たす機能の重点は、かつてのような派閥の代表から、広範な権限を有する幹事長の補佐に移行してきている。また、派閥の意向を党の決定に反映するよりも、党の決定を派閥に伝達する役割に変わってきている。

以上、人事で任命権者の決定権が実質化し、最高権力者たる総理・総裁の権力が高まっていることを指摘してきたが、その重要な例外が二つ存在する。

一つが、参議院自民党である。政治改革をよそに参議院改革がほとんど進んでこなかったこともあって、依然として参議院は自民党の「党中党」である。幹事長室や政調会をはじめ、政府や党のポストには参議院枠が設けられており、その実質的な人事権は、参議院議員会長ら参議院執行部にある。閣僚人事についても従前から二～三名の参議院枠があり、当選回数を考慮した推薦リストが首相に届けられる。時に「一本釣り」も行われるが、例外的である。副大臣や政務官に関しても参議院枠が維持されている。

付言しておくと、参議院自民党は、その内部の人事についても自律性を保っている。自民党の党則は、参議院議員総会を開催して、参議院議員会長を公選し、参議院幹事長や参議院国会対策委員長などの役員を選挙または承認すると規定している。実際のところ、参議院執行部や参議院議長の人事に関しては、清和会、平成研、宏池会の三大派閥の調整によって決められることが慣例化しているという。このような背景から、参議院では三大派閥の優位が現在も強固に残っている。

もう一つが、連立のパートナーの公明党である。民主党政権による中断を除き、一九九九

2-⑦ 参議院および公明党の入閣者数の推移

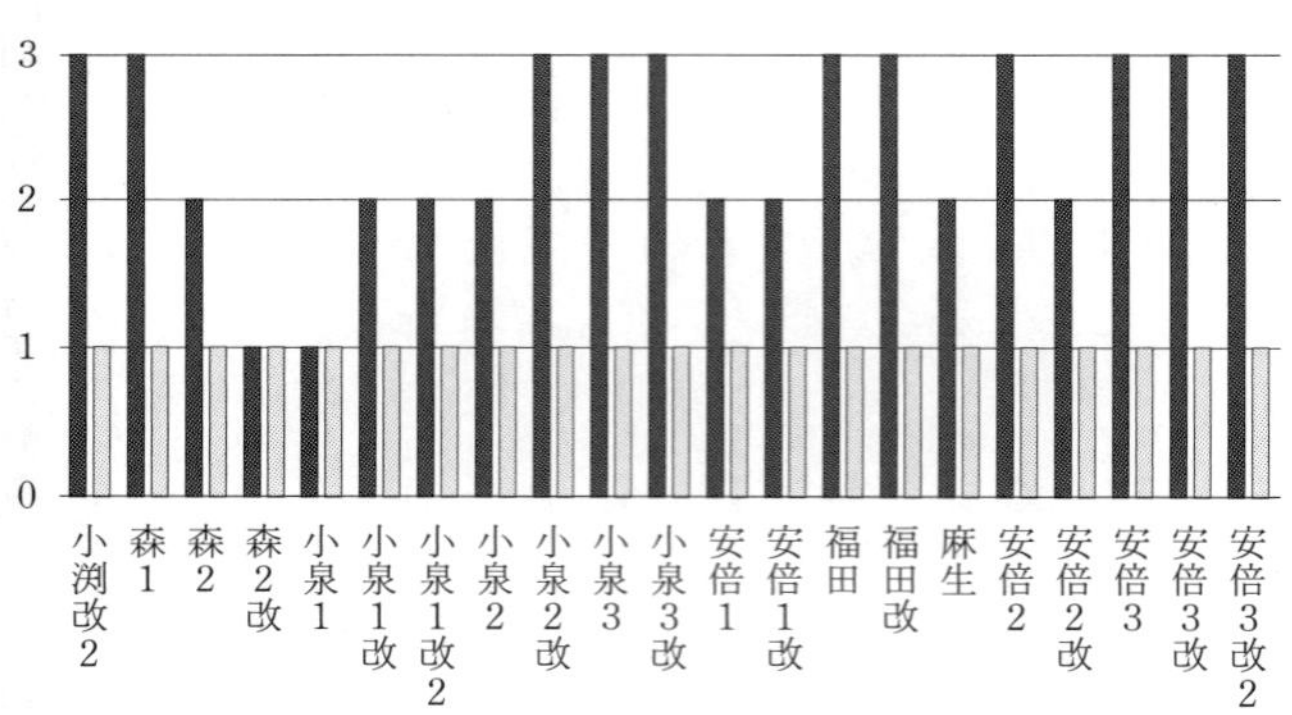

出所：『国会便覧』各号より著者作成

年から連立を組む公明党には、閣僚ポストが一つ割り振られてきた（2―⑦）。どのポストを充てるかは首相と公明党執行部の間の協議によって決められ、実際にも、総務庁長官から始まり、厚生労働相、国土交通相、環境相、国土交通相と変遷してきた。しかし、具体的な人選については公明党の決定に委ねられ、「一本釣り」が行われた例はない。副大臣・政務官人事についても、同じく公明党枠が存在する。

　以上のように、参議院自民党と公明党は、総理・総裁の人事権を大きく制約する存在である。しかも、派閥が弱体化した結果、総理・総裁は、従来のように派閥を通じて党所属の参議院議員の支持を確保するのが困難になり、参議院執行部の意向を重視せざるを得なくなっている。[13]また、衆参両院、とりわけ参議院で自民党は単独過半数を獲得することが難しくなり、安定した政権運営には公明党との連立が不可欠になっている。つまり、政治改革後、派閥に代わって参議院や公明党という制約要因が強まったのである。

4　強まる総裁の権力

幹事長が有する巨大な権限

参議院自民党や公明党という制約は存在するが、派閥の衰退によって、総理・総裁の権力が人事を中心に強まっていることは間違いない。このことは、自民党のナンバー・ツーである幹事長との関係でも確認することができる。

自民党の党則は、「総裁は、党の最高責任者であって、党を代表し、党務を総理する」と記すとともに、「幹事長は、総裁を補佐し、党務を執行する」と謳っている。この総裁と幹事長の役割に関する規定は、結党以来まったく変わっていない。あくまでも総裁が党の最高責任者であり、幹事長は総裁の補佐なのである。ところが、自民党の総裁は、多くの場合、首相を兼務し、政権運営にあたる。そのため、現実には党務のほとんどが幹事長に委ねられることになる。

結党以来、幹事長が実際に担ってきた職務は、重要かつ広範なものである。第一は、選挙の指揮である。党則上、選挙対策を担当するのは、総裁や幹事長などによって構成される選挙対策本部（委員会）であるが、公認の決定を含め、それを取り仕切ってきたのは、幹事長であり、その下に置かれた総務局長であった。第二に、党財政の管理である。出納には幹事長が指名する経理局長があたるが、幹事長は電話一本で無条件に資金を引き出せる一方、幹事長の許可なしには、総裁でも断られる場合があったという。[14]

選挙や政治資金だけでも、きわめて大きな権限であるが、第三に、国会対策も幹事長の役割となっている。幹事長が実働部隊の責任者である国会対策委員長の監督を行う。それに関連して、連立相手を含め他党との折衝にもあたる。第四に、党のポストのほか、政務次官（副大臣・政務官）や国会の常任・特別委員会の委員長などの人事も担当してきた。第五に、定例の記者会見や党本部の事務局の監督も、幹事長の職務である。このように、幹事長の権限は、党の活動全般に及んできたのである。

こうした強大な権限を持つ幹事長人事は、大きな関心の対象となってきた。総理・総裁からすれば、党運営の要を握る幹事長をコントロールの下に置きたいのは、当然である。そこで、田中角栄内閣までは、総裁派閥から幹事長が起用されてきた。しかし、一九七四年に三木武夫が「椎名裁定」によって話し合いで総裁に選ばれた際、自派から幹事長を選出しないことを約束し、実行した。ここから「総幹分離」の慣行が始まったのだが、その代わりに「お目付け役」として総裁派閥から幹事長代理が選ばれた。

一九七八年、初の総裁予備選挙で勝利して総裁になった大平正芳は、自派から幹事長を起用し、「総幹分離」の打破を図ったが、一年後に撤回し、慣行が定着をみた。派閥対立が激化するなか、安定した政権運営には、幹事長ポストを他の派閥に渡し、党内融和を図ることが不可欠だったからである。[15] その結果、総裁を出していない三大派閥から幹事長が選ばれるケースがほとんどになった。なかでも経世会は竹下内閣後、幹事長ポストを掌握し、「経世会支配」と呼ばれた。「総幹分離」の慣行は、総裁権力に対する制約の象徴であった。

さらに、一九九四年の政治改革によって、選挙での公認や政治資金といった幹事長の権限は実質的に強化された。衆議院の選挙制度が中選挙区制から小選挙区比例代表並立制に変わり、党の公認なしには当選が難しくなり、政治資金についても、政党交付金が党に入るようになる一方、派閥や政治家個人が資金を集めることが難しくなったからである。そのため党内から幹事長の任期制限を求める声が出て、党改革実行本部で検討されたが、一九九七年一一月五日の「幹事長任期の制限の是非に関する答申」で不要という結論になった。

脱「総幹分離」から権限削減へ

非総裁派閥から選ばれる幹事長の権力は、「総幹分離」の慣行の下で一層強大化し、総裁の権力を制約していた。そうした状況を打破しようとしたのが、「古い自民党をぶっ壊す」と叫び、二〇〇一年に総裁に就任した小泉純一郎であった。小泉は、構造改革を推し進めるべく、まず盟友の山崎拓を幹事長に起用した。山崎は派閥の領袖とはいえ、その規模は大きくなかった。小泉は清和会出身であったから、平成研もしくは宏池会から幹事長を起用するのが通例であったが、それを避けたのである。

二〇〇三年に総裁選挙で再選された小泉は、同じ清和会の安倍晋三を幹事長に就任させた。二四年ぶりに「総幹分離」の慣行が崩れたのである。しかも、安倍は当選三回で閣僚経験もなかった。二〇〇四年の参院選が不振に終わり、安倍が退任すると、小泉は山崎率いる近未来研の武部勤を幹事長に据えた。武部が自らを「偉大なるイエスマン」と称したことはよく知られている。さらに、二〇〇六年に総裁に就任した安倍晋三は、同じ清和会の中川秀直を幹事長に起用し、再び「総幹分離」の慣行を否定した。

ところが、「総幹分離」の慣行が失われたことは、総裁派閥から幹事長が就任した田中内閣以前に戻ることを意味しなかった。実際、第一次安倍改造内閣以降、総裁派閥から幹事長は出ていない。しかし、三大派閥から幹事長が起用されることも、ほとんどなくなった。そもそも「総幹分離」の慣行は、党三役の派閥均衡人事、すなわち総裁派閥以外で規模の大きい三つの派閥が党三役を分け合う慣行の一環をなしていた。派閥の衰退を背景として、幹事長人事そのものが脱派閥化したのである。

従来の幹事長の大きな役割の一つは、最大派閥から選ばれることが多かったことからもわかるように、派閥間の調整にあった。派閥の衰退によって、そうした役割が減退したことは、

2-⑧ 自民党本部組織図

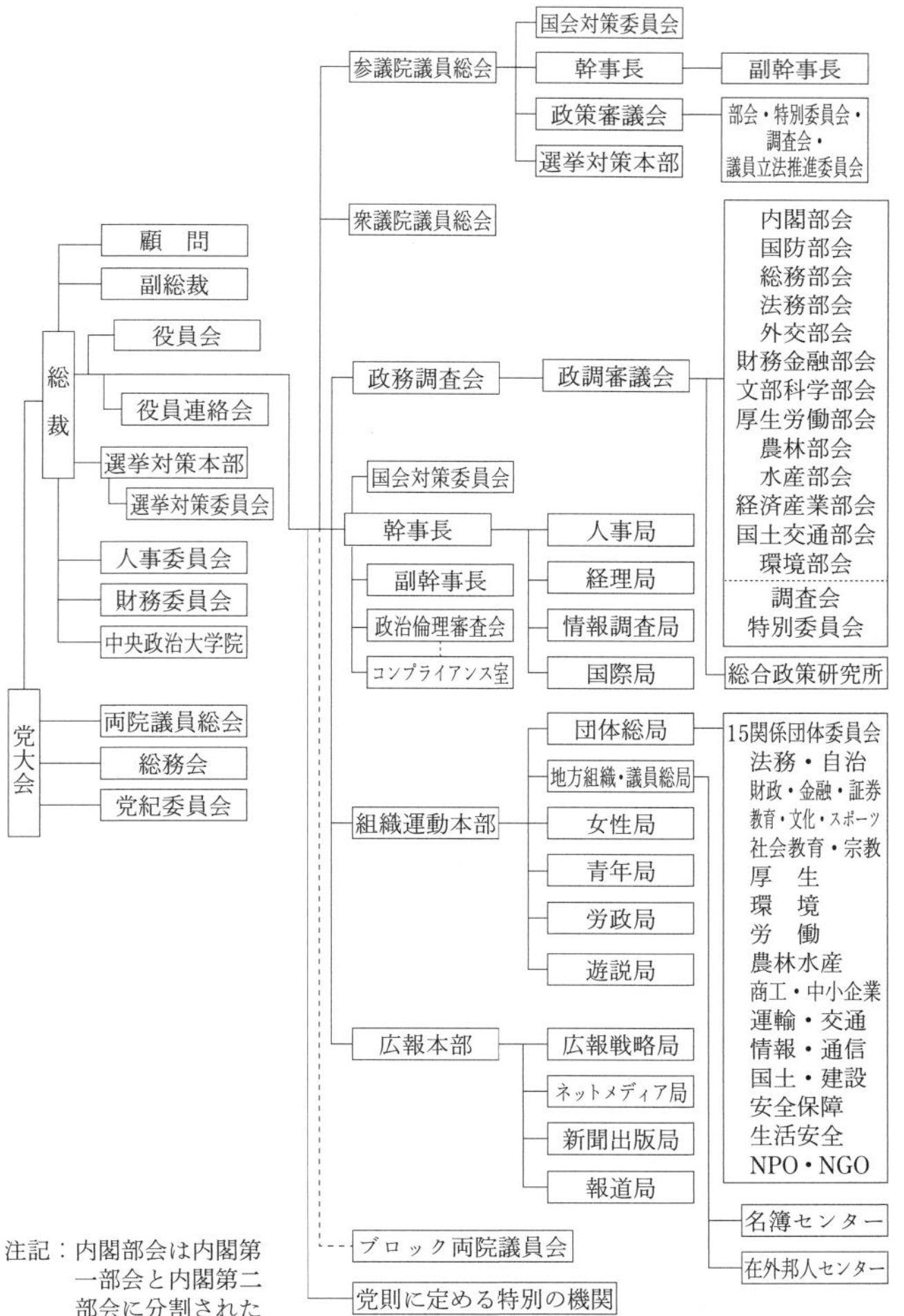

注記：内閣部会は内閣第一部会と内閣第二部会に分割された
出所：自由民主党広報本部新聞出版局編『党則』（自由民主党，2016年）76－77頁

必然的に幹事長ポストの重要性を低下させた。党の組織運動本部長や広報本部長、あるいは政府の副大臣・政務官など、かつては派閥の代表としての副幹事長を交えて幹事長室で扱われていた人事が、総理・総裁ないし首相官邸によって行われるようになってきているのは、その表れであろう。[16]

幹事長の権限の削減も、限定的ながら進んでいる。すなわち、二〇〇七年に福田康夫が総裁に就任した際、幹事長の下に置かれていた選挙対策総局長（かつての総務局長）を選挙対策委員長に名称変更して総裁指名ポストに変え、幹事長・総務会長・政調会長と並ぶ党四役に格上げした。二〇〇九年の総選挙での敗北を受けて、幹事長指名ポストに格下げされ、選挙対策局長となったが、一二年に第二次安倍政権が成立し、与党に復帰した際、再び党四役の一つである選挙対策委員長に戻された（2―⑧）。

もっとも、以上の措置の直接的な目的は、古賀誠や河村建夫ら選対委員長に就任した有力議員の処遇にある。幹事長が党四役の筆頭として党務全体を統括する立場にあり、選挙対策本部長代理も兼務する以上、現在でも選対委員長は重要事項について幹事長に報告し、了解を取りつけなければならない。とはいえ、選挙に関する権限が、幹事長の直接の管轄から離れたことは軽視できない。なお、広報も一九九五年の党則改正によって幹事長の下から切り離され、総裁指名ポストである広報本部長によって担われている。

幹事長が派閥の後ろ盾を失い、一九八〇年代末から九〇年代初頭の経世会支配の下での橋本龍太郎（宇野内閣）、小沢一郎・小渕恵三（海部内閣）、綿貫民輔・梶山静六（宮沢内閣）の各幹事長のような権力を持ち得なくなる一方で、総裁の権力は増大している。

例えば、党則が改正されて、総裁の任期が長くなっている。一九七七年に一期が三年から二年へと短縮され、八〇年には連続三選が禁止されるなど、派閥の全盛期に短くされてきた総裁の任期は、小泉総裁の下で二〇〇二年に一期が二年から三年に延長された。さらに、二〇一七年の党大会で党則が改正され、連続三選が認められた。これは安倍政権が高い支持率を誇り、国政選挙で連勝を続けていることを背景とするが、政治改革以降の変化の延長線上に位置する制度改革である。

総裁任期の長期化と総裁選挙の民主化

それだけでなく、派閥の衰退もあって総裁選挙の民主化が進み、かつてのような実力者による密室の話し合いではなく、一般党員を含む投票で選出されるようになったことを背景として、総裁ポストの正統性が高まっている。ここでの民主化には、第一に一般党員の参加の拡大（包括性）、第二に候補者間の競争の激化（競争性）という二つの側面がある。[17]

第一の包括性からみていこう。総裁選挙の投票権を一般党員にまで一挙に拡大させたのは、一九七七年の福田赳夫総裁の下で実施された総裁予備選挙の導入であった。従来の総裁選挙でも国会議員に加え、都道府県連から選出される代議員による投票が行われていたが、ロッキード事件に伴う危機を背景に、一般党員（および党友など）が投票する予備選挙が導入され、その上位二名が国会議員による本選挙に進むことになった。社会党にも先行した画期的な党改革であった。

しかし、あまりにも急進的すぎた。大平正芳と中曽根康弘がそれぞれ勝利した一九七八年と八二年の二度とも、予備選挙で二位以下に終わった候補者が辞退し、本選挙が実施されなかった。一般党員の意向を無視できなかったからである。これを受けて一九八一年の総裁公選規程の改正で、候補者が三名以下の場合に予備選挙が行われなくなり、一九八九年には予備選挙が廃止され、国会議員と一般党員が同時に投票する方式に改められた。総裁予備選挙には、当初の目的とは違い、派閥の有権者への拡大を招いたという批判もあった。

ところが、政治改革以降、再び一般党員の参加が進められた。まず二〇〇一年の総裁選挙は、森総裁の任期途中の辞任に伴うものであり、両院議員総会で国会議員と都道府県連代表一名の投票で実施されるはずであったが、各都道府県連が一般党員による予備選挙を行うことが認められ、その持ち票も一票から三票に増やされた。森総裁が「密室の謀議」で選ばれたことへの批判が高まっていたためで、これが小泉の勝利につながった。さらに翌年、総裁公選規程が改正され、党員による地方票が三〇〇票に倍増された。

それから一〇年後、さらなる改革が実施された。二〇一二年の総裁選挙で、第一回投票の一位となった石破が、国会議員のみによる決選投票で安倍に敗れたことを受けて、翌年の党大会で、決選投票にも第一回投票の地方票が加味されることになった。二〇一四年の党大会では、三〇〇票とされてきた地方票を国会議員票と同数に増やすことが決まった。少なくとも総裁選挙の第一回投票では、一般党員が国会議員と対等な重みを持つまでに包括性が高まっている。

次に第二の競争性である。総裁選挙は、一九五五年の結党から二〇一五年までの六〇年間で四一回、立候補制が導入された一九七二年以降では三〇回実施されてきたが、後者のうち投票による選出が一六回、話し合いなどによる無投票が一四回であった。注目すべきは、それが時期によって大きく異なることである。木曜クラブ・経世会優位の総主流派体制が出来上がった一九八〇年代は、無投票が九回中七回を占める。それに対して、小泉が総裁に選出された二〇〇一年から一五年までは、無投票は九回中二回しかない。

なぜ近年、総裁選挙の競争性が高まっているのか。一つの理由は、立候補に必要な推薦人の数が減少していることである。一九八〇年代にはおおむね五〇名の国会議員の推薦が必要であったが、二〇〇二年以降、二〇名にまで減っている。そのため立候補が容易になったのである。もう一つの理由は、派閥の衰退である。かつては派閥の領袖でなければ、立候補することが難しかった。しかし、派閥の規律が弱まった結果、それ以外の議員でも出馬できるようになっている。

安倍首相の人事手法

二〇〇一年以降の総裁選挙で無投票になった二回のうちの一回が、安倍総裁を再選した二〇一五年である。野田聖子が立候補の意向を示したが、二〇名の推薦人を集められず、断念したため、無投票に終わった。もう一回は、二〇〇一年の小泉であるが、わずか四ヵ月前に森総裁の任期途中の辞任に伴う総裁選挙で勝利を収めており、かつその間の参院選で自民党が大勝していたから、無投票は当然といえた。そのような意味でも、一四年ぶりの無投票による安倍再選は、異例なことであった。

なぜそうなったのか。第一の理由は、二〇一二年の総選挙、一三年の参院選、一四年の総選挙と、安倍総裁の下、自民党が国政選挙で三連勝していたことである。内閣支持率も高く、安倍を退任させる積極的な理由が乏しかった。第二の理由として挙げられるのが、安倍首相の包摂的な人事手法である。第二・三次安倍政権では、抜擢人事があまりみられないなど、手堅い人事がなされている。とりわけ党内の有力者を閣僚や党幹部として取り込み、異論が出にくい状況を作り上げてきた。

安倍による包摂の対象の一つは、派閥である。二〇一五年の総裁選挙の直前についてみても、為公会の麻生太郎副総理・財務相、宏池会の岸田文雄外相、水月会の石破茂地方創生担当相の三人が、派閥の領袖として入閣している。また、番町研の元会長の高村正彦副総裁、清和会の会長の細田博之幹事長代行、志帥会の領袖の二階俊博総務会長、平成研の副会長の茂木敏充選対委員長が、党の最高幹部に迎え入れられている。その当時、明確に冷遇されていた派閥は、石原伸晃率いる近未来研のみであった。[18]

もちろん、もはや派閥は「党中党」と呼べるほどの影響力を持っていない。第三次安倍第二次改造内閣で低下したとはいえ、派閥の閣僚配分率と所属衆議院議員の比率の乖離は小さくない。包摂といっても、「派閥勢力比型」への復帰ではない。それが一層明確なのは党三役人事であり、第二・三次安倍内閣では、総務会長に野田聖子、政調会長に高市早苗や稲田朋美を起用するなど、派閥均衡人事がとられていない。派閥は衰退しているからこそ、かつてに比べて少なくても、分け前を与えられている以上、安倍首相を支持している。

安倍による包摂の対象のもう一つは、派閥の衰退に伴う新たな総裁候補である。それが集中的に表れているのが、幹事長人事である。二〇一二年の総裁選挙で勝利を収めた安倍は、第一回投票で一位になった石破茂を幹事長に就け、同年末の政権復帰後も据え置いた。さらに、二〇一四年の内閣改造・党役員人事では、リベラル派の代表格の谷垣禎一を幹事長に起用した。石破は「選挙の顔」として、谷垣は理念の面で、安倍のライバルになりうる存在である。そこで、取り込みを図ったのである。

ただし、巨大な権限を持つ幹事長ポストをライバルに渡す以上、脅威にならないよう、巧妙な対策が講じられた。幹事長の上下左右に包囲網を作り上げたのである。二〇一二年の総裁選挙で安倍を支援した高村正彦が副総裁に就任していたが、第二次安倍政権が成立し、党務を幹事長に委ねなければならなくなると、自らと同じ清和会の細田博之を幹事長代行に起用した。それに加えて、幹事長の下にあった選挙対策局長を党四役の選対委員長に格上げし、河村建夫に続いて茂木敏充を就け、幹事長の権限を削減した。

二〇一六年の参院選後、谷垣禎一が自転車事故で幹事長の職務を続けられなくなると、志帥会のオーナーであり、派閥の領袖として最も実力がある二階俊博を総務会長から横滑りさせた。その代わりに、自らと親しい下村博文を幹事長代行に、古屋圭司を選対委員長に起用して、バランスをとった。現在の安倍首相の人事は巧みであり、第一次政権で失敗した教訓が大いに生かされている。こうした巧妙な政権運営は、次の章で扱う政策決定プロセスにもみられる。

第3章　政策決定プロセス――事前審査制と官邸主導

1　事前審査制とは何か

ボトムアップとコンセンサス

前章では自民党の人事の変化と現状を検討したが、この章では政策決定プロセスに関して考察する。

小泉政権以降、現在の安倍内閣についても、政策決定上の主導権が首相官邸にあるという意味で、官邸主導という言葉が使われる。ところが、自民党政権では、一九五五年の結党以来、内閣が国会に提出する法案（内閣提出法案）や予算案などを閣議決定する前に、自民党の審査を経て了承を得るという慣行が続いている。[1] この事前審査制は、ボトムアップとコンセンサスを重視するものである。そうした事前審査制の下で官邸主導がいかにして可能になっているのかが、本章の問いである。

3-① 部会・省庁・常任委員会の関係

自民党政調会部会	中央省庁	衆議院常任委員会	参議院常任委員会
内閣第一部会	内閣府	内閣委員会	内閣委員会
内閣第二部会			
総務部会	総務省	総務委員会	総務委員会
法務部会	法務省	法務委員会	法務委員会
外交部会	外務省	外務委員会	外交防衛委員会
国防部会	防衛省	安全保障委員会	
財務金融部会	財務省	財務金融委員会	財政金融委員会
文部科学部会	文部科学省	文部科学委員会	文部科学委員会
厚生労働部会	厚生労働省	厚生労働委員会	厚生労働委員会
農林部会	農林水産省	農林水産委員会	農林水産委員会
水産部会			
経済産業部会	経済産業省	経済産業委員会	経済産業委員会
国土交通部会	国土交通省	国土交通委員会	国土交通委員会
環境部会	環境省	環境委員会	環境委員会

出所：著者作成

自民党による事前審査は、政務調査会（政調会）の部会から始まる。部会は、それぞれの名称が党則に明記されている常置機関であり、政府の省庁および国会の常任委員会に対応して設けられている。例外として農林部会と水産部会が分かれ、さらに二〇一六年に処理案件が多い内閣部会が二つに分割されたため、現在、一四の部会が存在する（3―①）。「部会中心主義」という言葉が使われるように、自民党の政策決定の中心は部会であり、法案などの内容に関わる修正の多くも、部会で行われている。

政調会には部会に相当する機関として、調査会や特別委員会なども設置されている。調査会は中長期的な観点から基本政策を担当し、特別委員会は省庁横断的な特定の課題を扱うことが多い。期限つきで設けられる特命委員会、政調全体プロジェクトチーム（PT）なども存在する。部会や調査会には大規模なものもあり、そうした場合、内部に正副会長会議のほか、個別の問題を扱う小委員会やPTも置かれる。自民党の政調会は、アメーバのごとく縦横に機関を作ることで、多様な政策課題に対応している。

事前審査の次なる段階は、政調審議会（政審）である。これは部会から上がってきた政策案を審議し、承認する政調会の最高決定機関である。現在は議長を務める政調会長と政調副会長とによって構成されるが、かつては別に審議委員が置かれ、政審のメンバーとなっていた。野党時代に政審が政権政策委員会を経て政策会議に変更される過程で、審議委員のポストは廃止され、二〇一二年の政権復帰後に政審が復活した際にも、そのままとなり、現在に至っている。

3-② 事前審査のプロセス

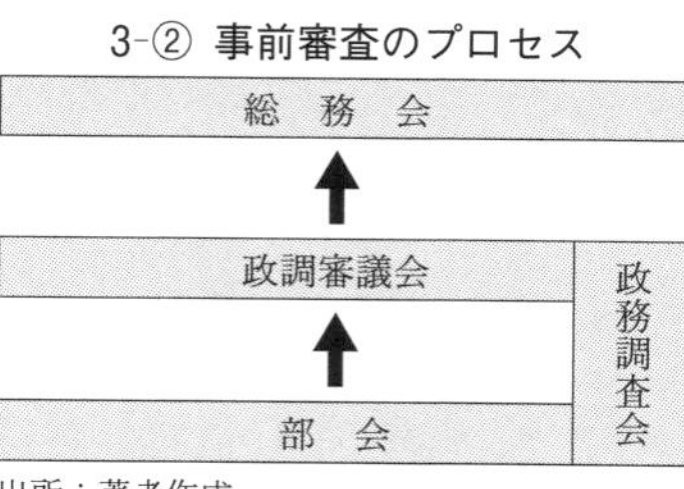

出所：著者作成

事前審査の最終段階が、総務会である。総務会は党大会や両院議員総会に代わる自民党の常設的な最高議決機関である。総務は衆参両院の公選と総裁指名とによって選出されるが、他の重要な役職に就いていない有力議員が就任することが多い。党役員人事の承認、党大会の開催の決定など権限は多岐にわたるが、政調会が決定した政策案の了承も含まれる。総務会で可決された法案や予算案は「党議」となり、閣議決定に進められる一方、国会では党所属の衆参両院議員に党議拘束がかけられ、造反は処分の対象になる。

以上みてきたように、自民党の政策決定は、政調会の部会―政審―総務会のボトムアップの三審制によって行われる（3―②）。それに加えて注目すべきは、いずれの段階でもコンセンサスの形成が重視されることである。党所属の国会議員は誰でも会合に出席して発言でき、全会一致によって決定される。例えば、総務会は格式の高い機関であるが、事前に総務会長に通知するという慣例に従えば、一般の議員も出席して発言することが許される。また、総務会の議決は党則上、過半数とされているが、全会一致が慣行となっている。

重層的な調整メカニズム

部会―政審―総務会のプロセスが重要なのは、それを通じて重層的な調整がなされているからである。

まず部会では、関連する省庁との間での調整が実質的に行われる。内閣提出法案（閣法）の起案は、基本的に官僚によって担われるが、部会に出席して説明・答弁し、そこでの議員の発言を受けて字句を修正するのも、官僚である。要綱の作成はもちろん、それ以前の段階でも、官僚は族議員の意向を聞きつつ作業を進める。つまり、法案作成の実務を担当する官僚は、自らの省庁の方針との折り合いをつけながら、部会での審議の結果を組み込んでいくのである。

部会に参加する議員の背後には、関連する業界団体が存在する場合が多い。部会のなかで役職への就任や出席の希望が多い御三家は、農林部会、国土交通部会（旧建設部会）、経済産業部会（旧商工部会）である。いずれも自民党の重要な支持基盤に関わる政策分野を担当し、選挙での票や政治資金を獲得する上で有利である。そのことからもわかるように、自民党の議員は、部会を通じて法案や予算案に影響力を行使し、業界の意向を反映させようと努める。それが組織化されたものが、議員連盟（議連）である。

とどのつまり、自民党の政調会の部会は、政治家・官僚・業界（政官業）によって構成されるミクロな「鉄の三角形」の調整の場となっている。族議員と関連する省庁の官僚の間には、前者が後者から「御説明」を受けるなど、日常的に緊密な関係がある。同じような関係は、業界団体と所轄の省庁の間にも存在し、法案が作成される初期の段階から業界の意向が取り入れられている。そのような影響力は、事前審査の中心を担う部会を基礎として生じているのである。

様々な政策分野の間の調整も実施されている。そうした場の一つとなっているのが、合同会議である。当事者の判断あるいは政調会長の指示に従って、複数の部会による合同部会が開かれ、審議・決定がなされる。部会と調査会はもちろん、部会と議連の合同会議が行われたり、部会と調査会などで合同PTが設けられたりと、非常に融通無碍（むげ）である。それは利害関係者の間でのコンセンサスの形成が優先されるためである。そして、政策を統合するもう一つの場は、いうまでもなく、政調会の最高決定機関の政審である。

総務会では、議決権を持たないものの幹事長なども出席し、選挙対策や国会対策といった政治的判断を含め、大所高所から結論が下される。総務の構成は現在、衆議院公選一一、参議院公選八、総裁指名六と党則に定められており、他の重要な役職に就いていない有力議員が選ばれることが多いが、若手議員や女性議員も加えて幅を広げようとしているという。全会一致を慣行としているため、うるさ型も少なくない総務への根回しは周到に行われる。以上のような重層的な調整を経て党議決定がなされる。

衆参両院の間の調整は、総務会のみならず、政調会でも行われている。参議院には独自の参議院政策審議会（参院政審）が設置されている。しかしながら、参院政審会長以外の役員の兼務を通して、参院政審は党の政調会に組み込まれており、参院政審の独自の機能も、参議院議員の質問補助やそれが提出する議員立法（参法）などに限定されている。さらに、参法も党の政調会を通すことが必要であり、総務会の了承を得れば、衆参両院議員ともに党議拘束がかけられる。

族議員という存在

自民党の政策決定の中心は、政調会の部会およびそれに準じる調査会などにある。部会には党則上、部会長一名のほか、部会長代理や副部会長を若干名、必要に応じて専任部会長を置くことができる。調査会などは、役員の配置が党則に定められていないため、会長・会長代理・副会長以外にも、顧問、事務局長、幹事といった多くのポストが設けられている。誰でも自由に参加できる「平場(ひらば)」と呼ばれる枠組みで議論がなされるが、運営や調整は部会長や調査会長をはじめとする役員の手に委ねられる。

ところが、政策決定の実権は、部会の役員ではなく、族議員と呼ばれる中堅議員の集団に握られている。部会長は衆議院で当選四回程度であり、在任期間も一年半程度と短く、知識も経験も十分ではない。それに対して調査会長や特別委員長は、大臣経験者が長期にわたって留任するケースが少なくない。そうした関連する調査会長などを含め、当該政策分野の族議員の意向を聞きながら、部会長は部会の運営を行う。省庁や業界団体との間で最終的な妥協を図るといった重要な決定も、部会長を含む族議員の非公式な会合でなされる。

族議員の通説的な定義は、「省庁を基本単位として仕切られた政策分野について、日常的に強い影響力を行使している中堅議員の集団」というものである。部会長になる当選四回よりも下の若手議員、党三役や二度の大臣経験を持つ有力議員の両方が除かれる。族議員の条件として重要なのは、当該政策分野の正副部会長をはじめ、大臣・副大臣・政務官（政務次官）、常任委員会の委員長・理事などの経歴である。それを通じて当該分野で政策通として認知され、関係する省庁の事前協議や根回しの対象になる。[2]

自民党政権は当初、官僚優位の政策決定を行っていた。しかし、一九六〇年代後半から次第に自民党の優位が強まり、七〇年代末には明確なものとなった。その当時、「党高政低」などと呼ばれた現象である。政策決定の中心が官僚から自民党に移ったのは、日本国憲法が議院内閣制を採用していることに加え、自民党政権が長期化したことが大きく作用した。当該政策分野の専門知識を豊富に蓄積した族議員が台頭し、数年でポストが入れ替わる官僚に対して優位に立ったのである。

族議員の影響力の上昇は、官僚に比べて高い調整能力を有することにも起因していた。日本の省庁はきわめて分立的である。それに対して、族議員は多くの場合、他の族議員でもあり、官僚ほどにはセクショナリズムに染まっていない。また、族議員から党三役などに出世した有力議員による調整もなされる。一九七三年の石油危機を契機に高度成長が終わり、省庁間の対立が深まる一方、複数の政策分野にまたがるような新たな課題が相次いで生じると、官僚に対する自民党の優位が進んだ。

族議員の代表格といえるのは、農林族である。[3] 一部の都市部選出を除いて自民党の国会議員は選挙対策上、農業政策に大きな関心を寄せている。かつての農林族は食糧管理制度の下、生産者米価の引き上げに奔走し、農協を通じた農民票の獲得に努め、やがて食糧管理会計の赤字が増大すると、困難さを増した米価をめぐる調整に力を発揮した。農林部会とともに、総合農政調査会（現在の農林水産戦略調査会）が中核的な位置を占め、その会長に農水相経験者が就任し、重きをなした。

農林族に勝るとも劣らずに大きな影響力を有してきたのが、税制調査会（税調）のインナーである。族議員・業界団体・省庁の要望に基づいて税制改正大綱を毎年取りまとめる党税調は、石油危機以降、政府税調に対して優位に立ち、「党高政低」の象徴的な存在となった。税の高度な専門性や多様な利益を調整する必要性から、一握りの幹部によって構成されるインナーが非公式の会合で決定する傾向が強く、政調会の一つの調査会でありながら、人事を含めて聖域視されてきた。

リーダーシップを行使する余地

ボトムアップとコンセンサスを重視する自民党の事前審査制は、多様な利益の包摂と調整を可能にする一方、リーダーシップの弱体化を招くという批判を受けてきた。部会―政審―総務会の三段階にわたり全会一致で議決を行うため、強力に反対する議員がいる場合、それが事実上の拒否権となって、決定が難しくなるという批判である。もちろん、粘り強い説得や様々な交渉・取引もなされる。しかし、それでも決定は遅れがちになってしまう。族議員の重要な既得権を揺るがすような決定は、特にそうである。

実際、総務会でも、一国会あたり一～二回は内閣提出法案が止まることがあるという。とりわけ部会などで強引に反対を抑え込んで上がってきたようなケースでは、そのことが総務に伝わり、紛糾を招くことになる。そうした場合、修正するために政調会に差し戻したり、反対する総務を説得したりしなければならなくなる。総務が反対を表明しながら採決の際に退席するのは、事実上、説得に成功したことを意味する。その一方で、反対の声を無視して、総務会長が「全会一致とみなします」と発言して通したこともあるという。

なぜそうしたことが可能なのか。部会・政審・総務会のいずれでも通常、挙手などによる採決は行われず、議長が「このように決します」などと議決を宣言することによって決定がなされる。また、異論が強い場合には、部会長・政調会長・総務会長などの役員に「一任」するという方法で決定を行う。そして、その役員が政策案をそのまま通す、あるいは修正するといった処理を決め、事後報告する。反対が激しいケースでは、「一任」による決定も難しくなるが、役員にはかなりの裁量が付与されているのである。

このことは、人物本位という自民党の組織原理に関わっている。役職にある人々は、一種の長老的存在として高い見識と人脈を持ち、個別的な要求に耳を貸しながらも、そこから距離を保って大局的に判断し、取りまとめることが期待されている。だからこそ、集計的な採決はなされず、「一任」という手法が用いられるのである。それは「人への委任」であるが、調整型であり、独裁型のリーダーシップとは異なる。しかし、早急な取りまとめが必要な場合には、大局的な判断に立って反対論を押し切ることもできる。

事前審査制の下でリーダーシップの行使が可能なのは、それだけではない。かつての五五年体制の下でも、国鉄の分割・民営化などを実現した中曽根首相は、「大統領型の首相」を標榜し、トップダウンによる政策決定を駆使した。従来のように関係省庁に立案を委ねてボトムアップで進めるのではなく、官邸主導によって方向性を決め、首相直属の諮問機関を用いて具体的な政策案を作成し、世論を喚起して正統性を確保した上で、政府と党の政策決定プロセスにかけ、正式に決めたのであった。[4]

自民党の政策決定が部会―政審―総務会のボトムアップのプロセスであることは確かだが、そこに原案を投入するのは、関連する省庁の官僚に限られない。総理・総裁でも、政調会長でも、部会長でも、一議員でも、インプットすることができる。それゆえ、首相がリーダーシップを発揮して法案や予算案を官邸主導で作成し、その上で自民党の事前審査の手続きにかければ、かなりの程度、トップダウンの政策決定がなされうる。そうした意味で、事前審査制は官邸主導と両立可能なのである。

2　小泉政権という危機

政府の政策決定のトップダウン化

中曽根と同じく首相直属の諮問機関と世論の支持を背景としてトップダウンによる政策決

定を行ったのが、小泉首相である。ところが、両者には差異もある。最大の違いは、その間に実施された一連の政治改革である。[5] 小選挙区比例代表並立制や政党助成制度の導入を根幹とする一九九四年の政治改革については前述したので、ここでは政府の政策決定のトップダウン化を制度的に実現しようとした一九九〇年代後半の橋本行革について、簡単に説明を加えておきたい。

橋本内閣が進めた行政改革の一つの柱は、中央省庁の再編であった。具体的には、一府二二省庁から一府一二省庁への整理・統合が行われた。最強の省庁として政治に大きな影響力を持った大蔵省は、バブル崩壊後の不良債権処理への批判や不祥事の発覚もあって、改革のターゲットとなり、金融（監督）庁が分離されるとともに、名称も財務省に変更された。また、首相をトップとし、各省庁よりも一段上の立場から内閣の重要政策に関する企画立案および総合調整を行う内閣府が設置された。

もう一つの柱は、内閣機能の強化である。その第一は、首相の主導権の明確化であり、内閣の重要政策に関する基本方針について、首相が閣議で発議権を持つことが内閣法に明記された。第二に、首相を直接に補佐する内閣官房の強化であり、企画立案や積極的な調整の権限が付与されたほか、首相補佐官の定数増などの組織的な拡充が行われた。第三に、内閣府の設置である。特命担当大臣が置かれるとともに、経済財政政策の重要事項について調査・審議する経済財政諮問会議など、重要政策に関する会議が設けられた。

経済財政諮問会議は、森内閣の下、新たな中央省庁が始まった二〇〇一年一月六日に初めて開催されたが、本格的に始動したのは小泉内閣になってからである。小泉は構造改革を推進する手段として重視し、在任中の一八七回の会議に欠かさず出席して議長を務めた。実質的な運営については、小泉のバックアップを受けた竹中平蔵経済財政担当相が、四名の民間議員とともに主導権を握ったが、そこでの決定事項が閣議決定に移されることで、経済財政政策に関する事実上の決定機関となった。[6]

なかでも重要なのが、「経済財政運営と構造改革に関する基本方針（骨太の方針）」の作成である。従来の予算編成は、財務省が「概算要求基準」を作成して閣議にかけ、これに基づいて八月末に各省庁が「概算要求」を提出することで始まった。「概算要求」は自民党の部会と協議しながら作成される。だが、小泉内閣以降、六月に経済財政諮問会議が作成した「骨太の方針」を閣議決定し、予算編成が始められることになった。予算編成の基本方針の決定権が、財務省から首相を議長とする経済財政諮問会議に移ったのである。

小泉内閣が発足して約一ヵ月後の二〇〇一年五月三一日、最初の「骨太の方針」の原案が経済財政諮問会議に提出され、公表された。これは各省庁のみならず、自民党にも事前の調整なしに行われたものであり、翌日の総務会では批判が噴出した。その後、自民党は政府と協議したが、内閣支持率の高さや参院選の接近を背景に譲歩せざるを得ず、六月二一日に経済財政諮問会議で、二六日には閣議で「骨太二〇〇一」が決定された。ただし、竹中平蔵によると、自民党からの風当たりが最も強かったのは、その翌年であったという。

いったん挫折した事前審査制の廃止

以上みてきたように、小泉政権の官邸主導と自民党の事前審査制は、当初から大きな摩擦を生じた。二〇〇一年の総裁選挙で「古い自民党をぶっ壊す」と叫んで当選した小泉は、構造改革に抵抗する派閥や族議員が幅を利かす自民党との協議を意図的に軽視した。そればかりでなく、小泉政権の下では事前審査制の廃止が企図された。

小泉は総理・総裁への就任後、総裁選挙での公約に従い、自民党に総裁直属の国家戦略本部を設置した。[7] 一一月八日、政治改革を推進する民間団体の二一世紀臨調（新しい日本をつくる国民会議）が「首相主導を支える政治構造改革に関する提言」を発表し、首相を中心とする内閣主導を実現すべく、内閣提出法案に対する自民党の事前審査制を廃止し、「政府・与党二元体制」を克服するよう主張した。かねてから二一世紀臨調と近い関係にあった国家戦略本部の保岡興治事務総長は、これに基づく党改革を構想する。

二〇〇二年三月一三日、国家戦略本部の国家ビジョン策定委員会は、「政治システム（New Decision-Making System）」と題する提言を発表した。そこで最初に提案されたのは、①首相を中心とする内閣主導体制を構築する、②官僚主導はこれを排除する、③いわゆる「族議員政治」とは決別する、という「小泉三原則」であった。これを実現するために、日本版マニフェストの創設、内閣・与党の政策決定の一元化、内閣の問題解決能力の向上、国会審議の活用などが謳われた。

執筆を担当した塩崎恭久によると、この報告書の最大のポイントは、事前審査制の廃止であった。自民党の事前審査制は、首相を中心とする政治主導の妨げとみなされ、「事前承認制」から「事前審議制」への移行が主張された。自民党は内閣提出法案を事前に審議し、その結果を内閣に伝えるが、国会に提出する上での条件にはしないとされた。しかも、事前審議は部会のみでよいとされ、必要に応じて政調審議会に諮るが、原則としてそれを最終的な審議の場とし、総務会の権限を極力弱めようとした。

また、事前審査制の廃止との見合いで、党議拘束の緩和も企図された。内閣提出法案で党議拘束をかけるのは、党の存立に関わる案件や選挙で公約した範囲に限られ、それらについても総務会が了解しない場合には、党議拘束を外すことができるとされた。党議拘束のない法案は、国会での審議を通じて修正を可能とし、委員会での採決の前に党議拘束に関して検討する。また、意思決定の方法についても、全会一致の慣行を改めて、多数決制を導入することが唱えられた。政策審議を合理化し、簡略化しようとしたのである。

以上のような内容を持つ国家戦略本部の提言は、自民党の政策決定プロセスを抜本的に変えようとしたものであり、それゆえ大きな反発を招いた。とりわけ波紋を呼んだのが、総務会の役割を事実上否定した部分であった。しかも、その内容を先行して実施するかのごとく、総務会などの事前の了承を経ずして、この提言を小泉総裁に提出するといった手続き上の瑕疵もあり、反発を増幅させた。保岡事務総長のスタンドプレーが、実務を担ってきた若手議員を失望させ、内部の求心力も失われてしまった。

結局、国家戦略本部は、政治制度改革本部および行政改革推進本部と合同で検討を進めることになり、党内の強い反対のなかで完全に封じ込められた。同年七月二九日に三本部合同でまとめられた「政治システム改革についての提言」は、事前審査制の廃止に一切言及せず、事実上見送りを決めた。党議拘束の緩和や多数決制についても、「党議拘束のあり方、全会一致慣行の見直しなどの運営方法を確立する」と記され、曖昧にされた。国家戦略本部の試みは、こうして挫折に終わった。

郵政民営化をめぐる事前審査制の動揺

ところが、事前審査制の動揺は続いた。小泉首相が構造改革の本丸とする郵政事業の民営化に対して、郵政族をはじめ自民党の多くの国会議員が反対し、事前審査のプロセスで抵抗を続けたためである。[8]

郵政民営化が難航したのには理由がある。それに強硬に反対する全国特定郵便局長会（全特）が自民党の有力な友好団体であり、高い集票力を持っていたからである。二〇〇一年の参院選の比例区では、全特が支援する公認候補が約四八万票を獲得し、自民党の公認候補の二位で当選していた。だが、小泉は、郵政民営化をめぐって生じた摩擦をエネルギーにすべく、「改革勢力」と「抵抗勢力」の戦いを標榜し、世論の支持を調達しながら、数度にわたって事前審査制に風穴を開けた。

第一の出来事は、国家戦略本部が事前審査制を廃止する提言を発表した直後の二〇〇二年四月二三日の総務会で起きた。小泉の圧力を受けた総務会は、二〇〇三年からの郵政公社の発足に向けた郵政公社法案と、それに伴い郵政事業への民間参入を可能にする信書便法案について、部会や政審での審議がなされていない以上、法案の内容は了承しないが、政府が国会に提出することは認めるという決定を行った。法案が後日に修正され、事前審査の手続きを踏んで了承されたとはいえ、異例の措置の先駆けとなった。

第二は、二〇〇四年九月一〇日に閣議決定された「郵政民営化の基本方針」である。二〇〇七年に郵政公社を四つに分社化して民営化するといった内容を盛り込み、自民党で大きな反対が出ていたため、小泉首相が閣議決定のタイムリミットを設定した。そこで、総務会は、十分な審議を行っておらず是非の態度を保留するが、政府が閣議決定することは妨げない、と容認せざるを得なかった。その結果、事前審査のプロセスを抜きにして、閣議決定がなされたのであった。

第三は、郵政民営化法案である。小泉内閣は「郵政民営化の基本方針」に基づいて法案の作成を行う一方、自民党との協議を進めた。二〇〇五年四月二六日、自民党の関係合同部会が法案の修正を前提として了承したが、翌日の政審と総務会では反対意見が噴出し、紛糾した。そのため総務会では、郵政公社関連法案と同じく、内容に関する判断を留保し、政府が国会に提出することだけを了承した。またもや小泉首相との正面衝突を避けるために苦肉の策がとられたのである。

第四は、国会に提出された郵政民営化法案の修正案であった。小泉首相は党議拘束をかける目的で修正を容認し、その案が同年六月二八日の総務会に諮られた。しかし、修正が小幅であったため、総務会では依然として反対の声が強く出された。そこで、久間章生総務会長は全会一致の慣行を破り、多数決による採決に踏み切った。挙手の結果、久間が賛成多数と認め、党議決定となった。こうした強引な進め方が、衆参両院で大量の造反者を生み、参議院で郵政民営化法案が否決される原因となった。

ここで小泉が用いたのが、小選挙区比例代表並立制の導入によって強化された党執行部の公認権である。採決の段階でも公認権をちらつかせて反対を抑えたが、参議院で法案が否決されると、郵政民営化の賛否を問うとして衆議院を解散し、造反議員を公認しなかったばかりか、その全員に対立候補を擁立した。劇場型政治と呼ばれたように、「改革勢力」と「抵抗勢力」の戦いが演出された結果、九月一一日の総選挙で自民党は無党派層の支持を集めて圧勝し、郵政民営化法案が成立した。

生き残った事前審査制

郵政選挙で大勝した小泉は、その余勢を駆って事前審査制の廃止に踏み込むこともできたはずである。しかし、そうしなかった。その理由は、小泉の目標が事前審査制の廃止ではなく郵政民営化の実現であり、そのために自民党の既存の政策決定プロセスから逸脱したにすぎなかったからであろう。それは、小泉が党内の反発をみて国家戦略本部の提言の換骨奪胎を容認したことからも推察できる。また、小泉は道路公団の民営化をはじめ、郵政民営化以外では事前審査制を尊重した。

当初、紛糾した経済財政諮問会議の「骨太の方針」についても、次第に自民党の事前審査制との折り合いがつけられるようになっていた。すなわち、諮問会議で骨子案の審議が始まる頃から、自民党との協議が進められ、事前審査の手続きにかけられるとともに、その過程で出された修正要求を受け入れて、諮問会議や閣議での決定に移るようになったのである。内閣府で諮問会議の運営にあたっていた大田弘子によると、「骨太方針をめぐる与党との調整は、二〇〇三年からより一層本格的になった」という。

前述したように、自民党の政策決定はボトムアップのプロセスであるが、そこに原案を投入するのは、どこからでも可能である。それが経済財政諮問会議になったのであり、自民党はそれに対応する政調会の組織として、二〇〇三年に総合経済調査会、〇四年に重点政策推進委員会、〇五年には予算等合同会議を柔軟に設けた。協議を通じて自民党の意向は一定程度盛り込まれるが、原案を作成する諮問会議に主導権が存在することは確かであり、官邸主導は基本的に揺るがなかった。

そうである以上、官邸主導を実現するために、無理を押して事前審査制を廃止する必要性は生じなかったとみるべきであろう。その例外は、小泉首相が断固たる決意を持ち、かつ自民党内で反対が強かった郵政民営化であるが、総務会は異例の措置をとることで政府との対決を避け、事前審査制の全面的な解体を食い止めようとした。実際、それは成功したといえる。これ以降、事前審査の手続きが省略されたことも、総務会で多数決による採決が行われたことも、一切ないからである。

最も重要な事前審査制の廃止は棚上げされたが、国家戦略本部の提言のなかには部分的に実行に移されたものもあった。例えば、「副大臣・政務官が党の部会・政務調査会の役職を兼任する」という一節である。二〇〇三年の総選挙の後、第二次小泉内閣の発足にあたって、政務官を担当分野の部会の副部会長と兼務させた。やや軽めのポスト同士とはいえ、提言に謳われた「内閣・与党の政策決定一元化」を実現するための措置であり、事前審査制に修正を加えようとするものであった。

しかし、この程度の措置であっても定着しなかった。その後も、二〇〇六年の総裁選挙で安倍晋三が副大臣と部会長を兼任させるという構想を示して当選したが、結局、見送られた。ポストの調整が難しくなることに加え、ポストの数が減少することへの懸念も少なくなかった。部会には必要に応じて副大臣や政務官が出席しており、兼任させることの具体的なメリットが不明確という事情もあった[10]。かくして、事前審査制は基本的に手つかずのまま存続したのである。

3　安倍政権の官邸主導

進展する政府のトップダウン化

第二・三次安倍政権は小泉内閣と同じく、首相が政策決定でリーダーシップを発揮する官邸主導といわれる。その背景には、安倍政権が高い内閣支持率を保ち、国政選挙で連戦連勝していることがある。二〇一二年の総選挙で三年ぶりに政権に復帰した自民党の内部から、そのような安倍政権に異を唱えることは難しく、それが官邸主導を可能にしている。しかし、政府と自民党のそれぞれに官邸主導を支える仕組みが存在していることも重要である。まず政府について検討しよう。

安倍内閣は、民主党政権の下で停止されていた内閣府の経済財政諮問会議を再開し、内閣に日本経済再生本部を新設した。いずれも首相を長とする組織であるが、前者が経済財政というマクロ政策を担当し、後者が企業の競争力の強化などミクロ政策に関わる成長戦略の司令塔になるといった役割分担が定められた。日本経済再生本部には、成長戦略の調査と審議を担う下部組織の産業競争力会議が設けられたが、それに連携するものとして、民主党政権で廃止されていた内閣府の規制改革会議が復活した。

経済財政諮問会議が「骨太の方針」、日本経済再生本部および産業競争力会議（未来投資会議）が「日本再興戦略」、規制改革（推進）会議が「規制改革実施計画」を策定して、毎年六月に閣議決定され、それらに基づいて予算編成をはじめ具体的な経済政策が立案される。安倍政権の官邸主導は、以上のプロセスを基軸に実現している。それ以外にも「経済の好循環実現に向けた政労使会議」、「未来投資に向けた官民対話」、「一億総活躍国民会議」、「働き方改革実現会議」などの政策会議が設けられてきた。

小泉政権では、郵政民営化をはじめ、経済政策に関わるすべての重要課題が経済財政諮問会議で審議され、竹中経済財政担当相が統括する役割を果たした。それに対して安倍政権では政策会議が乱立し、首相官邸によって統合されている（3―③）。その意味で、文字通りの官邸主導なのである。経済政策以外では、地方活性化を図る「まち・ひと・しごと創生会議」、安保法制についての「安全保障の法的基盤の再構築に関する懇談会」、教育改革を検討する「教育再生実行会議」などが設けられた。[11]

安倍政権の官邸主導は、二〇一四年五月三〇日の内閣人事局の設置によって一層強化された。それまで幹部級の官僚人事は、各省庁が案を作成し、首相官邸の承認を得ていた。しかし、まず内閣人事局がリストを作り、それに基づいて閣僚が候補者を選び、首相や官房長官

3-③ 小泉政権と安倍政権の官邸主導の違い

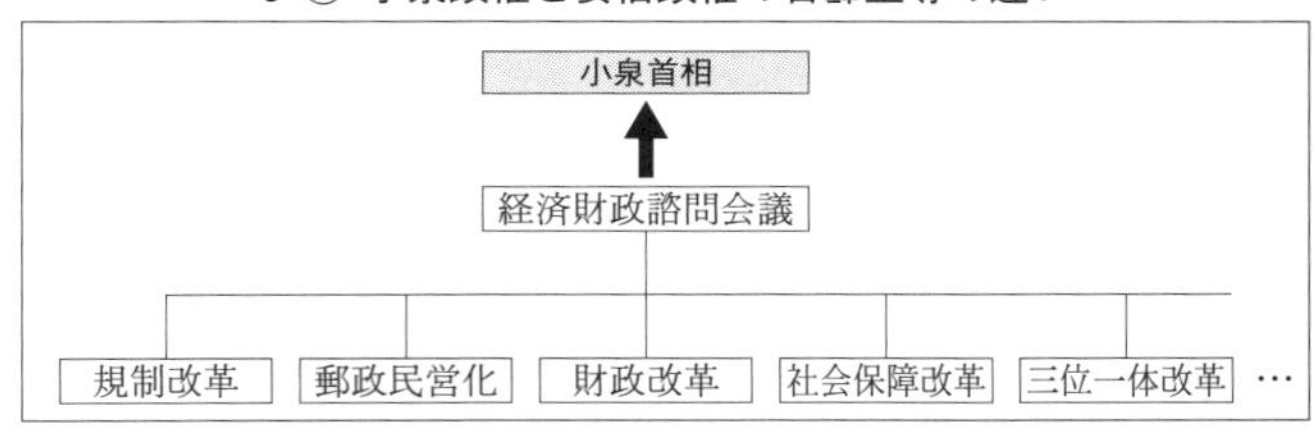

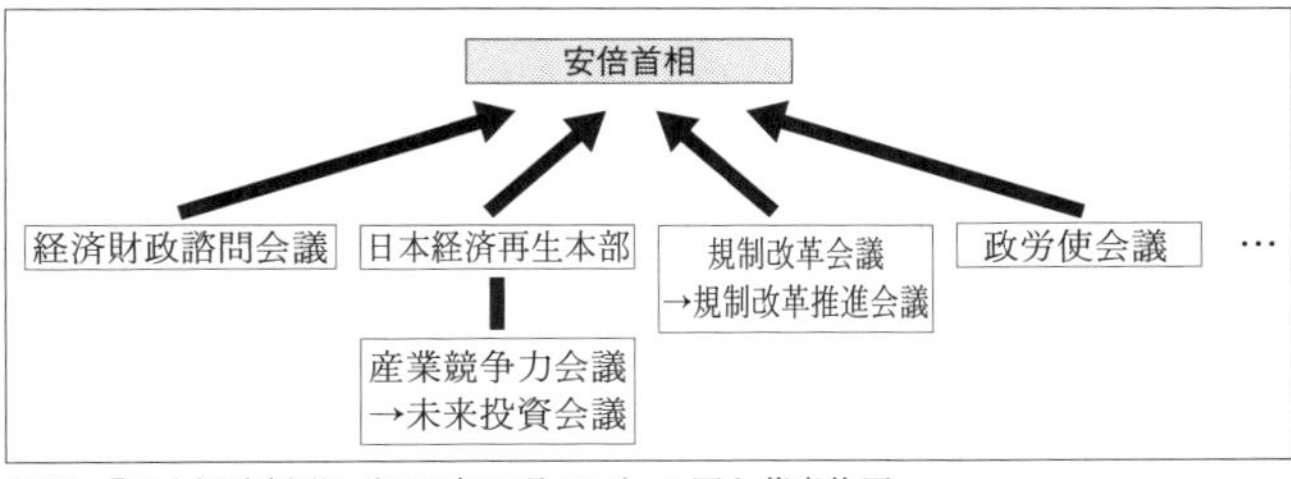

出所：『日本経済新聞』（2013年10月15日）の図を著者修正

などが決定するという仕組みに変わった。その結果、中央省庁の審議官級以上の幹部約六〇〇名が首相官邸の下で一元的に管理されることになり、各省庁に対する統制が人事を通じて強まることになった。

内閣人事局が設けられた四ヵ月あまり前の二〇一四年一月七日には、国家安全保障会議（日本版NSC）の事務局として、内閣官房に国家安全保障局が新設された。首相、官房長官、外相、防衛相の四大臣会合を柱とし、少数の閣僚で外交・安全保障に関する政策決定を迅速に行おうとする国家安全保障会議は、安倍政権によって設置が推進され、実現した。その結果、事務局のトップである国家安全保障局長を中心として、外交・安全保障政策でも官邸主導が強められた。

巧みに利用される事前審査制

以上みてきたように、第二・三次安倍政権では政府の政策決定のトップダウン化が一段と進められた。ところが、内閣提出法案などについての自民党の政策決定プロセス、すなわち部会―政審―総務会という三段階からなるボトムアップの事前審査制は変更されなかった。現在の安倍首相は、かつての小泉首相とは違って、事前審査制に手をつけようとはしていない。税制についても、党税調が税制改正大綱を毎年取りまとめ、それを政府税調が追認するという手続きが復活した[12]。

実は野党時代、自民党の政策決定プロセスは大幅に変えられた。二〇一〇年の党大会で政調審議会が廃止されて「政権政策決定委員会」が設置され、さらに翌年の党則改正により「政策会議」へと変更された。それと同時に、有権者にアピールすべく、総裁・政調会長・部会長などが構成する「シャドウ・キャビネット」(影の内閣)が設けられ、重要案件については政策会議を経て、そこでも審議・決定されることになった。しかし、二〇一二年の総選挙で政権に復帰すると、元に戻された。

自民党の政策決定プロセスに一切の変化が存在しないということではない。自民党の党則の七九条には、「総裁は、必要に応じ総務会の議を経て、臨時に特別の機関を設けることができる」と書かれている。この規定を用いて、安倍首相は政調会の部会や調査会などとは別

3-④ 総裁直属機関の数の推移（2003〜17年）

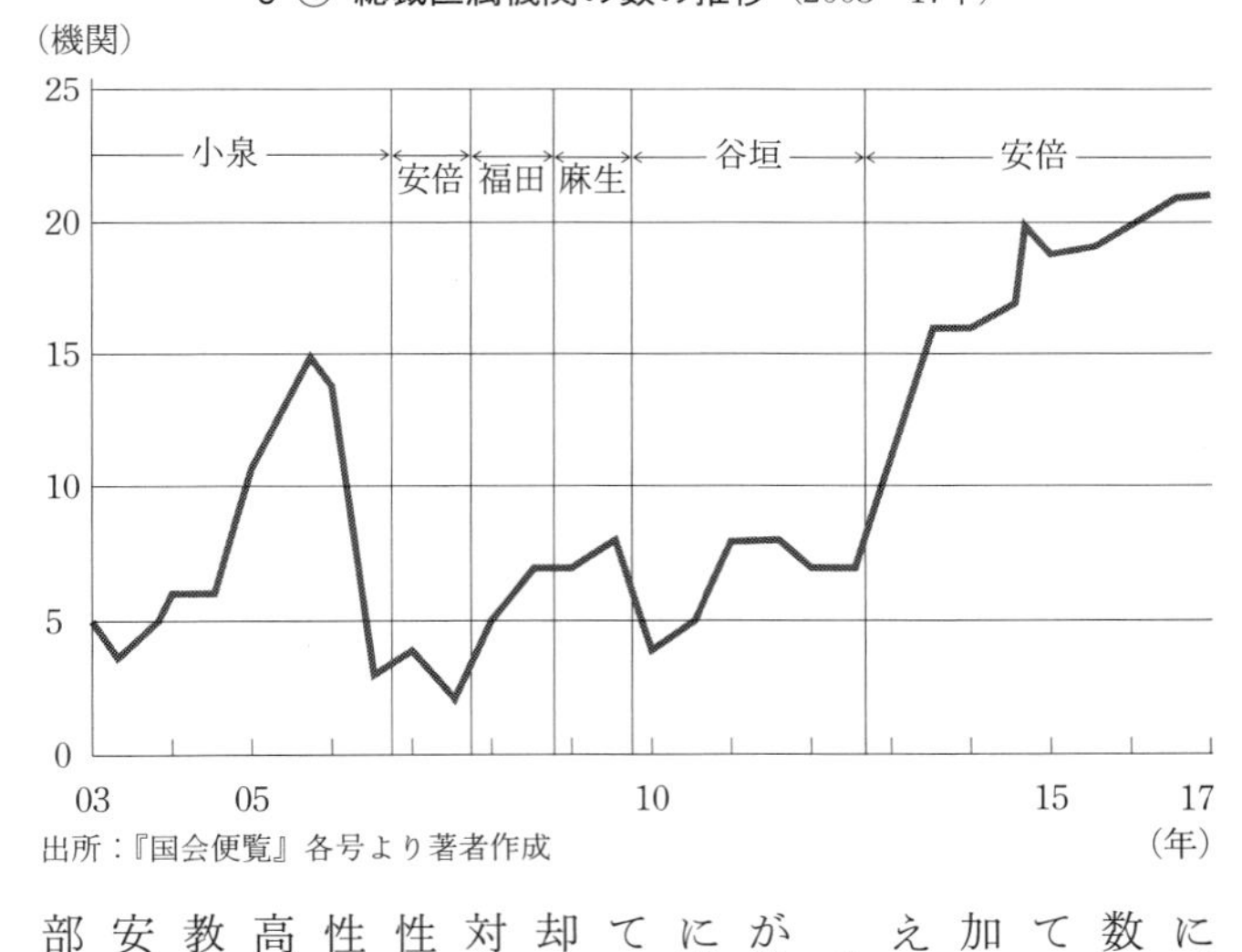

出所：『国会便覧』各号より著者作成

に、総裁直属機関を多数設置している。その数は、第一次安倍政権の際には四にとどまっていたが、第二・三次政権を通して次第に増加し、二〇一七年二月の段階で二一にまで増えている（3―④）。

重要なのは、首相官邸や内閣府に政策会議が設置されるような安倍首相の肝いりの政策に関して、自民党に総裁直属機関が設けられていることである。例えば、デフレからの脱却を図る「日本経済再生本部」、ＴＰＰへの対応を担う「外交・経済連携本部」、地方活性化に関する「地方創生実行統合本部」、女性活躍を進める「女性活躍推進本部」、少子高齢化に取り組む「一億総活躍推進本部」、教育改革を検討する「教育再生実行本部」、安保法制を推進する「平和安全法制推進本部」などである。[13]

ところが、総裁直属機関とはいっても、党則上、政策に関しては最終的に政調会と総務会を通さなければならない。したがって、事前審査制が迂回されるわけでは決してない。政調会の内部の調査会や特別委員会にしないのは、政調会長よりも当選回数が多い議員を本部長として処遇する意味合いが大きいという。ただし、政府の重点政策の下請けとなる機関が党内に設けられ、そこから事前審査のプロセスが始められることが、官邸主導の一助になっているのは確かである。なお、政策以外の案件は、直接総務会にかけられる。

要するに、第二・三次安倍政権は、事前審査制を巧みに利用して、官邸主導を円滑に実現している。そうしたなかで、事前審査制の機能は大きく変化した。官邸主導で作成された政策案がスケジュールつきで投入され、修正の余地が乏しくなるなど、審議の形骸化が進んでいる。それにもかかわらず、事前審査のプロセスを経た結果、国会で党議拘束がかけられる。つまり、ボトムアップを通じてコンセンサスを形成するという機能が弱まり、官邸主導の補完的な役割が強まっているのである。

農協改革

事前審査制を利用して巧みに官邸主導の政策決定を行う安倍政権のあり方が、最もよくわかる事例は、二〇一五年八月二八日の農協改革関連法案の成立に至る農協改革である。事前審査制を動揺させつつ進められた小泉内閣の郵政民営化と比較しながら、検討しよう。[14]

郵政民営化と農協改革の比較が可能なのは、両者が二つの点で共通性を持っているからである。一つは、いずれも高い集票力を有する自民党の友好団体が反対し、それを押し切って進められたことである。郵政民営化は全特であり、農協改革はJAグループである。なかでもJAグループの頂点に立つ全国農業協同組合中央会（JA全中）は、地域農協の経営を監督する役割を担うとともに、その政治団体である全国農業者農政運動組織連盟（全国農政連）と連携して、強い政治的影響力を発揮してきた。

もう一つは、いずれも首相の強い主導権によって推進されたことである。郵政事業の民営化は小泉首相の悲願であったが、安倍首相もJA全中が持つ地域農協に対する強力な指導・監査権限を「岩盤規制」とみなし、廃止を主張した。また、郵政民営化の審議は、経済財政諮問会議で行われたが、農協改革の起点となったのは、規制改革会議の答申に従い二〇一四年六月二四日に閣議決定された「規制改革実施計画」が、「農協法上の中央会制度は……現行の制度から自律的な新たな制度に移行する」と明記したことであった。

以上のような共通性の反面で、政策決定プロセスについては違いが生じた。第一は、族議員の反対の強さである。郵政民営化では郵政族が徹底して反対に回ったのに対し、農協改革では農林族の内部から容認する動きが早期に現れた。安倍首相が進める改革の全面拒否は難しく、JA全中の現状維持はできないと判断し、政府との調整の結果、「自律的な新たな制度」という表現に落ち着いた。インナーのなかでも、特に西川公也農水相は農協改革を推進する役割を担った。

第二は、そのこととも関連して、友好団体の反対の強度が異なっていたことである。郵政民営化の場合、全特は徹底抗戦の姿勢を崩さなかったが、農協改革ではJAグループの内部が割れ、一部が容認に回った。すなわち、農林中金やJA共済連、さらに多くの都道府県中央会が、JA全中の改革に抵抗し続けた場合、地域農協の准組合員の利用制限が行われることを懸念した。農家ではない准組合員が、農協の金融事業を支えているからである。安倍政権は実際、准組合員への規制を強める改革案を用意していた。

第三に、政府の態度にも大きな相違があった。小泉首相は郵政民営化についてほとんど譲歩しなかったが、安倍政権はJA全中を一般社団法人に移行させ、それが持つ地域農協に対する指導・監査権限を廃止する一方、准組合員の利用制限については先送りするといった内容の農協改革案を最終的にまとめた。それゆえ、JA全中も苦渋の決断ながら、二〇一五年二月九日に受け入れを正式に決めた。その結果、国会で大量造反を引き起こした郵政民営化とは異なり、農協改革は農林族の協力を得て実現された。

郵政民営化とは違い、JA全中の改革はJAグループとの間で合意が成立し、農林部会などの合同会議を起点とする事前審査の手続きに従って混乱なく進んだ。翌年の全国農業協同組合連合会（JA全農）の改革も、強制力を欠く穏健な内容にとどまった。ただし、その程度の改革であっても、JAグループが自民党の主要な友好団体である以上、かつてならば実現不可能であった。政府の政策決定のトップダウン化が進み、自民党の事前審査制が官邸主導を補完する性格を強めた結果、従来に比べて大幅な改革を実施できるようになっている。

弱体化した族議員

事前審査制の機能が変化し、官邸主導が可能になっているのは、一九九〇年代後半の橋本行革以降、政府の政策決定のトップダウン化が進展しているためだけではない。農協改革にみられるように、一九九四年の政治改革などを背景として、族議員の弱体化が徐々に進んできたことも、その重要な原因である。

政治改革から四年後の一九九八年五月二八日の山崎拓政調会長の指示によって、政調会の部会や調査会の委員制が廃止された。かつて自民党の国会議員は、自らの国会の常任委員会に対応する部会には自動的に登録されるので、希望する部会については二つ、合計で三つまで委員として所属することができた。確かに、部会の会合などへの出席は以前から自由である。しかし、委員ポストの廃止により、若手議員が族議員への階段を上る第一歩として、特定分野の政策の勉強を本格的に行う機会が少なくなった。

山崎政調会長名の通知には、こう書かれている。「党所属国会議員が、その道のエキスパートになることも必要であるが、広範な分野にわたり政策調査・研究活動を行って、オール・ラウンド・プレーヤーになることは、時代の要請でもある」。一つの選挙区から三～五名の議員を選ぶ中選挙区制では、自民党の衆議院議員は政策分野ごとに棲み分けながら、集票を行っていた。だが、小選挙区制では、選挙区内のあらゆる要望に対応しなければならない。[15] その結果、族議員の底が浅くなったのである。

安倍政権の下での農林族の発言力の低下について、自民党本部の職員で政調会の農林担当を長年務めた吉田修は、次のように述べている。「衆議院が、中選挙区制から小選挙区制になり、その影響で、いわゆる族議員、農林専門議員が減ったのだと思います。小選挙区制では、議員たちは農政だけではなくてオールマイティでなくてはなりません。農政は、教育、建設、厚生など多くある問題の中の一つに過ぎません。中選挙区制では、複数議席の中で仕分けが出来、国会議員は得意分野に力を入れることが出来ました[16]」。

さらに、族議員の弱体化を加速させたのが、二〇〇九年の総選挙と政権交代であった。党史上かつてない大量の落選と三年以上の野党暮らしによる情報の減少が重なり、当該政策分野の専門知識の蓄積という族議員の強みが損なわれたからである。自民党本部の政調関係者によると、農林族についても西川公也らが落選し、二〇一二年に自民党が政権に復帰した段階では、質量ともに薄くなっていた。それ以降、政権を続け、農水相の経験者が増えるに従って、ようやく農林族は痛手から立ち直りつつあるという。

政府の政策決定のトップダウン化による省庁の影響力の低下に加え、応援団たる友好団体の衰退もまた、族議員の弱体化につながっている。詳しくは後述するが、ＪＡグループは、一九八〇年代には参院選の比例区で、二名の農水省の官僚出身者を当選させていたが、二〇〇四年には一人も当選させることができなかった。そこで、二〇〇七年にJA全中の専務理事を務めた山田俊男が立候補し、約四五万票を得て当選したが、二〇一三年には約三四万票に減らしている。

このように族議員の影響力が低下した結果、政調会の人事で任命権者の政調会長や、その上位にある総理・総裁の決定権が実質化してきている。派閥の衰退と同じ状況である。例えば、二〇一三年、経産官僚として道路公団民営化など特殊法人改革に取り組んだ経験を持つ斎藤健が、農林部会長に起用された。これはまったくの異例な人事であり、JA全中の改革はその下で進められた。二〇一五年には、斎藤と同じく都市部選出で規制改革論者の小泉進次郎が、後任の農林部会長に選ばれた。

農林族だけではなく、党の税制調査会のインナーの力も弱まっている。二〇一二年に自民党が政権に戻って以降、党税調が次年度の税制改正大綱を策定し、それを政府税調が追認する慣例が復活したが、税制の決定プロセスでも官邸主導の強まりがみられる。二〇一五年、党税調会長を約六年間務めていた野田毅が安倍首相の指示によって事実上更迭され、公明党との消費税の軽減税率をめぐる協議で首相官邸の意向が反映される結果になったことは、そうした変化を印象づけた。

4　事前審査制の持続力

公明党との連立政権という制約

ボトムアップとコンセンサスに基づく事前審査制が、なぜ官邸主導の下で存続しているのか。この問いに対する答えは、これまで述べてきたように、事前審査制がトップダウンを可能にする柔軟性を備えているからである。また、族議員が弱体化し、その面からも事前審査制が官邸主導の大きな妨げにならなくなっていることも重要である。しかし、事前審査制が持続している理由は、これら以外にも存在している。

第一は、公明党との連立政権という制約である。内閣提出法案などに関する事前審査制は、公明党にも存在している。その規約上の手続きは、自民党とは若干異なり、重要事項が政務調査会の部会—政調会の部会長会議—中央幹事会の三段階であり、重要事項以外は部会—部会長会議の二段階で行われ、中央幹事会では事後報告のみとなる。なお、重要事項については、部会長会議での決定前に政調全体会議を開催し、すべての所属議員から意見を聴取する機会を設けるのが原則になっているという。

自民・公明両党のそれぞれで党議決定された案件は、両党の政調会長や政調会長代理、参院政審会長などで構成される与党政策責任者会議（与責）にかけられる（3—⑤）。与責の承

3-⑤ 自公政権の協議の枠組み

政府・与党間

政府・与党連絡会議
毎月1回（第1月曜日）
首相，主要閣僚，両党幹部
政策および国会対策など時々のテーマ

政府・与党協議会
毎月1回（第3月曜日）
正副官房長官，両党幹事長・衆参国対委員長など
国会対策など

与党間

党首会談
不定期
（毎月1回程度）
両党党首

幹事長・国会対策委員長会談（二幹二国）
毎週1回（水曜日）
両党幹事長・国対委員長
国会対策の基本方針など

与党国会対策会議
不定期
両党国対役員・議運筆頭理事
国会対策の具体策

与党政策責任者会議（与責）
不定期（主に火曜日と金曜日）
両党政調会役員
与党としての政策の最終決定

出所：著者作成

認がなければ、閣議決定に進むことができないというのが、二〇一二年の政権復帰の際にも確認された自公政権のルールである。ただし、両党のいずれもが重要事項とみなさない案件は、両党間で党内手続きを完了したという確認書を交わすことで済まされる。他方で、議員立法（議員提出法案）については、必ず与責にかけられる。

予算編成大綱や税制改正大綱は、自公政権が発足して以降、自民党単独ではなく公明党との連名で策定することになっている。予算編成大綱は与責で審議・決定され、税制改正大綱は与責の常設の協議会である与党税制協議会で審議された上で、与責の了承を得て決定される。また、課題によっては、与責の下に臨時的なプロジェクトチーム（PT）を設置する場合もある。ただし、

集団的自衛権の行使容認について検討した「安全保障法制整備に関する与党協議会」は、両党の幹事長の合意に基づき、与責とは別に設けられたものであった。

自民党と公明党の間の政策的な擦り合わせは、与責にかけられる前に実質的に行われ、両党の党議決定が異なることはほとんどない。相互に意識しながら事前審査の手続きが進められるからである。内閣提出法案の多くは、官僚が実質的な調整役を担っているという。その一方で、集団的自衛権の行使容認のようにきわめて高度な調整が必要な問題に関しては、首相官邸および両党の間で非公式の協議が別途なされることもある。[17] そこでの合意に基づいて正規の手続きが踏まれるのである。

以上みてきたように、事前審査制は自民党だけでなく公明党にも存在し、与責の承認という与党全体としての事前審査の手続きもある。自民党が事前審査制を廃止することは、自公政権の政策決定プロセスの根幹を揺るがすことを意味する。もちろん、自民・公明両党は、共通の選挙公約を掲げて国政選挙に臨むことがあるし、国会での首班指名投票の前、つまり総選挙や内閣総辞職によって首相が新たに選出されるたびに連立政権合意を結ぶ。しかし、それらですべての政策の詳細を事前に決めておくことはできない。

自民党と公明党は別々の政党である。公明党が創価学会を支持母体としている以上、空中分解した新進党の失敗もあって、自民党と合併することは非常に難しい。しかも、自民・公明両党の政策は違いが少なくなく、公明党の政策には自民党よりも民進党に近いものが散見される。したがって、事前審査の手続きを通して党議拘束をかけなければ、国会で政策上の足並みの乱れを衝かれ、連立政権が不安定化してしまう。そうである以上、自公政権にとって事前審査制は不可欠の構成要素なのである。

民主党政権の挫折の教訓

自民党で事前審査制が存続している追加的な理由の第二は、民主党政権の失敗から引き出された教訓である。[18]

民主党は結党以来、首相を中心に内閣が政策決定過程で主導権を握るという意味での政治主導の実現を目指し、二〇〇九年の総選挙のマニフェストにも、「官僚丸投げの政治から、政権党が責任を持つ政治家主導の政治へ」「政府と与党を使い分ける二元体制から、内閣の下の政策決定に一元化へ」「各省の縦割りの省益から、官邸主導の国益へ」といった方針を盛り込んだ。総選挙で勝利して鳩山由紀夫内閣が成立すると、官邸主導を実現すべく国家戦略局の設置を目指し、それに向けて国家戦略室を設けたのであった。

重要なのは、民主党が鳩山政権の発足後、政策決定過程の内閣への一元化を図るため、政策調査会を廃止したことである。民主党にも自民党の部会にあたる部門会議と、政調審議会に相当するネクスト・キャビネット（NC）が存在していたが、政調会そのものを廃止することで、事前審査制を否定したのである。ただし、鳩山政権が発足する前には、政調会を存置した上で政調会長が閣僚を兼務することが考えられていた。しかし、当時の小沢幹事長の意向もあり、ドラスティックな改革が実行に移された。

事前審査制の廃止を受けて、大臣・副大臣・政務官の政務三役が政策を立案し、閣議で決定するというプロセスに政策決定が一元化された。政調会の廃止の代替措置としては、各省庁に副大臣が主催する政策会議が設置された。ところが、それは決定の場ではなく、あくまでも説明や意見交換の場でしかなかった。さらに、議員立法の制限なども実施された。そのため、政府の役職に就任できなかった多くの議員は、政策決定過程にまったくといっていいほど関与できず、不満が充満していった。

こうした不満に対応すべく、次の菅直人内閣の際に政調会が復活した。しかし、政策決定過程の内閣への一元化の旗は降ろさず、民主党政権が発足する前の構想に従い、政調会長に閣僚を兼任させた。部門会議や調査会などが内部に再び設けられたとはいえ、政調会は提言機関として位置づけられ、政調会長が閣議で署名することにより、党の了承を得たと解釈された。結局、事前審査制が採用されず、党に決定権が与えられなかったため、党内の不満は解消されなかった。

野田佳彦政権では、政調会長の閣僚兼任が解かれ、事前審査制が事実上導入された。具体的には、首相、官房長官、幹事長、政調会長、国対委員長、幹事長代行から構成される政府・民主三役会議が新たに設けられ、党議の最終決定機関と位置づけられた。党議決定に際して首相や官房長官の関与を認めた点で、自民党政権とは異なるが、政策決定過程の内閣への一元化は実質的に放棄された。ところが、民主党は事前審査制を適切に運用できず、「社会保障と税の一体改革」関連法案をめぐって大きく分裂し、政権を失う結果となった。

民主党政権で失敗に終わった政治主導は、事前審査制の廃止による政策決定過程の内閣への一元化をはじめ、かつて自民党の国家戦略本部が発表し、挫折した提言と同一の方向を目指すものであったといえる。政治改革を推進する民間団体の二一世紀臨調の後押しで進められたことも、一致していた。民主党政権の失敗を受けて、二〇一二年に政権に復帰した自民党では、事前審査制を廃止すべきであるという声は影を潜め、安倍政権も事前審査制を活用している。

時間的制約が強い国会

自民党で事前審査制が生き残っている補足的な理由の第三は、日本の国会制度に起因する制約の存在である。

まず言及されるべきは、かつて政治学で通説的な見解であった日本の国会の「粘着性」の高さであろう。それは政府や与党が法案を国会で成立させる際に受ける抵抗力の強さを意味するが、主として以下の四点を原因とする。[19] 第一は、会期制である。日本の国会は会期制をとっており、会期末までに成立しない法案は、継続審議の議決がなされない限り、国会法の会期不継続の原則に従い、自動的に廃案となる。そればかりか、会期が短く、会期中の審議日数や時間も少ない。

第二は、二院制である。法案の審議は、衆議院と参議院のそれぞれで行われなければならず、時間を要する。参議院の権限が比較的強いことも重要である。両院の判断が異なる場合、予算、条約、首相指名については衆議院の議決が国会の議決になる。ところが、法案については、衆議院は三分の二以上の多数で再可決しなければならず、必ずしも容易ではない。さらに、それ以外の権限は対等であり、与党が参議院の過半数の議席を持たない「ねじれ国会」では、大きな困難が生じることになる。

第三が、委員会制である。日本の国会は第二次世界大戦後、アメリカの議会を参考として委員会制を導入した。提出された法案は、各省庁に対応する常任委員会あるいは特別委員会に付託されて審議が行われ、しかる後に本会議で議決されるという手続きがとられる。委員会の審議日程は、それぞれの理事会で決められるため、野党が抵抗するポイントが多数存在することになる。また、常任委員会は審議を行う定例日を設けており、それが審議日数を大きく制約している。

第四は、全会一致の慣行である。本会議の議事運営は議院運営委員会（議運）、委員会の議事運営はそれぞれの理事会で協議され、決定されるが、いずれにも全会一致の慣行が存在する。そのため、野党は事実上の拒否権を持ち、法案の委員会付託や採決などに反対して、審議を引き延ばすことができる。もっとも、全会一致は慣行でしかなく、多数決による採決や議長・委員長の職権によって野党の抵抗は突破できる。しかし、強行採決を行った場合、野党の抵抗を強めてしまうし、世論の批判を浴びる恐れもある。

以上にみたような時間的制約の強さを利用して、野党は審議を通じて法案の内容を追及するよりも、審議の引き延ばしなどの日程闘争に傾斜する。それによって、反対する法案を審議未了・廃案に追い込む。それが難しい場合には、法案を修正する、委員会で法案を可決する際に付帯決議を行う、といった譲歩を勝ち取ろうとする。それゆえ、与党としての自民党は、事前に党内の審査を済ませた上で党議拘束をかけ、円滑な法案審議に努めなければならない。事前審査制は、国会の時間的制約に対処するために必要なのである。

ところが、「粘着性」論への批判もみられる。議事運営に関する権限が議長や委員長に与えられ、国会の召集や会期の延長も制限なくできることなどを理由として、日本の国会は議席の多数を握る与党に有利であるという主張がなされている。実際に多数決主義的な国会運営が行われるようになってきたという分析も存在する。その一方で、そうした傾向を認めながらも、強力な常任委員会をはじめ野党に有利に作用し、与野党間のコンセンサスの形成を促す制度や慣行が存続しているという主張も、依然として有力である[20]。

国会審議に関与できない内閣

そのようななかで近年は、内閣に国会審議をコントロールする権限がほとんど与えられていないことが、事前審査制の存在理由として重視されている。内閣は、内閣提出法案の審議スケジュールに関与できず、法案を修正する権限も制約され、成立を促す手段も持たない。他方、国会は衆参両院のいずれも自由に法案を修正できる。したがって、与党議員に党議拘束をかけておかなければ、内閣提出法案の成立を確実にできない。自民党の事前審査制は、国会が強い自律性を有するがゆえに、政権運営上、不可欠なのである[21]。

これは同じく議院内閣制を採用するイギリスなどとは異なる日本の特徴であり、第二次世界大戦後、アメリカの権力分立型モデルが導入されたことに起因する。一九九九年に国会審議活性化法が制定され、イギリス議会のクエスチョンタイムを参考に党首討論を導入するといった国会改革が実施されたが、内閣が国会審議に関与できないのは一切変わらないまま、現在に至っている。事前審査制にみられる政策決定での政府・与党の二元体制は、行政権と立法権の分立の反映である。

自民党の国会対策は従来と同じく、幹事長が担う党務の一部とされ、国会対策委員会も総裁ではなく幹事長の下に置かれている。国対委員長には基本的に大臣経験者が就任するが、決定権者は幹事長であり、国対の経験のほか、幹事長との関係を考慮して選ばれる。国対委員長代理や筆頭副委員長の統括の下、各副委員長が常任・特別委員会や党内との連絡・調整を分担する。その監督を受けながら、ヒラ委員である一回生議員が各委員会の代理出席要員を務めるといったことも、かつてと同じである。

当然ながら、国会制度は自民党の国会対策委員会のあり方に大きく影響しているが、そのことが最も明瞭なのは、参議院の独立性である。自民党では、幹事長の下にある国会対策委員会とは別に、参議院に独自の国会対策委員会が置かれ、人事を含めて高い自律性を保っている。参議院国対の委員長代行と代理が、党の国対の副委員長を兼務することで、衆参両院の間の連絡・調整が図られているが、衆議院に対する参議院の対抗意識もあって、連携を欠くことも少なくない。

公明党との連携は、重層的な協議の場を通じて図られている。与党の国対の基本方針を決めるのは、国会開会中、毎週開かれる幹事長・国会対策委員長会談（二幹二国）であり、それを踏まえて両党の衆参の正副国対委員長や議運筆頭理事からなる与党国会対策会議で意見交換がなされ、日程などの具体策が定められる。与党国対委員長会談などで日常的な戦術を練り、各常任・特別委員会の現場では与党理事懇談会（与理懇）を通じて作戦が立てられる。国会対策に関しては、数に勝り、経験も豊富な自民党が主導権を握っているという。

首相官邸との意思疎通については、首相・主要閣僚および自民・公明両党幹部が出席する政府・与党連絡会議、正副官房長官や両党幹事長・衆参国対委員長などからなる政府・与党協議会が、それぞれ毎月一回開かれている。また、衆参の官房副長官と国対委員長の間で随時連絡がとられ、官房副長官の下にある内閣参事官が自民党国対との連絡役になっている。しかし、総裁の幹事長に対するグリップが強まっているとはいえ、首相官邸が表立って国対に指示を出すことはなく、依然として組織上の自律性が保たれている。

第4章　国政選挙——伏在する二重構造

1　減少しつつも優位にある固定票

低下する絶対得票率

自民党は安倍総裁の下、二〇一二年の総選挙、一三年の参院選、一四年の総選挙、一六年の参院選と、国政選挙で四回連続の勝利を続けている。しかも、二度の総選挙で獲得した衆議院の議席率は、いずれも六一％強である。一九七〇年代の与野党伯仲を乗り越え、保守復調と呼ばれた一九八〇年代でも、五〇％台にすぎなかった。中曽根内閣の時期、参院選とのダブル選挙で圧勝した一九八六年の総選挙も五八・六％の議席率であったことを考えると、最近の自民党の強さは歴史的な水準に達しているといえる（4―①）。

しかし、はたして自民党の強さは盤石といえるのか。総選挙における自民党の絶対得票率の推移を検討したい。相対得票率は、ある政党や候補者の得票数が有効投票数のなかに占め

4-① 衆議院の自民党の議席率および絶対得票率の推移（1958〜2014年）

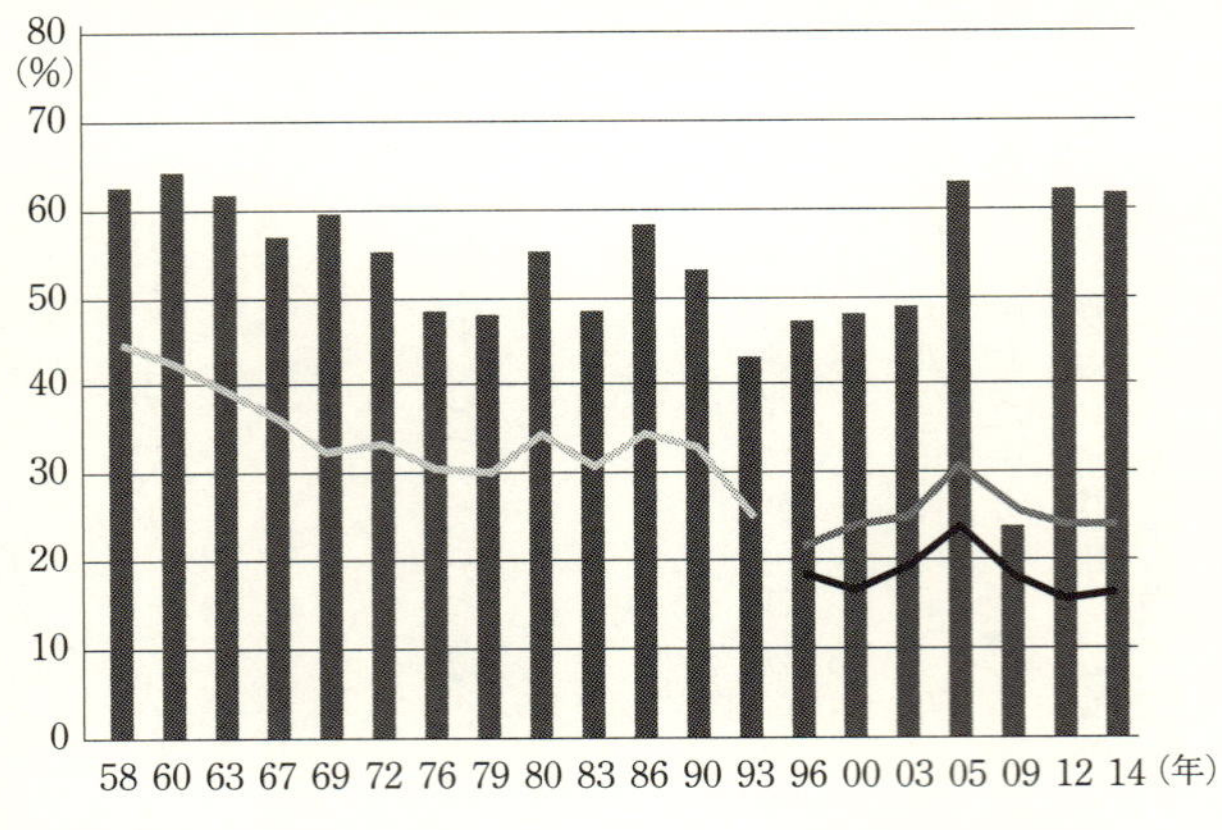

出所：石川真澄・山口二郎『戦後政治史 第3版』（岩波新書，2010年）などより著者作成

る割合を指す。一方、絶対得票率は、棄権者を含む全有権者数に対する得票数の割合を意味する。絶対得票率を使うことで、投票率の変動などの影響を排除し、自民党の実力を測ることができる。単純に得票数をみることもできるが、有権者数の増減の影響を取り除くには、それに対する割合をみなければならない。

衆議院総選挙での自民党の絶対得票率は、一九八〇年代から九〇年代初頭にかけて、三〇〜三五％であった。ところが、自民党の分裂によって非自民連立の細川政権が成立した一九九三年の総選挙で、二四・三％に落ち込む。一九九六年の総選挙から中選挙区制に代えて小選挙区比例代表並立制で実施されているが、それ以降、小選挙区ではおおむね二五％前後、比例代表では一五～二〇％で推移している。大勝した二〇一二年と一四年の総選挙も、この水準にとどまっている。

絶対得票率の落ち込みは、衆議院よりも参議院のほうが一足早く、「土井ブーム」で社会党に完敗した一九八九年の参院選では、選挙区で一九・四％、比例区で一七・一％に低落した。選挙区（地方区）についてみると、一九八〇年と八六年が三〇％を超えたが、一九九〇年代以降は平均が一八・九％であり、比例区の平均も従前から一〇ポイント弱下回る一六・一％である。大勝した二〇一三年と一六年も、それぞれ選挙区が二一・八％、二一・三％、比例区が一七・七％、一八・九％であった。

自民党の絶対得票率が低迷している主たる原因の一つは、支持基盤の弱体化にあるとみてよい。後に詳しく述べるように、脆弱な自民党の党組織を機能的に代替してきたのは、一つが国会議員および地方議員の個人後援会であり、もう一つが農協や医師会、その他の友好団体であった。日本社会の個人化の進展に加え、バブル崩壊後の平成不況の長期化、公共事業費をはじめとする財政支出の抑制などが複合的に作用して、自民党の固定票が減少してきたと考えられる。

唯一の例外といえるのが、小泉首相が郵政民営化を争点に解散し、圧勝した二〇〇五年の総選挙である。自民党の絶対得票率は、小選挙区で三一・六％と一九八〇年代の水準を回復し、比例代表でも二五・一％に達した。これは以前からの固定票に加え、無党派層の票を大結果を大きく左右するようになったのである。[1]

民主党へと向かい、自民党を政権から転落させることになる。無党派層の動向が国政選挙の量に獲得した結果であった。ところが、同じ無党派層は、二〇〇九年の総選挙では一転して

無党派層と「選挙の顔」の重要化

無党派層とは、世論調査で「政党支持なし」と回答する有権者である。このような意味での無党派層は、一九九三年の細川内閣から九五年の村山内閣にかけて急激に増加した。五五年体制下で敵対していた自民・社会両党が連立を組むなど合従連衡が続き、少なからぬ有権者が従来の支持政党を見捨てた。さらに、多くの有権者にとって政党支持という概念が軽くなり、たんなる投票（予定）政党になっている。[2] 本書では、中長期的に支持し続ける政党を持たない有権者という意味で、無党派層という言葉を用いる。

一九九四年の政治改革は、無党派層の影響力を高める効果を有した。なぜなら、中選挙区制、例えば四人区では、二〇%強の得票率で議席を獲得できるが、小選挙区制の下、「デュベルジェの法則」に従って二党化が進展した場合、最大で五〇%強の得票が当選に必要になり、固定票だけでは勝利できないからである。また、小選挙区比例代表並立制が導入された際に定数の再配分が行われ、一票の格差が是正された結果、都市部に多い無党派層の票の重みが高まった。

こうした背景から、一九九〇年代半ば以降、自民党でも無党派層へのアピールが非常に大きな課題になる。選挙公約に盛り込まれる政策も有効であろうが、即効性を持つのは、「選挙の顔」たる党首のイメージである。新たな選挙制度によって実施される最初の総選挙に向けて、二大政党の一角を占めるべく結成された新進党に対抗するため、一九九五年の自民党総裁選挙で国民に人気がある橋本龍太郎が擁立され、総裁に選出されたのは、その最初の例であった。

このような傾向は、一九九八年に結成された民主党が新進党に代わる野党第一党として台頭してくると、強まる。自民党は、二〇〇一年の参院選の直前の総裁選挙で、小泉純一郎を総裁に選んだ。その直後に小泉は、「陳情に来たり、あるいは政策提言に来る人たちというのは、一般国民に比べればごく少数です」と指摘し、「今多数派となっている無党派層をおろそかにしてはいけません」と語っている。こうした認識に従い、小泉は構造改革という名の新自由主義的改革を断行したのであった。[3]

小泉内閣の登場を契機に、無党派層の動向が重視されるようになり、内閣支持率が政治に大きな影響を及ぼすようになった。「世論調査政治」である。[4]小泉は必ずしも順風満帆の政権運営を続けたわけではなかったが、この面で天才的な能力を発揮した。「普通の人々」の味方として、派閥や族議員といった既得権を持つ「抵抗勢力」と戦い、改革を推し進める劇場型政治の手法によって、有権者の支持を調達したのである。こうしたポピュリズムの最大の成功例が、二〇〇五年の郵政選挙での大勝であった。

ところが、移り気な無党派層を小泉のようにつなぎ止めるのは、至難の業である。しかも、二大政党の一角として民主党が台頭していたから、なおさらであった。ポスト小泉の自民党の三人の首相、すなわち安倍晋三、福田康夫、麻生太郎は、内閣支持率の低下とともに求心力を失い、危険水域とされる三〇%を割り込み、退陣に追い込まれるというパターンを繰り返した。小泉を支持した無党派層は、最終的に民主党に向かい、二〇〇九年の政権交代が起きることになった。

二度にわたる広報改革

固定票が個人後援会や友好団体を媒介として政党と結びつくのに対して、無党派層は主にメディアを通じて政党に関する情報を得る。したがって、無党派層の台頭は、メディアの政治的役割を必然的に高めることになった。そうしたなか、自民党は広報改革を実施することで、メディアに対する働きかけを強め、固定票を超える支持を獲得しようとした。大きな広報改革は二度にわたって行われた。第一次が小泉政権後半の二〇〇三~〇五年、第二次が野党時代の二〇〇九~一二年である。

まず、第一次広報改革は、小泉総裁が二〇〇三年に幹事長に起用した安倍晋三を委員長とする「党改革検証・推進委員会」によって、党改革の一環として始められた。二〇〇四年の参院選後、その敗北の責任をとって幹事長代理に降格した安倍を本部長とする総裁直属の党改革実行本部へと引き継がれる。その中心を担った一人が、世耕弘成参議院議員であった。世耕は、民主党のほうがテレビCMをはじめ広報戦略で先行していることに強い危機感を抱いていた。

PR会社のプラップジャパンと契約した自民党は、二〇〇五年の郵政選挙の際に広報改革を急速に推し進めた。広報に関わる部署の党職員を横断的に集め、そこにプラップジャパンの社員を加えてコミュニケーション戦略チームを設置し、テレビの討論番組の出演者の選定、テレビCMの制作、世論調査データの分析、新人候補のメディア・トレーニングなどにあたった。これが郵政選挙での大勝の一助となる。ブロガーとの懇談などもなされたが、この段階では総じてテレビに重点が置かれた[5]。

それに対して、第二次広報改革の中心に据えられたのは、インターネットである。野党に転落し、新聞やテレビといった既存のメディアへの露出が減少した自民党は、インターネットを通じた独自の発信に活路を見出した。ネットユーザーによる自民党応援団であるネットサポーターズクラブ（J—NSC）の結成、日本の政党として初の公式フェイスブック・ページの開設、党本部の一階の喫茶店にある特設スタジオから配信されるインターネット生放送「カフェスタ」の開始などは、その例である。

このようなネット戦略が、ネット選挙の解禁に対する自民党の積極的な方針へとつながった。二〇一三年に公職選挙法が改正され、ネット選挙の解禁が決まる。同年の参院選で、自民党はネット選挙を担当する「トゥルース・チーム（T2）」を立ち上げ、ネットの炎上監視・対策、ネット上の情報の収集・分析・対策、党の方針を伝えて候補者の情報発信を手助けするアプリの開発・運用などを実施した。こうしたネット選挙への対応で、自民党は他党に大きく先行しているといわれる。[6]

ただし、以上にみたような広報改革の成果を、過大に評価するのは正しくない。そのことは、ポスト小泉の三人の首相が失敗を重ね、二〇〇九年の下野を招いたという単純な事実からも明らかであろう。自民党本部の選対関係者も、次のように力説する。「広報には、良いものをより良くみせる効果はあっても、悪いものを良くみせる効果はありません。だから、広報戦略を過信すべきではないと思います。実際、選挙では候補者選びなどのほうがよっぽど大切なのです」。

野党の分裂と低い投票率

なぜ二〇一二年と一四年の総選挙で、自民党は二〇〇五年に匹敵する勝利を収めることができたのか。二〇一二年は野党であったから、二〇〇五年と同じく与党として迎えた二〇一四年を中心に考えていきたい。

小泉政権と第二・三次安倍政権に共通するのは、高い内閣支持率である。NHK放送文化研究所の政治意識月例調査によると、二〇〇五年と一四年の総選挙の直前の内閣支持率は、いずれも四七％であった。それぞれ政権がスタートして、四年三ヵ月後と一年一一ヵ月後のことである。内閣支持率が危険水域とされる三〇％を一年足らずで割り込み、二〇％程度にまで落ち込むことが多かった第一次安倍・福田・麻生内閣、あるいは鳩山・菅・野田の三代の民主党政権とは、顕著に異なっている。

しかしながら、二〇一四年の自民党の絶対得票率は、小選挙区で二四・五％、比例代表では一七・〇％にとどまっている。二〇〇五年が小選挙区で三一・六％であり、比例代表でも二五・一％を記録したことに比べると、かなり低い。安倍首相の下での最近の自民党は、高い内閣支持率にもかかわらず、郵政選挙の際の小泉首相のような無党派層の動員には成功していない。無党派層をターゲットとする広報戦略が大きな成果を上げているとは、到底みなせないであろう。

二〇一二年と一四年の総選挙で自民党が大勝した原因の一つは、民主党政権の失敗に伴う非自民勢力の分裂である。二〇一二年は、日本維新の会、みんなの党、日本未来の党といった「第三極」が民主党と競合し、なかでも日本維新の会が比例代表で民主党を上回る票を獲得した。二〇一四年も、維新の党が民主党に迫る票を比例代表で得たほか、共産党が大きく伸びた。このような非自民勢力の分裂が、とりわけ小選挙区での自民党の大勝をもたらしたのである。

4-② 総選挙の投票率と自民党の相対得票率の推移（1958～2014年）

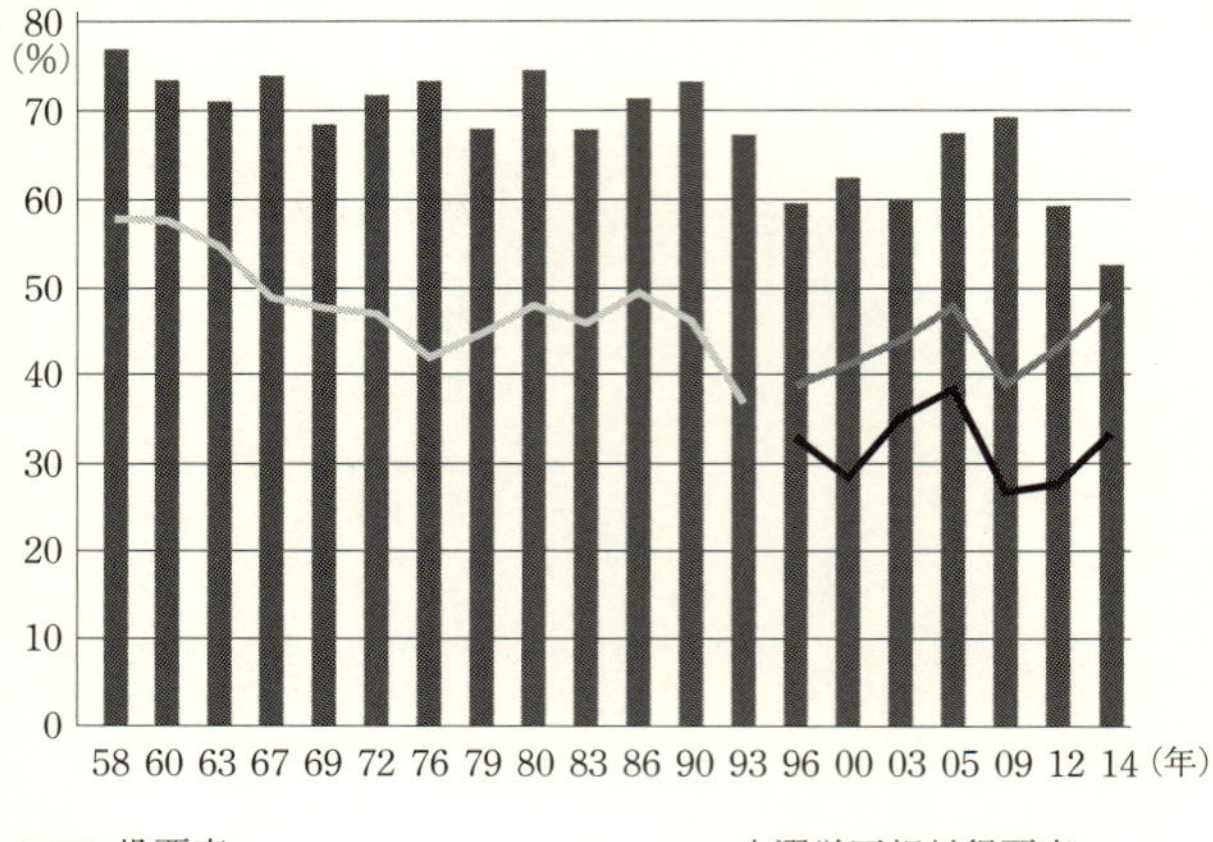

出所：石川真澄・山口二郎『戦後政治史 第3版』（岩波新書，2010年）などより著者作成

もう一つの原因は、低い投票率である。二〇一二年の総選挙の投票率は、五九・三二%と戦後最低を記録し、さらに一四年には五二・六六%と、それを大幅に更新した。二〇〇五年の郵政選挙が六七・五一%、〇九年の政権交代選挙が六九・二八%であったことと、まったく対照的である（4―②）。二〇一二年と一四年の総選挙では、いずれの政党も無党派層の動員に失敗したのであり、それが相対的に大きな固定票を持つ自民党に有利に作用したと解釈することができる。

そもそも自民党は、新たな選挙制度の下で実施された一九九六年の総選挙以降、低い投票率に助けられてきた。一九八〇年代に比べて、自民党の絶対得票率は大幅に低下しているが、相対得票率でみると、あまり低くなっていないのは、投票率の低下ゆえである。そこに最大政党に有利な小選挙区制の効果が重なり、自民党は過大な議席を得てきた。高い投票率のなかで無党派層の支持を集めて大勝した二〇〇五年の郵政選挙は例外的であり、一四年こそが近年の自民党の勝利の典型的なパターンである。

国政選挙での自民党の強さを考える上で重要なのは、固定票が減少しながらも、他党に比べて分厚いことである。そのことは、同じく大敗を喫した二〇〇九年の自民党と一二年の民主党の絶対得票率を比較すると、理解できる。すなわち、小選挙区は自民党が二六・三%、民主党が一三・一%、比例代表は自民党が一八・一%、民主党が九・三%であり、およそ二倍の差が存在する。自民党の強さは盤石なものではない。しかし、非自民勢力が結束した上で無党派層を動員できない限り、自民党の優位は崩れない。

2　公明党との選挙協力

戦略的に重要な公明党票

自民党は、意図的かどうかは別にして、三つの方法によって固定票の減少に対応してきたといえる。第一が、「選挙の顔」となりうる総裁の選出や広報改革などを手段とする、無党派層の票の獲得である。第二は、低い投票率であり、非自民勢力による無党派層の動員の抑制である。第三が、これから検討する公明党との選挙協力である。

自民党と公明党の連立政権は、一九九九年に始まる。直接的な背景となったのは、橋本内閣の下で実施された前年の参院選での自民党の惨敗であった。その直前に結成された民主党が健闘し、自民党は非改選と合わせて過半数を大幅に割り込んだ。これを受けて、次の小渕内閣は、衆参両院の「ねじれ」を解消すべく、公明党などとの連立に踏み切った。国会での多数派形成の必要から始まった自民・公明両党の提携は、二〇〇〇年の総選挙を契機として、国政選挙に及んでいった。

二〇〇〇年の総選挙では、自民党の小選挙区の絶対得票率が、前回の一九九六年の二二・四%から二四・八%に上昇し、さらに〇三年には二五・五%まで高まっている。その後も自民党は、例えば二〇一四年が二四・五%であるなど、二〇〇〇年代前半の絶対得票率の水準を小選挙区で維持している。この間、自民党の支持基盤の弱体化が進んでいるとすれば、公明党との選挙協力の進展が、かなりの程度、自民党の固定票の減少を補う役割を果たしたとみることができる。

他方、比例代表の自民党の絶対得票率は、一九九六年から二〇〇〇年にかけて、一八・六%が一六・九%に低下している。小選挙区とはまったく逆の動きである。二〇一四年は、一七・〇%となっている。それはなぜか。比例代表では、自民・公明両党が競合していることに加え、小選挙区での支援の見返りに自民党の公認候補が「比例は公明」と訴えることが作用していると考えられる。つまり、公明党との選挙協力は、比例代表では固定票の減少を補う効果を持っていない。

公明党が有する票は、六〇〇万〜七〇〇万票、一つの小選挙区あたり二万〜二万五〇〇〇票といわれることが多い。小選挙区の当選者の得票数は、大まかにいって一〇万票前後であり、公明党の票の行方は当落を左右する場合が少なくない。しかも、公明党との選挙協力が始まった当時、一九九八年に結成された民主党が二大政党の一角として台頭していた。公明党の票は、自民党が小選挙区で勝利を収め、政権を維持する上で、非常に重要な意味を持つ。同様のことは、参議院、とりわけ一人区についても妥当する。

自民党からみて公明党の票が重要なのは、その票の性格にも関係している。一つは、公明党の票がきわめて固いことである。公明党の支持母体であり、現場で集票活動を担っているのは、宗教団体の創価学会である。地方議会選挙での精緻な票割に示されるように、学会員の票およびその友人・知人への依頼によるフレンド票（F票）は、かなり細かい数まで把握され、コントロールされている。それゆえ、自民党自身の固定票に比べても、圧倒的に頼りになるのである。

もう一つは、公明党の票が都市部に多いことである。創価学会は、高度成長に伴い都市部に流入してきた比較的貧しい人々を中心に入信させ、成長してきた。そうした背景から、公明党の票は都市部に偏っているが、その分、伝統的に農村部に強い自民党と補完関係にある。

小選挙区をめぐって激しく争う民主党・民進党は、労働組合の連合を最大の支持団体とするなど、都市部に強い。しかも、政治改革以降、定数不均衡の是正が進んできた。したがって、公明党の票は自民党にとって戦略的な重要性が高いといえる。

公明党にとってのメリット

他方、公明党からみても、自民党との選挙協力には大きなメリットが存在する。[7] 自民・公明両党の選挙協力は、互恵的なのである。

公明党にとってのメリットの第一は、衆議院の比例代表の議席の上積みである。公明党は小選挙区で自民党候補を支援する見返りとして、比例代表の票を獲得している。正確な算出は困難であるが、一〇〇万〜一五〇万票程度といわれることが多い。これは公明党が衆議院の比例代表で得ている票の二〇%前後にあたる。自民党との選挙協力で、大雑把にみて比例代表の五議席程度がもたらされていると考えられる。近年、公明党の衆議院の議席が三〇前後で推移していることを考えると、決して少ない数ではない。

公明党にとっての第二のメリットは、衆議院の小選挙区での議席の確保である。二〇一四年の総選挙で、公明党は九つの小選挙区に候補者を擁立し、全員当選を果たしている。自民党は、そのすべてで候補者の擁立を見送り、公明党の公認候補の支援に回った。確かに、二九五の小選挙区のうち、わずか九つでしかない。しかし、中選挙区に比べて当選に必要な得票率が高い小選挙区では、自民党の選挙協力がなければ、公明党が議席を獲得できる可能性はきわめて小さい。

第三のメリットは、参議院での議席の増加である。二〇一六年の参院選をみると、選挙区で公明党が候補者を擁立しているのは、六人区の東京、四人区の神奈川、愛知、大阪、三人区のうち埼玉、兵庫、福岡の七つにすぎず、いずれも自民党と競合している。一人区や二人区はすべて自民党に譲っている。しかし、東京と大阪を除く五つの選挙区では、自民党が公明党候補を推薦し、支援している。また、公明党は、自民党しか候補者がいない選挙区でも「比例は公明」と要求し、支援の見返りに比例区の票の上積みを図っている。

実は、自民党と同じく、公明党の固定票も減少している。公明党は衆議院の小選挙区や参議院の選挙区では一部にしか候補者を立てていないので、衆参両院ともに比例代表（および一九八〇年までの参議院全国区）を検討する必要がある。いずれをみても自民党との選挙協力の結果、二〇〇〇年代前半は絶対得票率が上昇しているが、その後、低下している。参議院の全国区と比例区を通してみると、絶対得票率のピークは、結党から四年後の一九六八年であり、上下を繰り返しながら漸減している。

歴史を繙くと、一九五〇年代から六〇年代にかけて急激に信者を増やした創価学会は、七〇年代以降、既存の会員を維持し、家族内で再生産する段階に入った[8]。現在では、会員の高齢化や求心力の低下に悩まされているようである。しかも、創価学会という宗教団体の票である以上、なかなか広がりを持ち得ない。だからこそ、自民党からの票は、公明党にとって貴重である。「自民党は自分の手足を食べさせて公明党を取り込んでいる状況にある」と自嘲気味に語る自民党本部の選対関係者もいる。

結局のところ、自民党と公明党は、同じ課題に直面し、それを解決するために選挙協力を行っている。その課題とは、一つは小選挙区比例代表並立制への対応である。その下で政権を維持する、あるいは議席を確保するために、両党は選挙協力を深めてきた。もう一つは、減少する固定票の相互補完である。自民党の業界団体や個人後援会、公明党の創価学会といった組織・団体は、総じて衰退傾向にある。そうした社会的変化に抗して自らの党勢を維持するため、相互に票を融通している。

深化する自公の選挙協力

以上みてきたように、自民・公明両党にとって選挙協力のメリットは非常に大きい。だからこそ、国会での多数派形成という政権運営の必要上、連立政権の樹立から始まった両党の提携関係は、二〇〇〇年の総選挙を契機として選挙協力へと進み、紆余曲折を経ながらも次第に深化してきた。

連立政権の樹立から間もない二〇〇〇年の総選挙では、少なからぬ摩擦も生じた。公明党は、一八の小選挙区に候補者を擁立し、うち四つで自民党の公認候補と競合した。例えば、

4-③ 総選挙における自民・公明両党の選挙協力

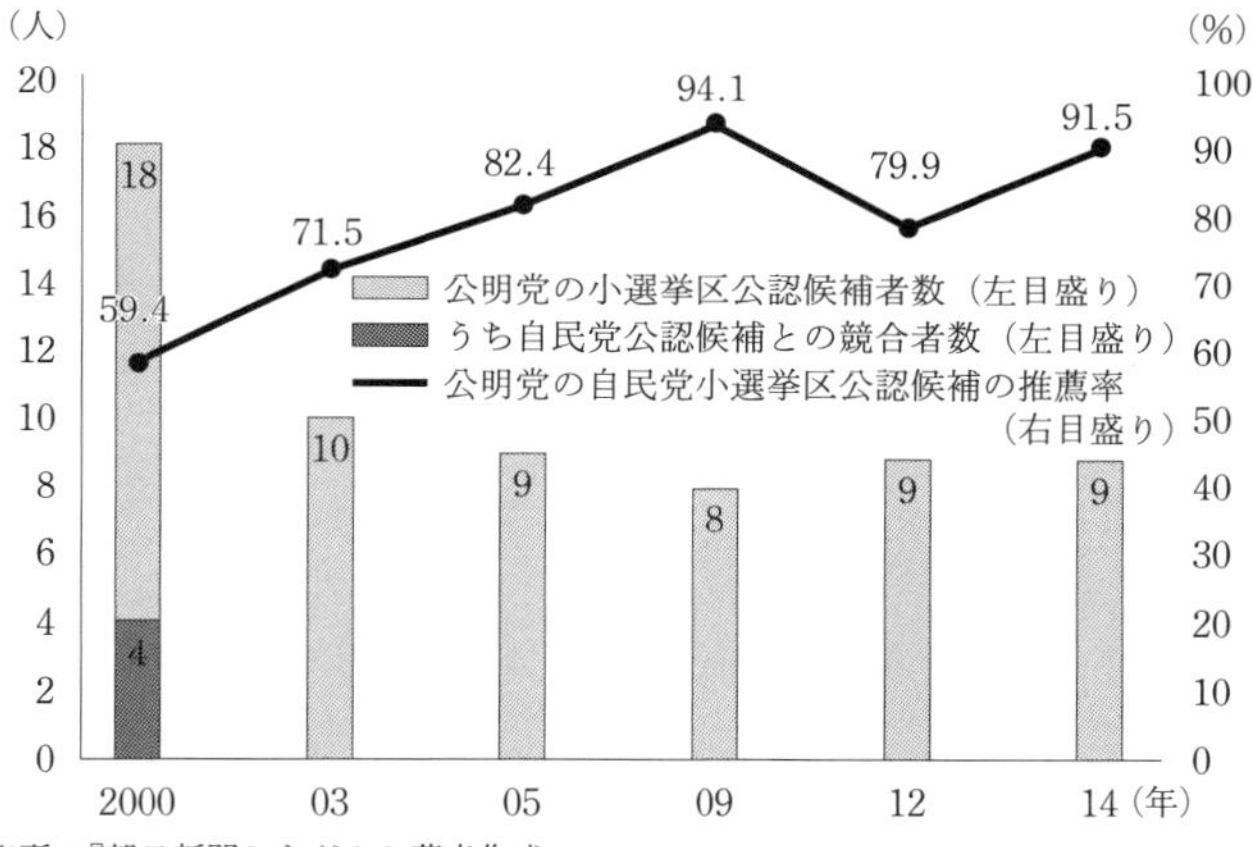

出所：『朝日新聞』などより著者作成

東京一七区では、自民党の平沢勝栄と公明党の山口那津男が激しく争った。山口は前回、公明党が合流していた新進党の公認候補として、自民党の平沢と戦ったが、再び敗れた。東京四区では、自民党執行部が公明党候補を支援することを決め、現職の森田健作を公認しなかったが、森田が無所属で立候補して勝利を収めた。

　公明党が自民党の支援なしに小選挙区で勝利することは難しかった。また、支援があったとしても、勝利できる小選挙区は限られていた。しかも、創価学会は選挙で勝利することを信仰上重視する。公明党は創価学会に集票活動を依存する以上、勝てない選挙区で学会員に負担を強いることを避け、勝てる選挙区に集中するため撤退を進めた。公明党が公認候補を擁立した小選挙区は、二〇〇三年に一〇へと減少し、〇五年に九、〇九年には八となった。自民党と競合する小選挙区も、二〇〇三年には消滅した（4―③）。

そのことと密接な関係を持って、小選挙区の自民党の公認候補のうち、公明党が推薦を与える割合が増加していった。二〇〇〇年の総選挙では五九・四％であったが、次第に増え、二〇〇九年には九四・一％に達した。麻生太郎や小泉進次郎といった公明党との距離を保ちたい者、平沢勝栄ら過去に公明党と敵対した人物などが、非推薦者として残されているが、自民・公明両党の選挙協力が次第に深まってきたことを示す、明確なデータの一つであるといえよう。

他方で、自民党の候補者も「比例は公明」と訴えるようになった。公明党副代表を務めた東順治は、こう書いている。「〇〇年衆院選や〇一年参院選では『「比例区では公明党」なんて死んでもいえるか』という自民党関係者が少なくありませんでした。ところが、〇三年衆院選や〇四年参院選になると、様相が一変します。自民党議員が『比例は公明』と積極的に言うようになったのです。小選挙区制で当選するため、藁をもすがる思いで創価学会にすがる、そのためには何でもやる、という風潮が強まったように感じました」。

自民・公明両党の選挙協力の最大の危機となったのは、二〇〇九年の総選挙での敗北であった。一九九九年以来の自公政権が崩壊するとともに、太田昭宏代表、北側一雄幹事長ら公明党の幹部が数多く落選し、公明党の内部では自民党との選挙協力を見直すべきという意見が強まった。結局、解消には至らなかったが、選挙協力が弱まったことは、二〇一二年の総選挙での推薦率の低下に示されている。しかし、それを乗り越えて民主党から政権を奪還したことで、両党の選挙協力は再び深まりをみせている。

緊張をはらむ両党関係

ところが、自民・公明両党の選挙協力には、緊張関係も存在する。まず挙げられるのは、小選挙区での棲み分けが、候補者を擁立しないほうの党組織にとって負担となっていることである。自民党本部の組織関係者によると、公明党に譲っている九つの小選挙区では、地方組織のモチベーションの維持が難しく、地方議員の求心力を保つため、党全体として陳情の処理などの支援をするように心がけている。他方、公明党も、候補者を擁立している小選挙区か否かで、党組織の力が違ってくるという。

小選挙区の棲み分けも流動的である。公明党の井上義久幹事長は、「自民党との候補者調整は必要だが、勝てるチャンスがあればどこでもやりたい」と語る。実際、自民党が民主党に負け続けていた北海道一〇区で、二〇一二年以降、公明党が候補者を擁立し、自民党は支援に回っている。二〇一六年の参院選では、定員増になった愛知、兵庫、福岡で公明党が新たに公認候補を立て、自民党に推薦を求めた。一人区での公明党の支援を確実にしたい自民党は、自らの公認候補がいるにもかかわらず、それに応じざるを得なかった。

最も深刻なのは、選挙協力に関して基本的な認識のずれが存在することである。比例代表も戦っている自民党本部は、小選挙区の棲み分けでバーターが成立しているという考えである。しかし、圧倒的多数の小選挙区を譲っている公明党は、比例代表の票という見返りがあってバーターが成り立っていると認識している。そうでないと、地方組織が納得せず、動かない。そこで、公明党の票が欲しい小選挙区の自民党の候補者は、「比例は公明」と訴える。それを自民党本部は渋々容認している、というのが実情である。

これで問題は終わらない。自民党の候補者が「比例は公明」と訴えたとしても、公明党に比べて固くない自民党の票は当てにならないからである。それゆえ、公明党は自民党候補に対して個人後援会の名簿を差し出すよう求める。公明党では地域ごとに得票の目標数が設定されており、それを達成するために細かく点検し、直接働きかけるためである。こうした公明党の集票方法は、自民党にとって異質であり、摩擦の原因になっている。自民党の内部では、小選挙区の候補者が公明党に近づくことに対する地方議員の反発もある。

公明党は、自民党候補に対する支援について、当該の地方組織の意向に基づき濃淡をつけている。先に述べた推薦の有無がそれである。二〇一四年の総選挙での非推薦者をみる限り、推薦しない最も多い理由は、愛知や三重の民主党、大阪の維新など、対立候補が強いことである。勝ち馬に乗る、あるいは敗ける選挙は避けたいということであろう。また、公明党が推薦を出した場合でも、支持母体の創価学会が候補者との関係や強弱などを判断して自主投票にするケースもあるという。

公明党の要求を受けた小選挙区の自民党候補は、その支援なくして確実に勝利できる一部を除いて、多くが個人後援会の名簿を差し出しているようである。しかし、後援会名簿は、国会議員およびその候補者にとって、命の次に大切といわれる。地方議会選挙などに流用されるのではないかという不安もある。だからこそ、絶対に公明党に取り込まれない中核メンバーの名簿のみを差し出して口裏を合わせたり、偽の名簿を作って見破られたりといった攻防が水面下で続いてきたと聞く。

以上のように緊張関係が伏在しているのは確かだが、それでもなお、現行の小選挙区比例代表並立制の下で、かつ固定票の減少にも直面している自民・公明両党は、選挙協力を続けるメリットのほうが大きい。両党が有する固定票は依然として相対的に大きく、非自民勢力が協力しつつ無党派層を大きく動員できない限り、国政選挙で勝利を収め、連立政権を維持することができる。したがって、当面、選挙協力が解消される可能性は低く、それが政策上の摩擦をはらむ連立政権の安定性につながっている。

3　公募による候補者選定

三段階で進んだ公募の導入

自民党の国政選挙の戦い方の変化は、候補者選定にもみられる。最も重要なのは、公募とそれを前提とする予備選挙の導入であろう。自民党の公認候補になるための条件や候補者を選ぶ手続きが、従前に比べて開放的になったのである。公募の導入は、一九九四年の政治改革以降、次の三つの段階を経て進んできた。[10]

第一段階は、一九九四年の政治改革の直後である。自民党は、衆議院の選挙制度が中選挙区制から小選挙区比例代表並立制に変更されたことを受けて、候補者選定のあり方の見直しを始めた。そして、同年五月一九日に党改革本部が作成した「制度改革に伴う党改革に関する答申」のなかで、「新人候補者の擁立にあたっては……新方式として公募・コンテスト方式の導入も考慮すべきである」と明記された。自民党が正式に公募の導入を図った最初の文書である。

この当時、自民党は野党の立場にあり、いくつかの地方組織が自主的に公募を始めた。同年四月二〇日、石川県連が、結果的に失敗に終わったとはいえ、全国初の公募の実施を決めた。八月一二日には、宮城県連が全国で初めて公募によって国政選挙（参院選）の候補者を選定した。衆議院の小選挙区の最初は東京都連であり、一一月七日に五名の候補者を選んだ。一九九六年の総選挙では八名の公募候補が擁立された。しかし、やがて先細りになっていった。与党への復帰によって危機感が薄まったことが、その理由として考えられる。

第二段階は、小泉総裁の登場である。小泉は二〇〇一年の総裁選挙に立候補した際、公募と予備選挙の導入を訴えていた。これを受けて、二〇〇三年一月一六日の党大会で採択した運動方針は、「新人候補者の擁立に当たり、公募方式などの活用を考慮し、その選考を進めていく」と書き、三月一三日に選挙対策本部で決定した「候補者選定基準」にも、「新人候補者については……公募、予備選挙等の方式により人材の発掘・確保につとめる」と謳われた。同年の総選挙では、一〇名の公募による公認候補が擁立された。

二〇〇三年の総選挙で民主党が伸長し、自民党が伸び悩むと、このような動きは加速する。安倍晋三幹事長を中心とする「党改革検証・推進委員会」が設けられ、二〇〇四年六月二日に「中間提言」を発表した。そこには「空白区及び補欠選挙における候補者選考は、公募を原則とする」と明記され、その一つの方法として「党員投票予備選挙」が挙げられた。さらに、二〇〇四年の参院選の敗北を受けて、安倍幹事長代理を本部長とする党改革実行本部が設置され、公募を実施するためのルールが整えられていった。

一二月二日、「衆議院議員選挙における公募による候補者選定に関する基本方針」が定められた。自民党は初めて公募を実施するための統一的な仕組みを持ったのである。これを受けて二〇〇五年に入り公募が実施され、一五名の候補者が決められた。郵政選挙の直前には緊急公募が行われ、一一名が公認候補として選ばれた。二〇〇六年一二月二五日、参議院についてもほぼ同一の内容の「参議院議員選挙における公募による候補者選定に関する基本方針」が決定され、翌年の参院選では八名の公募候補が擁立された。

第三段階は、二〇〇九年の政権交代である。民主党に政権を奪われた自民党は、党改革に着手し、谷垣禎一総裁を議長とする政権構想会議を設けた。一一月六日にまとめられた「第一次勧告」は、公募について「選挙の種類、対象地域等により、勝てる候補を選ぶ有効な方法が異なる」と指摘しつつも、「透明感ある公正な選考方法」や「党員が広く参加できる形」の重要性を説いた。これを受けて公募の実施が原則として再確認され、二〇一〇年の参院選で一九名、一二年の総選挙では八四名の候補者が公募によって選ばれた。

なぜ公募は導入されたのか

以上の経過からもわかるように、国政選挙の候補者に関する公募の導入には、衆議院の中選挙区制から小選挙区比例代表並立制への選挙制度改革、それを背景とする民主党の台頭という、二つの要因が存在していた。

そもそも自民党の候補者選定のあり方は、閉鎖的なインサイダーによる不透明な密室政治の象徴として、批判の的になってきた。中央および地方の党幹部が、何らかのつながりを持つ人物のなかから、話し合いで選んでいたからである。その結果、自民党の候補者には地方議員やキャリア官僚出身者が多く、地盤（個人後援会など）、看板（知名度）、鞄（政治資金）の「三バン」を受け継ぐ世襲候補も増大した。また、党本部では公認の獲得をめぐって、派閥が勢力拡張を図ろうと、影響力を行使した。

こうした候補者選定のあり方は、一つの選挙区から三〜五名の議員を選出する中選挙区制の下では、一定の有効性を持っていた。世襲候補、地方議員、キャリア官僚などが有する個人後援会や業界団体などへの影響力が、選挙での勝利につながったからである。ところが、一つの選挙区から一名の議員を選ぶ小選挙区制の下では、二大政党化が進み、当選に必要な得票率が上昇する。そうなると固定票に加えて、無党派層の票を獲得しなければならなくなる。そこで、自民党は候補者選定の見直しを迫られた。

無党派層の票を獲得するには、「選挙の顔」としての党首が重要になったように、イメージを向上させる必要がある。そのための手段として、公募が導入された。公募の目的の一つは、有権者にアピールする清新な候補者を自民党が持つネットワークの外に求めることである。もう一つの目的は、公募を行うこと自体によって、「開かれた政党」というイメージを有権者の間に浸透させることである。このような意味で公募は、無党派層が政治的な重要性を増す小選挙区制に対応した候補者選定の方法であった。

実際、非自民勢力が公募を武器に台頭していた。国政選挙で初めて公募を導入したのは日本新党であったが、一九九三年の総選挙で躍進し、党首の細川護熙が首相に就任した。新たな選挙制度で初めて実施された一九九六年の総選挙では、新進党が公募による候補者を積極的に擁立した。さらに、新進党に代わる二大政党の一角として一九九八年に結成された民主党は、公募を活用することで優れた候補者を確保するとともに、オープンな政党としてのイメージを広め、自民党を脅かす存在になっていった。[11]

小選挙区制が公募の導入を促した理由は、無党派層へのアピールだけではない。もう一つの理由は、小選挙区制の下で自民党の公認候補が一人になり、無所属で立候補して当選後に追加公認を得るという道も閉ざされ、新陳代謝が困難になったことである。しかも、公認候補は落選しても、引退しない限り、当該選挙区の支部長に居座る。そこで、自民党から立候補を希望していた有能な人材が、民主党に流出した。これが民主党の台頭をもたらし、自民党の脅威となっていた。

第二段階で公募の導入に積極的に動いたのは、以上のような状況に危機感を持った安倍晋三を中心とする若手議員であったが、国政への進出に意欲を持つ地方議員からも要求が噴出していた。彼らの声を代弁したのが党の青年局であり、公募と並んで予備選挙を導入するよう繰り返し訴えた。予備選挙を導入することで、民主党への人材流出を食い止めるとともに、党員の獲得にもつながるという主張であった。なお、自民党が国政選挙の候補者を予備選挙で選んだのは、二〇〇一年の宮城四区の補欠選挙が最初である。[12]

中央主導から地方主導へ

自民党の国政選挙の候補者選定で最終的な決定権を持っているのは、党本部である。しかし、衆議院の小選挙区や参議院の選挙区については、当該の地方組織の推薦を参考にする。そのことは、候補者選定手続きを定める「選挙対策要綱」に現在も明記されている。したがって、当選第一主義や現職優先主義といった原則の下、通常、比例代表以外の国政選挙の候補者は、党本部が拒否権を持っているとはいえ、地方組織からのボトムアップによって決まることになる。

こうしたなかで、第一段階から第二段階にかけての公募は様々な問題を生じさせた。形ばかりの公募が横行したのである。有力者の談合で事前に候補者が決まっていたケース、予備選挙が公正に実施されなかったケースのほか、公募の申し込みに際して金銭を要求されたケースまであったという。だからこそ、第二段階で党改革に尽力した世耕弘成は、「公募を全国的に展開していくには、こうした形ばかりの公募を廃し、党本部主導で進めなくてはならない」という方針を立てたと書いている[13]。

その結果、二〇〇四年に定められた「衆議院議員選挙における公募による候補者選定に関する基本方針」は、中央主導の画一的な性格のものになった。すべての空白選挙区と補欠選挙での公募の実施を明記するとともに、党本部に党本部七名、当該県連五名、民間有識者三名からなる公募制度管理委員会を、当該県連に当該県連、党本部、民間有識者から構成される選考委員会を設置すると定めた。前者が予備選挙の有無といった候補者選定方法の決定などを行い、後者が実際の選定にあたるという役割分担であった。

二〇〇五年に実施された公募は、この「基本方針」に基づいてなされた。二〇が空白選挙区と認定されて公募がかけられ、一五名が公認候補として擁立された。さらに、小泉首相が郵政民営化法案の参議院での否決を受けて衆議院の解散に踏み切ると、緊急公募が行われ、一一名が公認候補として選ばれた。時間不足に加え、造反議員に対する「刺客」候補を選んだこともあって、地方組織の関与なき党本部による候補者選定となった。勝利の原動力になったが、これはまったく異例のことであった。

ところが、第三段階では、すべての空白選挙区と補欠選挙での公募の実施という原則が再確認される一方、二〇一一年三月一〇日の政権構想会議の「第三次勧告」が、「選挙区支部の意向を最大限尊重すべき」と指摘し、選考委員会を選挙区支部に設置するよう求めるなど、ボトムアップの性格が強められた。これは二〇〇四年の「基本方針」から離れた運用がなされるようになったことを意味する。また、政権から転落して人材が集まらなくなったこともあり、地方組織も公募を積極的に活用するようになった。

自民党本部の選対関係者は、次のように語る。「全国的に公募を推進することになり、二〇〇四年に統一ルールを作ったけれども、杓子定規では各地域の実情に合わなくなってきた。そのため、いまでは『基本方針』は参考のようなものになっている。地方組織も公募の経験を積み、各々の地域性に合わせて公募を実施するようになってきている」。公募は中央主導を経て再び地方主導になり、自民党の既存のボトムアップ型の候補者選定手続きに組み込まれるに至ったのである。

同様のことは、予備選挙についてもいえる。予備選挙は、候補者選定プロセスへの党員の参加を可能にし、「開かれた政党」というイメージにつながる反面、党の公認獲得をめぐる内部対立を強め、しこりを残す。予備選挙を行う前、敗れた場合でも公認候補に選ばれた者に協力するという誓約書に署名させているが、それでも無所属で立候補することを阻止できない。そのため、そうした弊害が生じる恐れのない選挙区についてのみ、地方組織の判断で予備選挙が実施されるようになっているという。

曲がり角にある公募

最終的に国政選挙で候補者の擁立にまで至った公募の数は、どのように推移してきたのか。データをみると、先に述べた三つの段階ごとに山が存在し、次第に高くなっていることがわかる（4—④）。第一段階は、政治改革の直後であり、一九九四年と九五年にそれぞれ四件が実施された。第二段階は、小泉総裁の登場であり、二〇〇三年に一〇件、〇五年に二七件を記録している。そして、第三段階は二〇〇九年の政権からの転落であり、一〇年に五四件、一二年に三六件が行われた。

次に国政選挙ごとの新人候補に占める公募の割合をみてみよう（4—⑤）。衆議院の小選挙区をみると、一九九六年の七・三％から二〇〇〇年の一・八％に低下した後、〇三年に一六・四％、〇五年に二九・四％と増加し、〇九年の二五・〇％を経て、一二年には六三・七％と過半数を大きく超えた。参議院の選挙区では、一九九五年に五・三％、九八年に〇・

4-④ 国政選挙での立候補にまで至った公募の実施数の推移

年	非予備選挙	予備選挙	計
1994	4	0	4
95	4	0	4
96	1	0	1
97	0	0	0
98	0	0	0
99	0	0	0
2000	2	0	2
01	1	1	2
02	3	1	4
03	4	6	10
04	1	1	2
05	27	0	27
06	6	2	8
07	5	0	5
08	1	0	1
09	11	5	16
10	49	5	54
11	13	1	14
12	29	7	36
13	6	3	9
14	2	0	2
15	8	0	8

出所：自民党本部資料などより著者作成

〇%、二〇〇一年に七・七%、〇四年に五・六%と上下を繰り返した後、二〇〇七年の四四・四%、一〇年の五九・三%、一三年の六三・三%と急速に増加している。

ところが、データからみる限り、公募は曲がり角に差し掛かっている。二〇一四年の総選挙では、突然の早期解散も影響したと考えられるが、新人候補に占める公募の割合が二一・

4-⑤ 国政選挙の新人候補に占める公募の割合（1995～2016年）

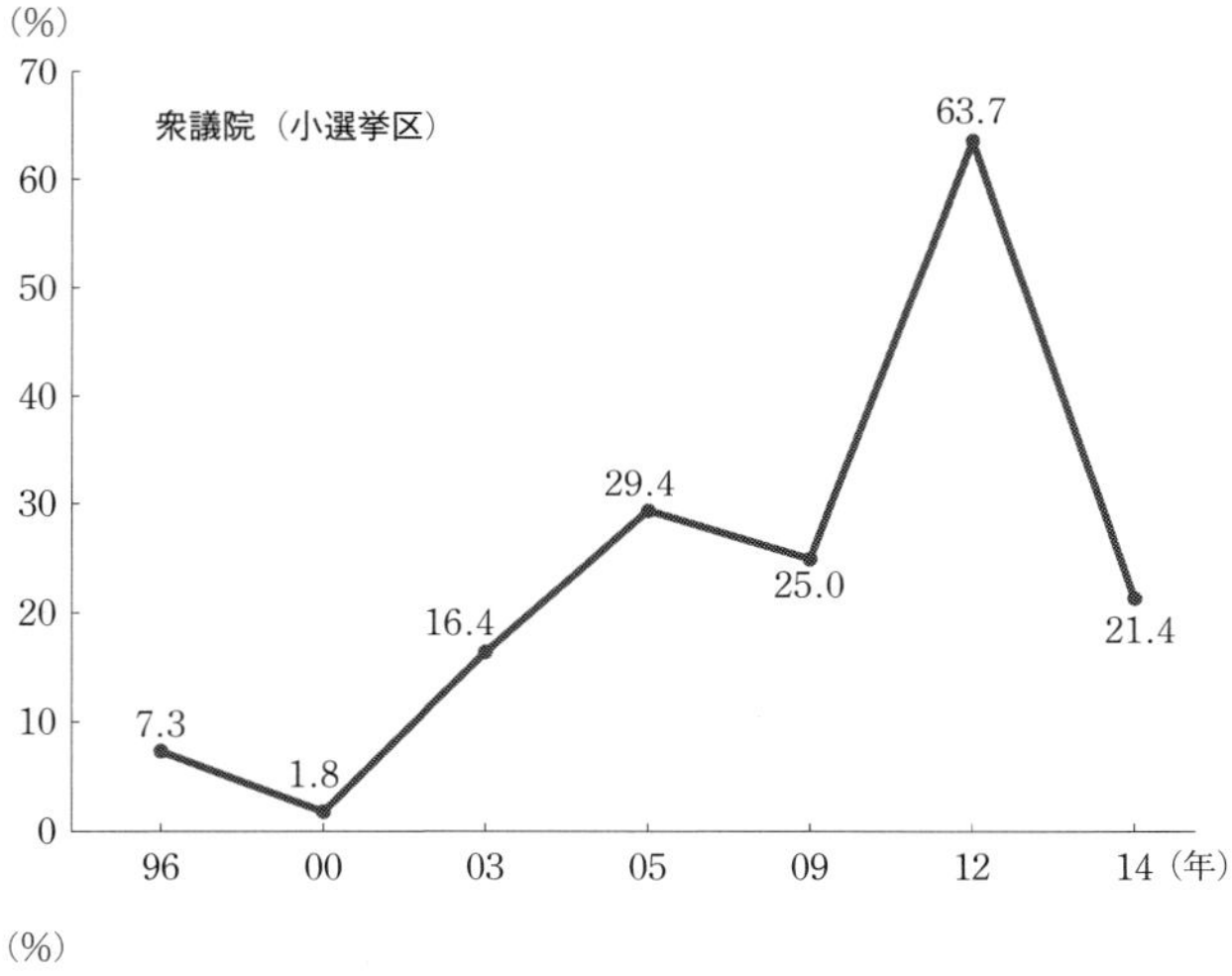

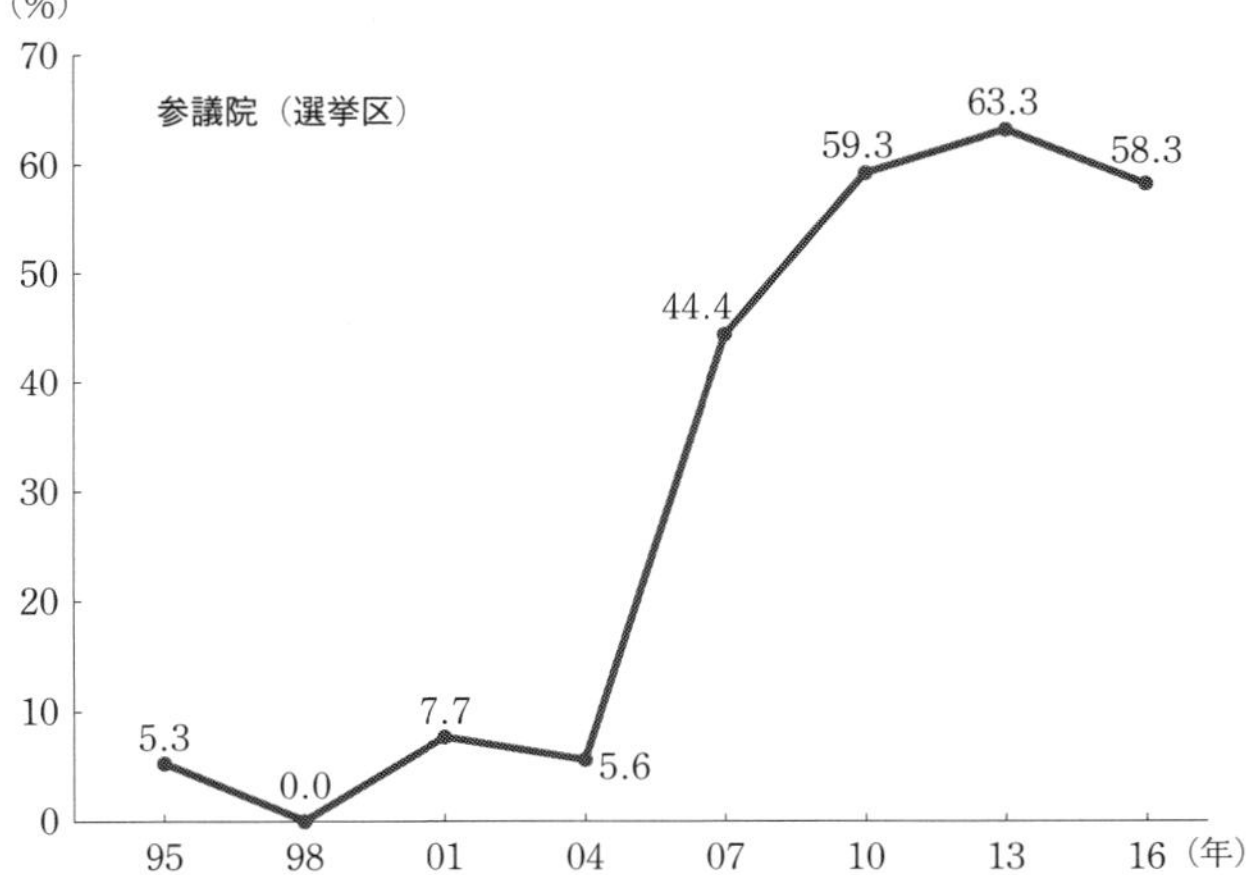

出所：自民党本部資料などより著者作成

四%まで低下した。二〇一六年の参院選でも、五八・三%と頭打ちの傾向がみられる。実施数についても、空き選挙区が少なくなり、低調になっている。公募は引き続き一定の水準で行われているが、政権への復帰による人材難の解消や民主党・民進党の低迷などを背景に、候補者選定の一つの手段へと位置づけが下がっているようである。

その一因には、公募に対する評価の低下もある。公募を通じて公認候補に選ばれ、当選した国会議員に軽率な行動がみられ、批判の的となってきた。二〇〇五年初当選の杉村太蔵、一二年初当選の武藤貴也、宮崎謙介らが、代表的な例である。非公募でも問題を起こす国会議員はいるし、公募からも優れた国会議員が出ている。だが、書類および数回の面接によって国会議員を務める意欲や適性を見分けることは難しい。どうしても公募では外見や肩書が重視されてしまう。

もちろん、改善のための努力も積み重ねられてきた。例えば、公募に合格した者は、自民党の実情に詳しくないケースが多く、選ばれた以上、自民党が政治活動や選挙運動にかかる資金を全面的に負担してくれると思いがちで、当該地方組織との間に軋轢が生じることもあるという。そのような誤解を生じさせないよう、公募の文書には活動費用が自己負担であるという記載が加えられている場合が多い。また、一定数の党員や支部の推薦を応募の条件としたり、審査基準を工夫したりといったこともなされている。

より抜本的な解決策としては、自民党の教育機関である中央政治大学院の活用が考えられる。二〇〇九年に下野して以降の自民党は、人材の発掘と育成を進めるべく、中央政治大学院の支援の下、四七都道府県への地方政治学校の設置を進めてきた。現在、四〇〇～五〇〇名ほどの出身者が、すでに地方議員になっているという。しかし、地理的な制約などのハードルもあって、中央政治大学院や地方政治学校での受講を国政選挙の公募の条件にするところまでには至っていない。

その一方で、新たなタイプの公募の取り組みもなされている。ネット選挙の解禁や一八歳選挙権の導入などを背景に、二〇一六年の参院選に際して実施されたネット公募「オープンエントリープロジェクト二〇一六」である。応募者を書類審査と面接で一〇名に絞り込み、インターネット上の投票によって比例区の公認候補を一名決めるというものであり、党員にとどまらず一般の国民にも投票が認められた。ただし、あまり大きな関心を集めず、選ばれた候補者も落選という結果に終わった。

4　二重構造化する国会議員

自民党代議士の職業的プロフィール

以上、自民党の近年の国政選挙に関する取り組みについては、二つの側面を押さえる必要がある。一つは、小選挙区制の導入と組織・団体の衰退を背景として、無党派層の票が重要になり、「選挙の顔」となりうる総裁の選出、広報改革、公募による候補者選定がなされるようになったことである。もう一つは、低投票率を主たる原因として、固定票の重要性が失われておらず、自民・公明両党が選挙協力を行い、優位に立っていることである。公募も、それを通じて世襲議員が選ばれるなど、多面的な性格を持っている。

同様のことは、自民党の国会議員の経歴からも確認することができる。ここでは、まず衆議院議員の職業的なプロフィールを検討したい（4—⑥）。

政治改革前の一九九〇年の総選挙と二〇一四年の総選挙での当選者を比較して、大幅に減少している職業は、中央省庁の官僚、企業の経営者・会社役員、日本青年会議所（JC）をはじめとする団体・政党の役職員である。これらは五五年体制下でも減少傾向にあったが、友好団体の衰退などが影響していると考えられる。例えば、官僚についてみると、高い知的能力や豊富な行政経験をアピールできたことに加え、かつては出身省庁と関係の深い団体からの様々な支援を得ることができたが、いまでは難しくなってきている。

あまり変化がないのが、地方政治家や議員秘書である。[14] 地方政治家の多くを占める都道府県議会議員は、一定の知名度を持つほか、自前の個人後援会を有するケースが多く、政治資金についても地元企業などとのパイプを保持し、国会議員になるのに必要な地盤、看板、鞄の「三バン」を兼ね備えている。後述するように、自民党では友好団体が衰退する一方、地方組織は重要性を増している。地方政治家出身の衆議院議員の割合が減っていないのは、こ

4-⑥ 自民党衆議院議員の職業的プロフィールの変化（1990～2014年）

	90	93	96	00	03	05	09	12	14
官僚	71	53	53	57	55	55	25	52	53
地方公務員	7	6	4	4	4	6	4	7	7
地方政治家	86	69	88	80	77	94	38	96	94
うち都道府県知事	1	1	1	1	0	0	0	0	1
うち市区町村長	14	8	9	10	7	9	5	9	9
うち都道府県議会議員	71	63	75	68	68	77	30	75	72
うち市区町村議会議員	14	8	19	19	18	26	10	32	31
議員秘書	83	74	71	66	76	90	34	82	80
団体・政党役職員	101	82	84	67	72	93	31	70	66
うちJC役職員	13	11	13	13	10	12	3	13	11
経営者・会社役員	82	53	51	44	44	48	16	39	35
会社員	25	22	19	18	24	38	11	52	53
農林漁業	6	7	5	3	2	0	0	0	0
専門職	12	10	11	13	14	19	7	29	31
うち法曹	8	7	8	7	8	11	6	14	15
うち医師	2	2	3	5	4	5	1	11	12
うちその他	2	1	0	1	2	3	0	4	4
小中高校教員	2	1	3	1	3	2	1	4	4
大学教員	9	7	8	6	13	22	7	20	21
マスコミ	20	18	16	13	16	19	11	15	14
芸能・スポーツ	1	1	1	2	2	4	1	2	3
官僚	24.8	23.3	22.2	24.5	22.4	18.6	21.0	17.6	18.2
地方公務員	2.4	2.6	1.7	1.7	1.6	2.0	3.4	2.4	2.4
地方政治家	30.1	30.4	36.8	34.3	31.4	31.8	31.9	32.5	32.2
うち都道府県知事	0.3	0.4	0.4	0.4	0.0	0.0	0.0	0.0	0.3
うち市区町村長	4.9	3.5	3.8	4.3	2.9	3.0	4.2	3.1	3.1
うち都道府県議会議員	24.8	27.8	31.4	29.2	27.8	26.0	25.2	25.4	24.7
うち市区町村議会議員	4.9	3.5	7.9	8.2	7.3	8.8	8.4	10.8	10.6
議員秘書	29.0	32.6	29.7	28.3	31.0	30.4	28.6	27.8	27.4
団体・政党役職員	35.3	36.1	35.1	28.8	29.4	31.4	26.1	23.7	22.6
うちJC役職員	4.5	4.8	5.4	5.6	4.1	4.1	2.5	4.4	3.8
経営者・会社役員	28.7	23.3	21.3	18.9	18.0	16.2	13.4	13.2	12.0
会社員	8.7	9.7	7.9	7.7	9.8	12.8	9.2	17.6	18.2
農林漁業	2.1	3.1	2.1	1.3	0.8	0.0	0.0	0.0	0.0
専門職	4.2	4.4	4.6	5.6	5.7	6.4	5.9	9.8	10.6
うち法曹	2.8	3.1	3.3	3.0	3.3	3.7	5.0	4.7	5.1
うち医師	0.7	0.9	1.3	2.1	1.6	1.7	0.8	3.7	4.1
うちその他	0.7	0.4	0.0	0.4	0.8	1.0	0.0	1.4	1.4
小中高校教員	0.7	0.4	1.3	0.4	1.2	0.7	0.8	1.4	1.4
大学教員	3.1	3.1	3.3	2.6	5.3	7.4	5.9	6.8	7.2
マスコミ	7.0	7.9	6.7	5.6	6.5	6.4	9.2	5.1	4.8
芸能・スポーツ	0.3	0.4	0.4	0.9	0.8	1.4	0.8	0.7	1.0
自民党衆議院議員数	286	227	239	233	245	296	119	295	292

注記：上段は実数（人）、下段は%、複数の経歴を算入しているため合計は100%にならない
出所：『国会便覧』各号より著者作成

の点からも注目に値する。

他方で、大幅に増加しているのは、一般の会社員、弁護士や医師などの専門職、大学教員である。自民党で非公募よりも公募で選ばれるほうが多い職業は、一般の会社員や専門職であるから、[15] これは公募による候補者選定が進展した一つの結果であると考えることができる。小選挙区制の導入や組織・団体の衰退を背景として、無党派層の重要性が高まり、自民党が有する既存のネットワークの外部の人々が候補者として擁立される傾向が強まっているといえよう。

ところが、歴史的な推移を離れて、現状だけをみるならば、従来も多かった職業の出身者が依然として多数を占めている。地方政治家、議員秘書、団体・政党役職員、官僚などである。自民党は過去も現在も党組織が強くなく、それを個人後援会や友好団体が機能的に代替してきた。そうである以上、風任せで選挙を戦わないとすれば、「三バン」を有する候補者を擁立しなければならない。こうした職業の出身者が多いことは、固定票が重要性を失っていないことと表裏一体の関係にある。

結局のところ、自民党の代議士の職業的プロフィールは多様化してきている。一般の会社員や専門職といった無党派層にアピールする職業が増加していることは確かだが、地方政治家、議員秘書、団体・政党役職員、官僚など既存の固定票を有する職業が、引き続き大きな割合を占めている。自民党が大勝する総選挙では、前者の割合が増えて後者が減り、逆に二〇〇九年のように大敗する総選挙では、前者が低下して後者が増加する。そうした意味で、自民党の国会議員は二重構造化しつつあるといえる。

風任せの女性候補

次に職業以外のプロフィール、とりわけ女性と世襲について検討する。結論的にいうならば、女性は無党派層にアピールする職業と、世襲は固定票を有する職業と共通する性格を持っている。

衆議院の中選挙区・小選挙区における自民党の女性の候補者・当選者は、次の四つの時期に分けて理解することができる（４―⑦）。第一期は、一九五五年の結党から七〇年代半ばまでである。候補者は四〜五名、当選者は二〜三名で推移してきた。第二期は、一九七〇年代末から九〇年代初頭までであり、候補者と当選者はともに〇〜一名であった。驚くべきことに、一九八〇年代の自民党は女性の衆議院議員が皆無になり、一九九三年に当選した野田聖子が、一三年ぶりの自民党の女性代議士となった。

女性がきわめて少なかった理由は、自民党の国政選挙の戦い方に求めることができる。自民党は党組織が弱く、とりわけ中選挙区制の下では、候補者は自ら個人後援会を結成し、それに依存して戦わなければならず、地域に根強く存在するジェンダー・バイアスが女性に不利に作用した。世襲についても、先代の子どもに女性しかいない場合、女婿が後継者になる

4-⑦ 自民党の衆議院中・小選挙区の公認候補・当選者に占める女性の割合の推移（1958～2014年）

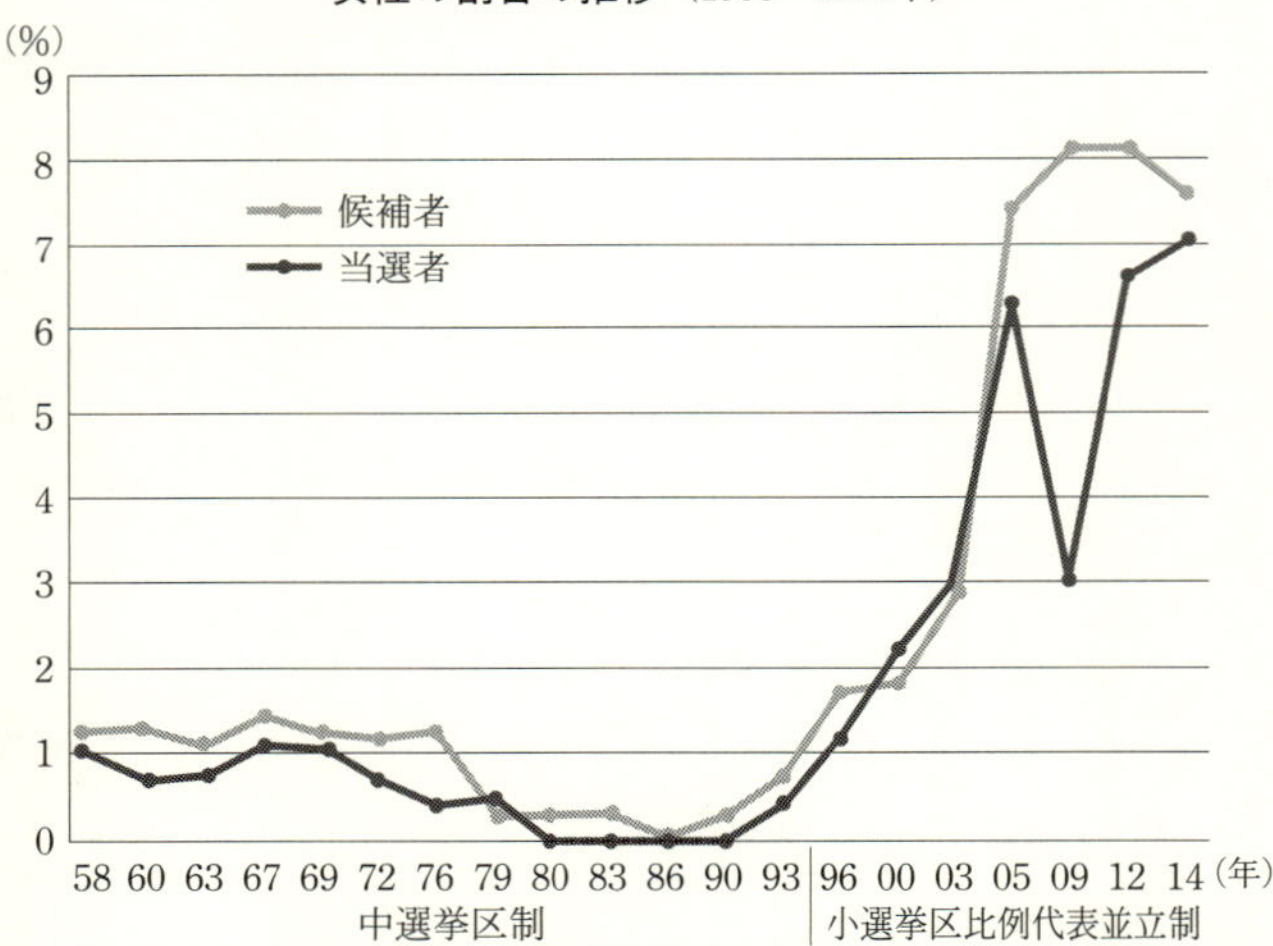

出所：総務省自治行政局選挙部『衆議院議員総選挙最高裁判所裁判官国民審査結果調』より著者作成

ことが多かった。[16] 一九八〇年代は派閥と個人後援会の全盛期であり、それゆえ自民党はほぼ完全な「男性政党」になったのである。

一九九六年に初めて小選挙区比例代表並立制による総選挙が実施されて以降の第三期には、女性が次第に増加し、候補者が五～八名、当選者が二～五名となった。小選挙区制では、各選挙区の公認候補が一名になるため、中選挙区制に比べて女性の参入障壁が高まる反面、無党派層の票が重要になり、清新なイメージを持つ女性候補を増やすことにつながった。一九八五年の男女雇用機会均等法の制定、八九年の参院選での「土井ブーム」といった時代の流れも、こうした変化を後押ししたと考えられる。

第四期は、小泉政権によって実施された二〇〇五年の郵政選挙以降である。この総選挙で、自民党は二三名の女性候補を小選挙区に擁立した。そのうち小池百合子、片山さつき、佐藤ゆかり、稲田朋美ら一〇名が、郵政民営化法案の造反議員に送られた対立候補、いわゆる「刺客」であった。最終的に小選挙区で一四名、比例代表と合わせると二六名の女性の公認候補が当選した。これ以降、自民党の小選挙区の女性候補は、常に二〇名を超えている。ただし、頭打ちの傾向にあることも確かである。

以上みたように、自民党は無党派層の票を獲得すべく、女性候補の擁立に積極的になってきたといえる。公募も非公募に比べて、女性が選ばれる割合が高い。しかし、このことを裏返せば、女性候補は地盤が脆弱であり、一般の会社員や専門職の出身者と同じく、逆風に弱いことを意味する。自民党が大敗した二〇〇九年の総選挙をみると、小選挙区で当選した女性候補は、小渕優子と稲田朋美のわずか二名にすぎなかった。この二人が将来を嘱望されるゆえんでもある。

その一方で、女性の世襲議員の増加という新たな動向もある。二〇一四年の総選挙に小選挙区で当選した議員では、野田聖子、小渕優子、中川郁子、加藤鮎子の名前を挙げることができる。また、堀内詔子ら比例復活した議員もいる。自民党の地盤である農村部では、ジェンダー・バイアスが強固に存在し、かつては個人後援会を円滑に継承させる上で、男性であることが求められた。だが、男女の役割分担に関する価値観の変容は、緩やかではあるが、確実に自民党にも及んできている。

逆風に強く出世する世襲議員

女性議員が風任せの傾向が強いとすれば、逆風への抵抗力を有するのが、地盤、看板、鞄の「三バン」を継承した世襲議員である。

世襲議員とは何か。まず広義のものとして「親族が同一の選挙区で当選したことがある衆議院議員」と定義したい。先代と本人がともに衆議院の中・小選挙区で当選した場合に限られるが、中選挙区制から小選挙区制への移行や区割りの変更もあるので、同一の選挙区には一部が共通する場合も含まれる。もう一つ、より狭義のものとしては、「三親等以内の親族が同一の選挙区で当選し、それと連続的に立候補した衆議院議員」と定義する。三親等以内と連続立候補の二つの条件で、該当者が絞られる。

結党以来、一九九三年までの五五年体制下では、自民党の世襲議員の割合は基本的に一貫して増加していた。広義とほぼ同一の定義に従うと、自民党が結成された直後の一九五八年の総選挙では一一・四%であったが、一九八六年には三七・〇%まで増えている。世襲が生じる最大の原因は、先代の議員が引退・死亡した後も個人後援会が存続しようとし、そのためには親族間の継承が最も円滑なためである。中選挙区制の下での個人後援会の発達が、世

4-⑧ 自民党の衆議院中・小選挙区の当選者に占める世襲議員の割合の推移（1990〜2014年）

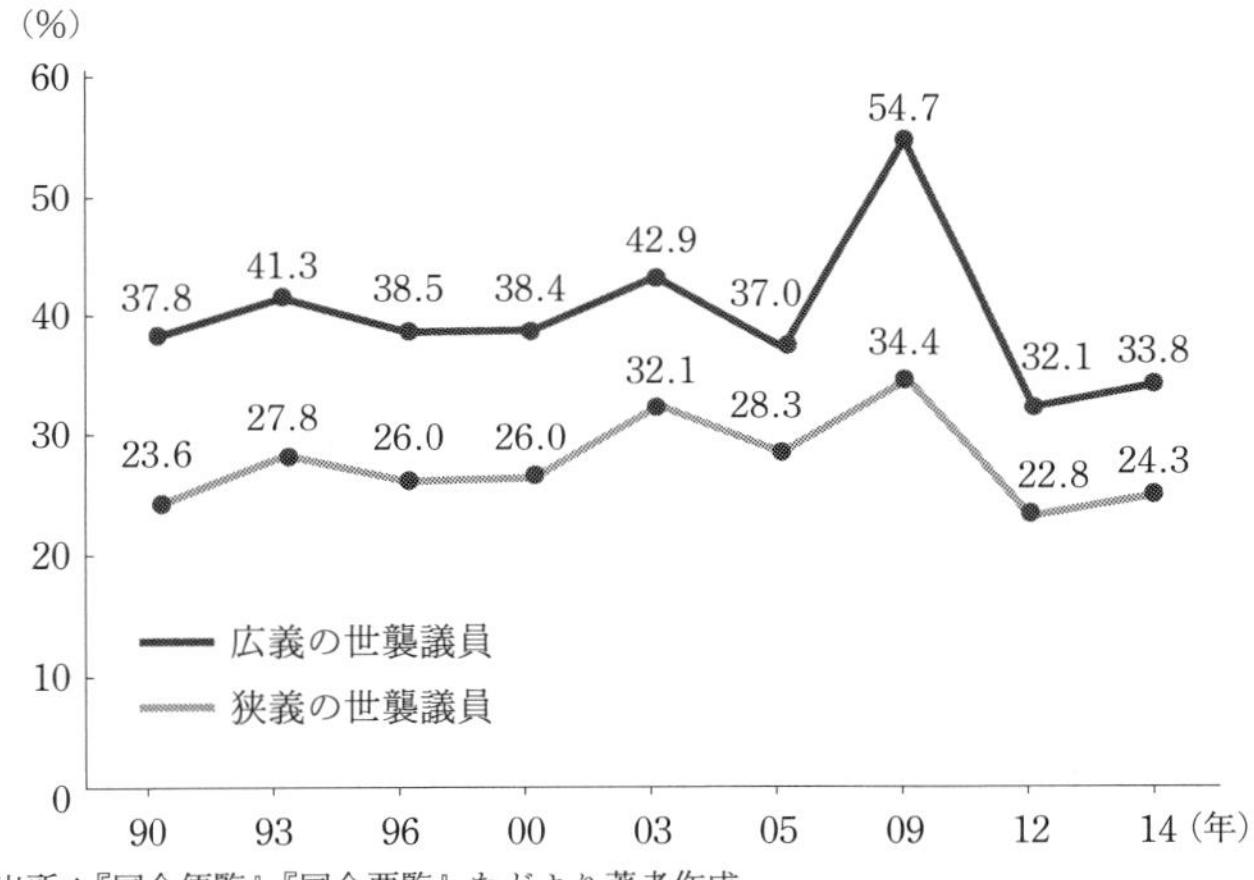

出所：『国会便覧』『国会要覧』などより著者作成

襲議員を増加させたのである。[17]

一九九四年の政治改革後はどうか。二〇一四年の総選挙では、広義では七五名、三三・八%、狭義では五三名、二四・三%が世襲議員であった。それに対して、中選挙区制下の一九九〇年は三七・八%と二三・六%、九三年は四一・三%と二七・八%、最初の小選挙区制の九六年が三八・五%と二六・〇%であった（4―⑧）。個人後援会の衰退などもあって、世襲議員はおおむね横ばいないし漸減傾向にあるとみてよい。ただし、結党以来の推移を考えると、依然として高い水準を保っている。

注目すべきは、世襲議員が逆風に強いことである。小泉政権の下で自民党が伸び悩んだ二〇〇三年の総選挙では、それ

4-⑨ 閣僚に占める世襲議員の割合の推移（1989～2016年）

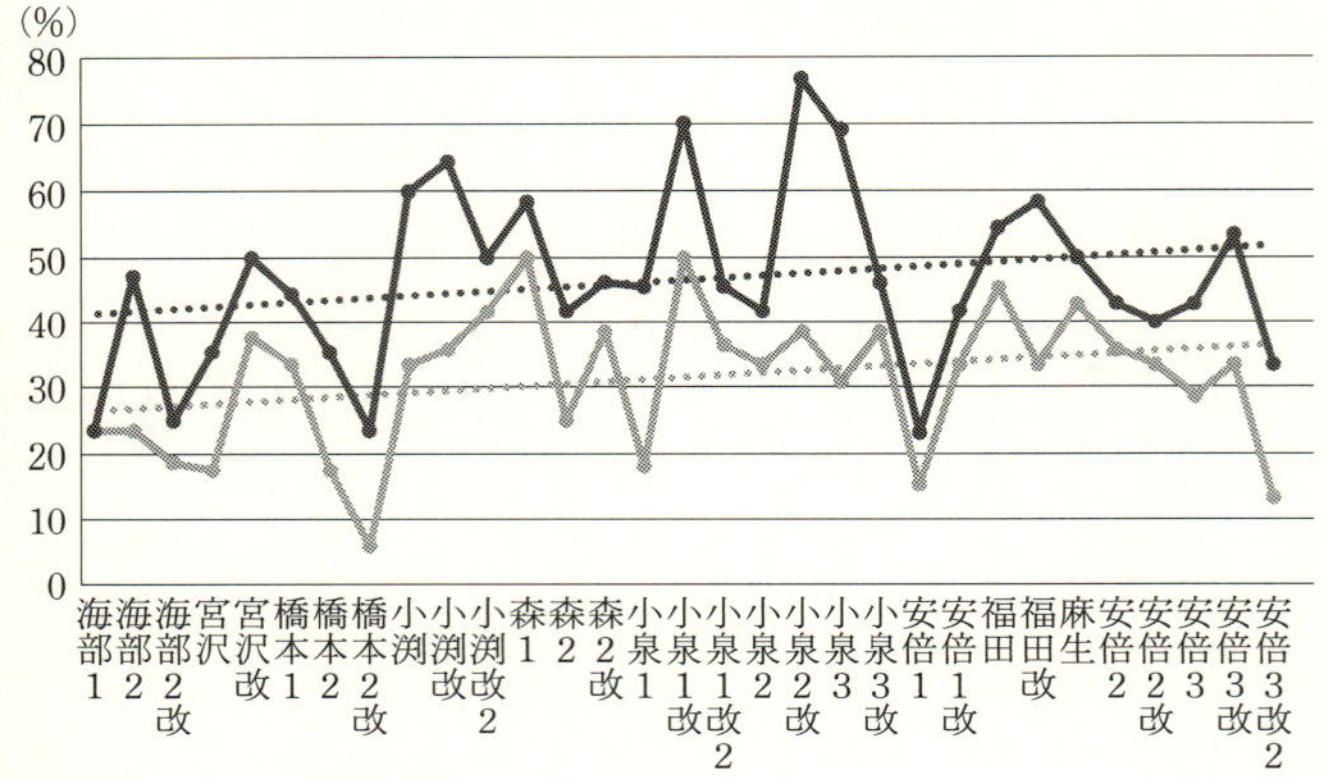

注記：閣僚からは首相，参議院議員，民間人，他党の数を除く
出所：『国会便覧』『国会要覧』などより著者作成

ぞれ四二・九％と三二・一％、さらに大敗を喫した〇九年の総選挙では、五四・七％と三四・四％であり、五五年体制以来の最高を記録している。政治改革後、自民党など大政党の得票率の変動が大きくなっており、それに小選挙区制の効果が加わって、中選挙区制の下よりも現職の再選率が低下している。[18]長年にわたって培養された個人後援会を有する世襲議員は、相対的に逆風にも耐えうる。

全体として自民党議員の再選率が低下するなか、選挙に強い世襲議員は、有力議員に成長する可能性が一段と高くなっている。世襲に対する批判は根強いが、若くして立候補することで順調に当選回数を重ねられるし、選挙区に煩わされずに政治活動を行うことができるからである。また、先代から引き継いだ人的ネットワークや知名度、資金力は、地元だけでなく永田町でも有利に作用する。実際、首相・参議院議員・民間人・他党を除く閣僚に占める世襲議員の割合は、上下を繰り返しながらも、次第に上昇している（４—⑨）。

とりわけ自民党総裁は、五五年体制の崩壊後、森喜朗を唯一の例外として世襲議員が続いている。河野洋平、橋本龍太郎、小渕恵三、小泉純一郎、安倍晋三、福田康夫、麻生太郎、谷垣禎一の八名である。このうち広義の世襲議員で、狭義に当てはまらないのも、小渕と麻生しかいない。一九七〇年代から八〇年代初頭にかけて総裁に就任した「三角大福中」には世襲議員が皆無であったが、ポスト小泉を争った「麻垣康三」はすべて世襲議員であり、きわめて象徴的である。

党執行部の公認権の強化と限界

小選挙区制の下、同一の選挙区で複数の公認候補が争うことがなくなり、追加公認も基本的になされなくなった結果、党執行部が持つ公認権が実質的に強化されたことは、前述した通りである。それだけでなく、政治改革以降、小泉政権を画期として、党執行部の国会議員に対する統制がいくつかの方法で強められてきた。

第一に、候補者定年制の導入である。参議院ではいち早く比例区に七〇歳定年制が導入されていたが、衆議院の比例代表については最終的に二〇〇三年三月一三日に選挙対策本部が定めた「候補者選定基準」に「原則として公認時に満七十三歳未満のものとする」と明記された。若さをアピールする民主党に対抗するためであったが、比例代表に回っていた中曽根康弘、宮沢喜一の両元首相が引退に追い込まれた。そこには重複立候補も含まれたため、小選挙区の候補者の若返りにもつながった。

第二に、党本部に対する支部の解散権の付与である。これは二〇〇五年の郵政選挙の際に多数の造反議員が出たにもかかわらず、政党交付金の配分や企業・団体献金の受け皿になっていた選挙区支部を支部長の申立てなしに解散できなかったことを是正する措置であった。まず一〇月二六日に政治資金規正法を改正し、政党支部の解散の届け出を党本部が行えるようにした。それに続いて一一月二二日の立党五〇年記念党大会で党則を改正し、党本部が支部の設立の承認を取り消し、解散できるようにした。

第三に、小選挙区落選者の選挙区支部長選任の制限である。二〇〇九年一〇月二三日の役員会で「衆院選挙区支部長等選任基準」が了承され、二回連続もしくは七三歳以上の小選挙区落選者を原則として支部長に選任しないことが決まった。また、二〇一五年二月二日の役員会では、二回連続比例代表で復活当選した場合には暫定支部長にとどめ、一年ごとに支部長選任を判断することが決定された。現職優先主義は、特に衆議院では当選第一主義と並ぶ長年の候補者選定の重要な原則であるが、それが揺らいでいる。

実際、比例復活の現職が選挙区支部長でありながら、選挙の直前に公認を与えられず、差し替えられる例が起きている。二〇一四年の総選挙では、宮城五区の大久保三代、福島三区の菅野佐智子、三重三区の桜井宏の三名である。ただし、これらは党本部の公認権の行使の結果ではない。いずれも地元活動に不熱心であり、県連から公認の申請が党本部になされなかったからである。だが、二回連続の比例復活者は暫定支部長にするというルールは実行されており、今後は支部長になれず、公認を得られないことも生じうる。

他方、党執行部の公認権の限界を示すのが、世襲の制限である。自民党は、世襲に対する批判と民主党の台頭を受けて、二〇〇九年の総選挙の政権公約で、次の総選挙から世襲候補を公認・推薦しないと明記した。ところが、総選挙が終わると、政権構想会議の「第一次勧告」で「現職議員の親族の公募への参加については、これを検討する」と記し、公募の実施を条件として世襲を認める方向に舵を切った。二〇一二年の総選挙では、有力議員の息子である福田達夫、中川俊直、武部新らが公募を経て公認され、当選した。

自民党にとって最も重要な候補者選定の原則は、当選第一主義である。選挙で勝たなければならない党執行部にとっても、地方組織にとっても、それは同じことである。そうである以上、先代から個人後援会を引き継ぎ、選挙で強い世襲候補を公認から外すのは難しい。なお、郵政選挙でも、多くが強固な個人後援会を持っていた造反議員は、自民党の公認を奪われ、「刺客」候補を立てられながらも、小選挙区で三三名中一五名が当選した。自民党の国会議員は二重構造化しており、党執行部の公認権が強まる一方、大きな限界も存在する。

第5章　友好団体——減少する票とカネ

1　団体における自民党の優位

きめ細かい団体対策

前章でみたように、国政選挙での自民党の強さの一因は、他党に比べて固定票が分厚いことにある。しかし、党員数は少なくないが、党員としての意識が乏しいなど、自民党の党組織そのものは決して強くない。脆弱な自民党の党組織を機能的に代替してきたのは、一つが国会議員および地方議員の個人後援会であり、もう一つが、農協、中小企業団体、医師会をはじめ、職能団体を含む業界団体や宗教団体などの友好団体である。労働組合を例外として、政治に関わる有力な団体の多くが自民党と友好関係にある。

自民党本部のなかで団体対策を担当しているのは、組織運動本部に置かれている団体総局である。団体総局には、農林水産、商工・中小企業、国土・建設など一五の関係団体委員会が設けられている（5―①）。それは政調会の部会、ひいては省庁や国会の常任委員会におおむね対応しており、人事の面では部会長代理が関係団体委員会の委員長に就任することになっている。つまり、団体対策は、政調会の部会が起点をなす政策決定プロセスと密接に結びつけられているのである。

自民党の友好団体は、二〇一六年一月現在、五二三を数える。自民党はそれを各種団体協議会に組織化し、団体総局の一五の関係団体委員会ごとにグループ化している。これに関して注目すべきは、自民党の団体対策が基本的に業界を単位としていることである。例えば、経団連（日本経済団体連合会）ではなく、電気事業連合会、日本自動車工業会といったその傘下の業界団体（団体会員）が各種団体協議会に加盟している。自民党が個別の企業（個社）に直接働きかけることはなく、必ず業界団体を通すことになっている。

各種団体協議会に加盟している友好団体からの陳情は、組織運動本部の団体総局の関係団体委員会を窓口として受けつけられる。政調会の部会と合同で要望を聞くことが多い。それを政調会で審議し、可能であれば予算による措置、法律や税制の改正などを行う。その実績を背景として、選挙対策本部が票、幹事長の下にある経理局が献金に関して、当該団体への要請を検討し、関係団体委員会を窓口として伝える。それに応じてなされた票やカネでの貢献の度合いが、次なる陳情処理につながることになる。

ただし、宗教団体は例外扱いであり、各種団体協議会には入らず、関係団体委員会の社会

5-① 自民党本部の各種団体協議会

政調会の部会	団体総局の関係団体委員会	団体数	団体の例
法務部会	法務・自治関係団体委員会	17	全国知事会，日本消防協会
総務部会	法務・自治関係団体委員会	17	全国知事会，日本消防協会
総務部会	情報・通信関係団体委員会	37	全国郵便局長会
外交部会	――		
財務金融部会	財政・金融・証券関係団体委員会	18	全国たばこ耕作組合中央会
文部科学部会	教育・文化・スポーツ関係団体委員会	37	全日本私立幼稚園連合会
文部科学部会	社会教育・宗教関係団体委員会		
厚生労働部会	厚生関係団体委員会	75	日本遺族会，日本医師連盟
厚生労働部会	労働関係団体委員会	31	日本人材派遣協会
環境部会	環境関係団体委員会	30	全国産業廃棄物連合会政治連盟
農林部会	農林水産関係団体委員会	78	全国農業協同組合中央会
水産部会	農林水産関係団体委員会	78	全国農業協同組合中央会
経済産業部会	商工・中小企業関係団体委員会	77	電気事業連合会，全国商工会連合会
国土交通部会	運輸・交通関係団体委員会	34	全日本トラック協会
国土交通部会	国土・建設関係団体委員会	51	全国建設業協会
国防部会	安全保障関係団体委員会	19	日本郷友連盟，隊友会
内閣（第一）部会	生活安全関係団体委員会	19	全日本遊技事業協同組合連合会
内閣（第二）部会	NPO・NGO 関係団体委員会		

出所：自由民主党『各種団体協議会名簿』（2016年１月）より著者作成

教育・宗教関係団体委員会が個別に対応している。自民党は、日本宗教連盟（日宗連）に加盟する連合体のうち、日本キリスト教連合会を除く、教派神道連合会、全日本仏教会、神社本庁、新日本宗教団体連合会（新宗連）と協議を行うほか、いずれにも加入していない霊友会、世界救世教、仏所護念会教団などを含め、各教団とも話し合いの場を持っている。同じく利益団体ではないＮＰＯ・ＮＧＯも、各種団体協議会には入っていない。

以上みてきたように、自民党の友好団体からの陳情処理システムは非常に精巧に作られており、政策と票・カネの交換が循環的になされている。ところが、自民党の優位をもたらしている友好団体との緊密な関係は、長年にわたり強い批判に晒されてきた。利益誘導政治批判である。利益誘導政治とは、政府の政策決定に影響力を持つ政党や政治家が、選挙での票や政治資金を得る見返りとして、特定の個人・地域・企業・団体などに個別的な利益を供与する政治手法を意味する。

重要なのは、利益誘導政治批判の急先鋒が、自民党の最大のスポンサーの財界だったことである。つまり、自民党の利益誘導政治は、財界の意向に反して五五年体制の下で発展してきた。以下、その歴史的経緯を振り返っておきたい。

自民党の結成と財界

まず財界とは何か。ここでは、「企業や経営者がそれらの個別的利益を調整しつつ全体としての意思にまとめ、政治などに影響力を行使するために形成している集団」と定義しておく。現在の財界は経済団体として組織化されており、日本経済団体連合会（経団連）、日本商工会議所（日商）、経済同友会（同友会）が経済三団体と呼ばれる。「ｅビジネス推進連合会」が二〇一二年に改称した新経済連盟（新経連）も存在するが、情報通信（ＩＴ）産業以外への広がりを欠いている。

経済三団体をみると、日商は各地域の商工会議所を基盤とし、中小企業の利益を代表する色彩が強い。経営者の個人加入の組織である同友会は、時代を先取りした提言に特色がある。それに対して、大企業と業界団体によって構成される経団連は、「財界総本山」と呼ばれ、政治との関係でも中心を担ってきた。なお、現在の経団連は、二〇〇二年に従来の経団連（経済団体連合会）が、労使関係を担当してきた日本経営者団体連盟（日経連）を事実上吸収合併して発足した。

旧経団連を中心とする財界は、一九五五年の自民党結成の主要な推進力であったが、そこには二つの目的が存在していた[1]。一つは、労働組合を基盤として国会の議席を増やしていた社会党による政権獲得の阻止である。ところが、財界には致命的な弱点が存在する。資金力はあっても、集票力が弱いことである。それを補ったのは、農民や中小企業者などであった。自民党は、熾烈な労使の階級対立を背景に財界の後押しを受けながらも、社会党に対抗する幅広い「国民政党」として成立したのである。

財界が保守合同を目指したもう一つの目的は、利益誘導政治の抑制である。一九五三年の総選挙で吉田茂率いる自由党が衆議院の過半数の議席を失って以降、業界団体などからの要望を受けた野党の働きにより、国会で予算の増額修正が相次いでいた。しかし、朝鮮戦争の休戦に伴って同年末から国際収支の危機が生じ、緊縮政策への転換を余儀なくされた。財界は緊縮政策を通じて経済自立を達成すべく、利益誘導政治の抑制を目指して、自民党の結成を支援したのである。

利益誘導政治を抑制するためには、政治献金のあり方も見直さなければならなかった。その直接的な契機となったのが、造船疑獄である。各企業・業界から個々の国会議員への献金が金権腐敗を生じさせ、財界や保守政党に対する国民の批判を招いたことを受けて、経団連を中心に一九五五年一月二七日に経済再建懇談会が結成された。これは「自由経済体制を今後とも堅持するための保険料」として、各企業・業界からの資金をプールする機関であり、新たに結成された自民党への政治献金は、それを経由してなされた。

さらに、自民党が結成されると、党執行部の統制力を強化し、選挙区や企業・業界の意向に影響されがちな国会議員の自立性を抑制することが目指された。そのための手段として最も重視されたのが、衆議院の選挙制度改革であった。繰り返し述べているように、一つの選挙区から三〜五名の議員を選出する中選挙区制は、自民党の候補者の同士討ちを招き、利益誘導政治の原因となる。そこで、自民党の初代幹事長に就任した岸信介を中心に、小選挙区制の導入が企図されたのであった。

利益誘導政治の発展

ところが、自民党の結成後、鳩山一郎内閣が国会に提出した小選挙区法案は、審議未了・廃案に終わった。すると、一九五六年一二月の第三回党大会で実施された総裁選挙および五八年五月の総選挙を背景として、派閥が固定化し、個人後援会が普及していった。政治献金についても、経済再建懇談会―自民党というルートに一本化されず、各企業・業界から政治家や派閥へのルートが存続し、肥大化した。組織・資金の両面で集権化に失敗し、ここから利益誘導政治が発展していくことになる。

自民党は、国政選挙での社会党との対抗上も、様々な団体からの要望に応じざるを得なかった。一九五八年度予算では総選挙に向けて、診療報酬の引き上げや恩給費の増額、道路整備特別会計の新設などの復活要求が認められた。一九五九年の参院選では、全国農業協同組合中央会（現在のJA全中）、日本遺族会、軍恩連盟全国連合会、日本医師会、日本歯科医師会、全国特定郵便局長会および宗教団体などが自民党を支援し、系列化が鮮明になった。一九六〇年度予算は、そのための「組織化予算」と呼ばれた。

少し時間をさかのぼると、財界が自民党結成を後押しする背景となった緊縮政策によって最も犠牲を強いられたのは、農民であった。[2] 朝鮮戦争による特需ブームの下、食糧の増産を目標とする「保護農政」が実施され、補助金の増額などが行われたが、朝鮮休戦を受けて一九五四年度に「一兆円予算」が編成されてから、一転して農業に対する補助金の削減が進められた。一九五三年度予算で一四・九％を占めた農林関係予算は、一九五九年度予算では七・五％まで落ち込んだ。「安上り農政」である。

コメをはじめとする農産物の増産が進むとともに、世界的にも食糧需給が好転して輸入が容易になっていたため、「安上り農政」からの転換はなかなか実現しなかった。農協は圧力活動を展開していたが、十分な成果を上げることができなかった。それゆえ自民党が結成された一九五五年以降、農政の転換を求めて、農協を基盤とする農政団体の設立が各地で相次ぎ、農民政党の結成も叫ばれた。知事選挙でも、農政団体が主体となり、社会党が推薦する労農提携の候補者が相次いで当選した。

自立経営農家の育成による農業の生産性向上を目指す農業基本法が制定された一九六一年以降、零細農家の切り捨てに危機感を強めた農協による生産者米価の引き上げ運動が活性化する。この米価闘争は自民党の農林関係議員の協力を得て成果を収め、生産者米価の決定で都市と農村の所得の均衡を考慮する方式が採用され、一般会計から食糧管理会計への繰り入れが急増した。これを受けて農民政党結成運動などは沈静化し、自民党と農協の関係が安定的なものになった。

このようにして、財界が自民党結成の際に目指した利益誘導政治の抑制は、失敗に終わった。その一つの原因は、高度成長にあった。緊縮財政を続ける必要性が低下し、積極財政への転換が可能になったからである。生産者米価の引き上げはもちろん、道路建設などの公共事業が農民に農外所得をもたらし、農村部の自民党の支持基盤を強固にした。もう一つの原因は、小選挙区制の導入の失敗による分権的な自民党組織の定着である。長期政権を背景に農林族をはじめとする族議員が台頭し、様々な友好団体の要望を積極的に代弁した。

第二臨調による行政改革の限界

一九七三年に石油危機が発生し、高度成長が終わりを告げると、景気対策の手段として公共事業などが大規模に実施された[3]。しかも、一九七〇年代は社会党などの野党と与党の議席が接近する与野党伯仲の時代であったから、自民党は政権を維持するためにも公共事業費などを増額せざるを得なかった。こうしたなか、建設業は一九八〇年に就業者数で農林業を上回るようになり、建設業者が自民党の選挙マシーンの中枢を担うようになった。「土建国家」の誕生である。

ところが、税収の落ち込みと相俟って、やがて財政赤字の累積が深刻な問題になる。一九七九年の総選挙で大平正芳首相が一般消費税の導入を打ち出して敗北を喫すると、次の鈴木善幸内閣の下で一九八一年に第二次臨時行政調査会（第二臨調）が「増税なき財政再建」を目標として発足し、中曽根康弘政権にかけて行政改革が推進された。第二臨調の会長には、経団連の前会長の土光敏夫が就任した。経団連や日商など経済団体の首脳は「行政改革推進五人委員会」を発足させ、オール財界で土光をバックアップした。

なかでも財政赤字の元凶とされたのが、コメ、国鉄、健保の三Ｋである。一九七〇年代になると、農産物の輸入自由化の圧力に加え、コメの生産過剰が生じて減反政策が始まり、食糧管理制度の見直しも着手されていたが、それにもかかわらず生産者米価の引き上げが繰返され、消費者米価との間で「逆ざや」が生じ、食糧管理会計の赤字が累積していた。減反を奨励する補助金も増大した。臨調行革の下、生産者米価は一九八五年に一六年ぶりの据え置き、八七年には三一年ぶりの引き下げとなり、それ以降、いずれかが続いた。

ところが、この段階では友好団体の自民党離れがほとんど起きなかった。その第一の原因は、改革の不徹底さである。第二臨調による行革は、マス・メディアを通じて世論の支持を調達しつつトップダウンで進められた反面で、衆議院の中選挙区制など既存の政治的枠組みを前提に実施された。そのため、経営上の危機が切迫していた国鉄をはじめ三公社の民営化に関しては大規模に行うことができたが、規制緩和などについては、族議員の意向に逆らえず、大きな限界を抱えることになった[4]。

第二の原因は、長期政権を続ける自民党以外の選択肢がなかったことである。例えば、農協は、米価闘争の行き詰まりを背景に、脆弱な全国農民総連盟（全農総連）に代わり、全都道府県の農政団体を傘下に収める組織を目指して、一九八九年に全国農業者農政運動組織協議会（全国農政協）を結成した。ところが、幅広い結集に成功しなかったばかりか、農政の現状に対する批判を抱きながらも、選挙では自民党の候補者への支援を基本方針とせざるを得なかった。[5]

第三の原因は、高度成長が終わったとはいっても、日本経済が安定成長を続けていたことである。一九八六年末からバブル景気が始まり、竹下登内閣によって八八年に消費税が導入されると、財政収支は著しく改善した。消費税の導入などに対する批判から一九八九年の参院選で自民党は大敗したが、かえって農協の要求が受け入れられるようになる。一九九〇年、九一年と、生産者米価は引き下げられたものの、その幅は圧縮され、九二年には参院選を考慮して据え置かれた。それが財政上可能だったのである。

2　加入率の低下と影響力の後退

非自民連立政権と政治改革

族議員などにみられる政官業のミクロな「鉄の三角形」の抵抗によって、行政改革が壁にぶつかったことを受けて、財界からは中選挙区制を廃止して「政権交代ある民主主義」を目指す政治改革を求める声が浮上してきた。そうした声を一気に拡大させたのが、一九八八年に発覚したリクルート事件である。金権腐敗に対する批判が高まるなか、自民党は翌年五月一九日に「政治改革大綱」を取りまとめ、利益誘導政治から脱却すべく、比例代表制を加味した小選挙区制の導入を打ち出した。

一九八九年に冷戦が終焉し、九一年にはソ連が解体する。同じ九一年にはバブル景気が終わり、長期にわたる平成不況が始まる。自民党長期政権とその下での利益誘導政治を可能にしていた諸条件が次々と失われた。さらに、政治改革は自民党の内部対立を深刻化させ、一九九三年に改革派の若手議員と小沢一郎ら羽田孜派が離党して、それぞれ新党さきがけと新生党を結成し、総選挙を経て、八月九日に細川護熙を首相とする非自民連立政権が成立した。自民党は初めて政権から転落したのである。

細川内閣が長く続いた場合、自民党から多くの友好団体が離反した可能性もあった。しかし、政治改革を目的とする非自民・非共産の八党派の寄せ集めであったがゆえに、深刻な内部対立が生じた。政治改革が実現して間もなく、細川内閣は総辞職し、短期間の羽田内閣を経て、自社さ政権が成立する。この間、細川内閣はガットのウルグアイ・ラウンドでコメ市場の部分開放を決断したが、利益誘導政治の解体が十分に進まないまま、わずか一〇ヵ月で自民党は政権に復帰した。

しかし、細川内閣の下で実現した政治改革によって、利益誘導政治の解体は徐々に進展していくことになる。政治改革で最も重要なのは、衆議院に小選挙区比例代表並立制が導入されたことである。従来の中選挙区制が小選挙区制を基調とする選挙制度に代わった結果、自民党候補の同士討ちがなくなり、公認権を持つ党執行部への集権化が進展した。また、それによって二大政党化が進むと、固定票に対して無党派層の票の重要性が増し、政権交代の可能性も高まった。

政治資金制度改革も実施された。その一つは、企業・団体献金への制限の強化である。政治資金の透明性を確保するため、政党および政治資金団体以外の政治団体に対する献金について、寄付者の氏名などの公開基準が年間五万円超に引き下げられたほか、企業・団体献金が、政党および政治資金団体に対するものを除いて禁止された。暫定的措置として、政治家の資金管理団体への年間五〇万円以内の企業・団体献金が認められたが、これも予定通り一九九九年に禁じられた。

もう一つは、企業・団体献金に対する制限の強化の代替措置として、国家財政による政党への助成制度が導入されたことである。人口一人あたり二五〇円を総額とする政党交付金を新たに設け、所属国会議員五名以上といった要件を満たした政党に対して、議員数と得票数に応じて配分するという内容であった。政党助成制度には当初、自民党の主張に従い、前年度収入実績の三分の二以下という上限が設定されていたが、一九九五年に撤廃され、自民党も政党交付金への依存を深めていった。

団体対策の再構築とその限界

こうした内容を持つ政治改革に対応して、自民党は友好団体との関係を再構築した。最も重要なのが、前述した各種団体協議会の設置である。

従来の自民党で友好団体への対応を主に担ってきたのは、国会議員や派閥であった。中選挙区制の下、同一選挙区で競合する自民党の衆議院議員は、票やカネを獲得すべく、それぞれ別の政策分野の族議員になって友好団体と緊密な関係を築いた。経世会が建設族や郵政族、清和会が運輸族といったように、派閥ごとに得意な政策分野が存在したのも、中選挙区制の下での棲み分けに関わっていた。もっぱら候補者主体の選挙戦が行われていたため、自民党の友好団体のなかには他党の候補者を支援するものも存在した。

政治改革によって小選挙区制が導入され、各選挙区の自民党の公認候補が一本化されることになると、自民党は一九九五年の党大会で党則を改正し、各種団体協議会の設置を進めるとともに、それを担当する団体総局の運用を政調会と一体化させた。それまで自民党の友好団体は一六七〇あまりも存在し、政策について要望する懇談会などに出席していた。しかし、各種団体協議会に加盟しなければ陳情を受けつけないという選別的措置をとることで、党主体の団体対策を確立しようとしたのである[6]。

ところが、政治改革を受けて重視しなければならなくなったのは、友好団体よりも無党派層のほうであった。政党間の合従連衡が続いたことを背景に無党派層が急増するなか、新たな選挙制度による初めての総選挙に向けて新進党に対抗するためにも、無党派層の支持を獲得する必要があった。そこで、国民に人気がある橋本龍太郎が自民党総裁に就任した。さらに、行政改革の推進を掲げて一九九六年の総選挙に勝利すると、内閣機能の強化や省庁再編のほか、消費増税を含む財政再建、大規模小売店舗法の廃止などが推進された。

しかし、北海道拓殖銀行や山一証券の破綻といった金融危機の深刻化にもかかわらず、橋本内閣が財政再建に固執したことへの批判が高まり、一九九八年の参院選で自民党は敗北を喫する。小渕恵三内閣は、衆参両院の「ねじれ」を解消する目的で公明党などとの連立に踏み切る一方、財政出動による積極政策に転換した。これは自民党の伝統的な利益誘導政治への回帰を意味したが、次の森喜朗内閣にかけて内閣支持率の低迷を招いてしまう。しかも、一九九八年に結成された民主党が、無党派層の支持を集めて台頭していた。

この時期、自民党の友好団体の弱体化も進んでいた。「明るい選挙推進協会」の調査によると、町内会・自治会のほか、農業団体や経済団体などへの有権者の加入率が、おおむね一九九〇年代半ば以降、低下傾向を辿り、非加入者の割合が増えた（5―②）。民主党の最大の支持団体である労働組合の組織率も下がっているから、団体での自民党の優位は揺らがないが、かつてに比べて自民党が友好団体に依存して選挙を戦うことは難しくなった。さらにバブル崩壊後、多くの団体で財政状況が悪化した。[7]

友好団体の弱体化は、総裁選挙にも少なからぬ影響を及ぼした。党員の多数を占めていた

5-② 有権者の団体加入率の推移（1980～2014年）　(%)

年	町内会・自治会	農業団体	労働組合	経済団体	非加入
80	64.9	9.7	12.2	5.8	18.2
83	67.5	10.3	12.1	7.3	15.4
86	69.7	9.4	11.0	5.1	17.0
90	67.6	10.6	8.2	6.9	18.3
93	67.3	8.0	8.3	5.0	19.1
96	66.5	5.3	7.6	4.5	20.0
00	47.8	5.0	5.0	4.2	31.9
03	41.3	3.5	3.7	4.1	38.3
05	46.1	5.4	4.4	2.6	34.1
09	34.5	2.9	5.6	3.4	39.9
12	24.7	2.8	5.8	2.3	40.0
14	24.7	4.4	5.9	1.7	42.6

出所：「明るい選挙推進協会」調査より著者作成

のは、地域党員ではなく職域党員であり、族議員を豊富に揃える田中派とその後継派閥の経世会・平成研が総裁選挙で勝ち続ける一つの原因になってきたからである。一九九〇年代半ば以降の友好団体の衰退を背景として、二〇〇一年の自民党の総裁選挙では、派閥や族議員に体現される「古い自民党をぶっ壊す」と叫んだ小泉純一郎が、平成研の領袖となっていた橋本龍太郎に勝利を収めた。

小泉構造改革の衝撃

総理・総裁に就任した小泉は、無党派層の支持を獲得する重要性を訴え、構造改革と呼ばれる新自由主義的改革を断行していった。その司令塔となったのは、橋本行革によって設置された内閣府の経済財政諮問会議であり、竹中平蔵経済財政担当相を中心に運営されたが、財界人（奥田碩、牛尾治朗）と学者それぞれ二名から構成される民間議員が竹中とともに牽引した。財界は小泉政権に協力することで、いよいよ利益誘導政治の解体を推し進めていったのである。

例えば、財政再建の一環として、バブル崩壊後の相次ぐ財政出動で膨張した公共事業費が大幅に削減され、五年に及ぶ小泉政権の下で二三・七％も減少した。建設業に関する国土交通省の調査によると、民間建設投資の低下もあって、就業者数は一九九七年、業者数は九九年をピークに減少していたが、それに拍車がかかった。建設業者は、高い集票能力を持つだけでなく、地方議員を輩出するなど、自民党の農村部での選挙運動の担い手としてきわめて重要な存在であった。それが弱体化の道を辿ったのである。

財政再建という目標に向けて医療費も強力に抑制され、保険料率や患者自己負担額の引き上げに加え、診療報酬のマイナス改定が続けられた。農業でも、規制緩和が推進された。すでにウルグアイ・ラウンドの合意に基づき、一九九四年に食糧法が制定され、食糧管理制度が廃止されていたが、二〇〇三年の食糧法の改正によって、市場メカニズムの導入が一層進められた。以上の措置は、日本医師会や日本歯科医師会、ＪＡグループといった自民党の友好団体の不満を高める結果となった。[8]

なかでも最も鋭く対決したのは、全国特定郵便局長会（全特）である。全特は小泉政権の看板政策の郵政民営化に強硬に反対し、国会での法案審議の際にも否決に向けて圧力を加え、小泉首相が解散・総選挙に踏み切ると、反対票を投じて自民党を除名された造反議員を積極的に支援した。結局、郵政民営化法案の成立を阻止できなかったが、これを契機に全特は自民党の友好団体から離れ、造反議員が結成した国民新党を支え、さらにそれを媒介として民主党に接近していった。

小泉構造改革による友好団体の弱体化は、自民党の集票力を減退させた。それは二〇〇四年の参院選で顕在化しつつあったが、無党派層の支持により大勝した〇五年の郵政選挙を経て、第一次安倍政権下の〇七年の参院選が惨敗に終わったことで明確なものとなった。自民党の参院選総括委員会の報告書は、「地方の反乱」などと並んで「既存の党支持基盤の弱体化」を敗因として挙げ、「わが党の友好団体や業界自体にかつての勢いがなく衰弱している」と危機感を示した。

しかし、この報告書が「これまでの構造改革路線は当然、日本の将来のために堅持しなければならない」と記したように、無党派層の支持を得て大勝した郵政選挙の記憶も新しく、路線転換は容易には進まなかった。最終的に麻生首相が二〇〇九年の総選挙に際して「行き過ぎた市場原理主義とは決別する」と表明したが、路線転換の不徹底さから友好団体の再強化に成功しなかったばかりか、路線転換ゆえに無党派層の支持を失う最悪の結果となり、民主党に政権を奪われた。

民主党政権の危機を乗り越える

かつての非自民連立政権とは異なり、本格的な政権交代を果たした民主党は、政権の座を使って自民党の友好団体の切り崩しを図った。例えば、農協を通さず個々の農家に交付金を直接支払う農業者戸別所得補償制度の導入、土地改良予算の半減といったムチとともに、一〇年ぶりの診療報酬の引き上げ、高速道路の無料化などのアメが用いられた。また、審議会の委員の入れ替え、議員連盟の再編、陳情ルートの民主党幹事長室への一元化なども、団体対策の一環として実施された。

二〇一〇年の参院選では、従来の友好団体の自民党離れが顕在化した。民主党に近い原中勝征が会長選挙で当選していた日本医師会は、自民党の公認候補を「推薦」から「支援」に格下げする一方、民主党候補の「推薦」を決定した。ＪＡグループ、全国土地改良事業団体連合会、全国商工会連合会の各政治団体は、比例区に組織内候補を擁立しなかった。高速道路無料化を期待する全日本トラック協会や日本歯科医師会の政治団体は、民主党支持に転換し、その比例候補の支援を決めた。

しかしながら、長い年月をかけて築かれた団体での自民党の優位は、そう簡単には崩れなかった。例えば、日本看護協会の政治団体である日本看護連盟や日本遺族会は、自民党から組織内候補を擁立した。「コンクリートから人へ」という民主党のスローガンに反発する全国建設業協会の政治団体も、従来通り自民党の現職候補を推薦した。また、民主党に傾斜した各団体も、都道府県の組織をみる限り、自民・民主両党の推薦や自主投票が多く、民主党単独推薦よりも自民党単独推薦のほうが上回った（5—③）。

野党時代の自民党は団体への訪問を重ね、要望を聞く活動を地道に展開していた。それに対して、札束で頬をひっぱたくかのような民主党の小沢幹事長の強引な政治手法には、団体の間で不満が高まっていたという。二〇一〇年の参院選で自民党が一人区を中心に勝利を収め、「ねじれ国会」に陥ると、従来の友好団体の自民党への回帰が進んだ。さらに、二〇一二年の総選挙で自民党が大勝し、三年あまりで政権を取り戻すと、友好団体との関係は以前にも増して強固なものとなった。

そのことは、二〇一三年の参院選を通じて明らかになる。二〇一二年の会長選挙で自民党との関係修復を唱える横倉義武が現職の原中を破っていた日本医師会の政治団体は、自民党の公認で組織内候補を擁立した。前回は民主党支持や中立に回った日本歯科医師会、ＪＡグループ、全国商工会連合会も、自民党の現職候補を支援した。さらに、全国郵便局長会と改称した全特も、民主党政権下の二〇一二年に自民党も賛成して郵政民営化法が改正されていたこともあって、自民党から組織内候補を立てた。

民主党政権が失敗に終わったことに加え、安倍首相がアベノミクスと呼ばれる経済政策を打ち出したことも、重要であった。確かに、経済財政諮問会議、産業競争力会議（未来投資会議）、規制改革（推進）会議などに財界人が入り、農業や医療などの「岩盤規制」の改革が

5-③ 2010年参院選における各団体の推薦・支援

	歯科医	医師	運送	農協	建設
中央の対応（比例）	民		民		自
北海道	自		民		
青　森			民		
岩　手				民	
宮　城		民	—		
秋　田	自	自			自
山　形		自	民		自
福　島		自			
茨　城		民			自
栃　木					自
群　馬	自				
埼　玉					
千　葉					自
東　京	自	自	自		自
神奈川					自
新　潟	自				自
富　山	自				自
石　川	自	自			
福　井	自				
山　梨					
長　野					
岐　阜			民		
静　岡		自			
愛　知					
三　重		民	民		

	歯科医	医師	運送	農協	建設
滋　賀	民		民		—
京　都				—	
大　阪		民			
兵　庫					自
奈　良		民			
和歌山	自	自			自
鳥　取	自				
島　根	自			自	自
岡　山					自
広　島	自				自
山　口	自	自	—	自	自
徳　島					
香　川	自	自			自
愛　媛	自			自	自
高　知			—		
福　岡		自		自	
佐　賀	自	自	自		自
長　崎	自	自			自
熊　本					自
大　分		民	自		自
宮　崎					
鹿児島		自		自	自
沖　縄	自	自			
合計　民	1	6	6	1	0
合計　自	18	14	3	5	22
合計　（空欄）	28	27	35	40	24
合計　—	0	0	3	1	1

注記：「自」は自民党，「民」は民主党，空欄は自民・民主両方推薦や自主投票など，「—」は未定など
出所：『朝日新聞』（2010年6月24日）

進められている。しかし、積極的な金融緩和、公共事業などの財政出動、規制緩和をはじめとする成長戦略を「三本の矢」とし、デフレからの脱却を目指すアベノミクスは、自民党を悩ませてきた新自由主義的改革と利益誘導政治の矛盾を止揚する意味を持った。

安倍内閣が小泉内閣とは異なり、新自由主義的改革一辺倒でないことは、「国土強靭化」が掲げられ、公共事業費や土地改良予算が当初予算で毎年増額されていることからもわかる。診療報酬をみても、本体部分のプラス改定が続けられるなど、日本医師会などの意向が受け入れられている。農業については、農協改革が進められたが、全特を敵に回した郵政民営化とは異なり、JAグループを抱き込みながら行われている。アベノミクスの下、財界とそれ以外の友好団体の利害が巧みに調整されているのである。

3　データでみる友好団体の変化

参議院比例区での得票

現在の安倍政権は、財界とそれ以外の友好団体の両方を自民党につなぎ止めることに成功し、野党が無党派層の支持を集められない状況で、相対的優位にある固定票に依存して国政選挙で勝利を続けている。しかし、先にみたように、自民党の友好団体は、一九九〇年代を転機として、人員および資金力などの面で衰退傾向にある。また、政治的影響力という面でも、政治改革などを背景に後退してきた。以下、いくつかのデータを検討しながら、こうした変化を確認していきたい。

まず、参議院の比例区での支援候補の得票数である。戦後、貴族院に代わって参議院が設けられたが、都道府県単位の地方区（選挙区）と並置されたのは、全国を一つの選挙区として候補者名で投票する大選挙区制の全国区であった。一九八三年の参院選から、同じ全国単位ながら政党名で投票し、政党が事前に作成したリストに従って当選者を決める拘束名簿式の比例代表制による比例区に変更された。二〇〇一年の参院選からは、政党名に加えて候補者名でも投票でき、それによって政党内の順位を決める非拘束名簿式の比例代表制に改められ、今日に至っている。

最後の全国区となった一九八〇年と、最初の非拘束名簿式による比例区の二〇〇一年を比較すると、各友好団体とも得票数を大きく減少させていることがわかる（5—④）。小泉政権の郵政民営化に危機感を抱いた全特を唯一の例外として、JAグループや全国建設業協会をはじめ、関係省庁の事務次官経験者などを擁立していた団体は、かつての一〜二割まで得票数が落ち込んだ。独自に内部から候補者を立てていた日本医師会や日本看護協会は、相対的に歩留まりがよいが、それでも三割程度に減らしている。

もちろん、両者を単純に比較することはできない。非拘束名簿式の比例区では、全国区とは異なり、政党名を投票用紙に記入することができ、実際も自民党の票のうち約七割が政党

5-④ 1980年参院全国区と2001年参院比例区の自民党候補と支援団体

主な支援団体	1980年	票数	当落	2001年	票数	当落
全国農業協同組合中央会	大河原太一郎（農水省）	112万9936	○	福島啓史郎（農水省）	16万6070	○
全国土地改良事業団体連合会	岡部三郎（農水省）	116万2003	○	段本幸男（農水省）	20万7867	○
全国建設業協会	坂野重信（建設省）	78万1505	○	岩井国臣（建設省）	27万8521	○
日本建設業団体連合会	井上孝（建設省）	96万8439	○			
全日本トラック協会	梶原清（運輸省）	82万8068	○	藤野公孝（運輸省）	9万4332	×
全国たばこ耕作組合中央会	鳩山威一郎（大蔵省）	200万5694	○			
全国特定郵便局長会	長田裕二（郵政省）	103万0459	○	高祖憲治（郵政省）	47万8985	○
全国町村会	松浦功（自治省）	80万8355	○	森元恒雄（自治省）	15万6656	○
全国ときわ会（国鉄 OB）	江藤智（国鉄）	76万5685	○	中島啓雄（国鉄）	9万5109	×
隊友会	源田実（自衛隊）	90万1567	○	依田智治（防衛庁）	7万8584	×
全国商工会連合会				魚住汎英	19万7542	○
日本医師会	丸茂重貞	83万8721	○	武見敬三	22万7042	○
日本歯科医師会	関口恵造	93万1070	○	中原爽	10万4581	○
日本看護協会	寺沼幸子	52万7066	×	清水嘉与子	17万4517	○
日本薬剤師会				藤井基之	15万6380	○
日本遺族会	板垣正	92万7421	○	尾辻秀久	26万4888	○
軍恩連盟全国連合会	岡田広	99万2124	○	小野清子	29万5613	○

注記：括弧内は官僚出身候補の出身省庁など．団体の多くは政治団体を設けて政治活動を行っている
出所：広瀬道貞『補助金と政権党』（朝日新聞社，1981年）31頁などより著者作成

名だったからである。また、候補者要因も無視できない。だが、各団体は見込んでいた票の三分の二から半分程度しか集められなかった。拘束名簿式とは違って候補者名を書くことができる非拘束名簿式は、自民党が友好団体の選挙運動の活性化をねらって導入した制度であったが、全国区が廃止されて以降の衰退が白日の下に晒されたのである。

その後も現状維持ないし弱体化している友好団体が少なくない（５―⑤）。例えば、自治関係、運輸関係、旧国鉄関係や軍恩連盟が候補者を擁立できなくなり、遺族会も得票数を減らしている。ＪＡグループは、二〇〇四年の参院選での支援候補の落選を受け、全国農政協に代えて全国農政連を結成した上で、官僚出身者ではなく組織の内部から候補者を立て、集票力を一時的に回復したが、再び低落傾向に陥っている。日本医師会の候補者も、二〇〇七年から二回連続落選した。

二〇〇九年の民主党への政権交代で翻弄された自民党の友好団体は、二〇一三年の参院選以降、自民党との関係を再強化している。また、友好団体との関係を重視している安倍内閣の下、全国郵便局長会（全特）や全国建設業協会など、得票数を増やしている団体もみられる。この間、日本臨床衛生検査技師会など、新たに当選者を出すようになった団体も存在する。しかし、全国区の時代に比べれば、友好団体の集票力は大きく減退しており、緩やかな衰退過程にあるといわざるを得ない。

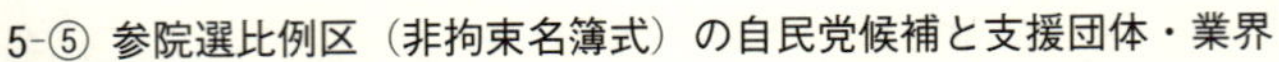
5-⑤ 参院選比例区（非拘束名簿式）の自民党候補と支援団体・業界

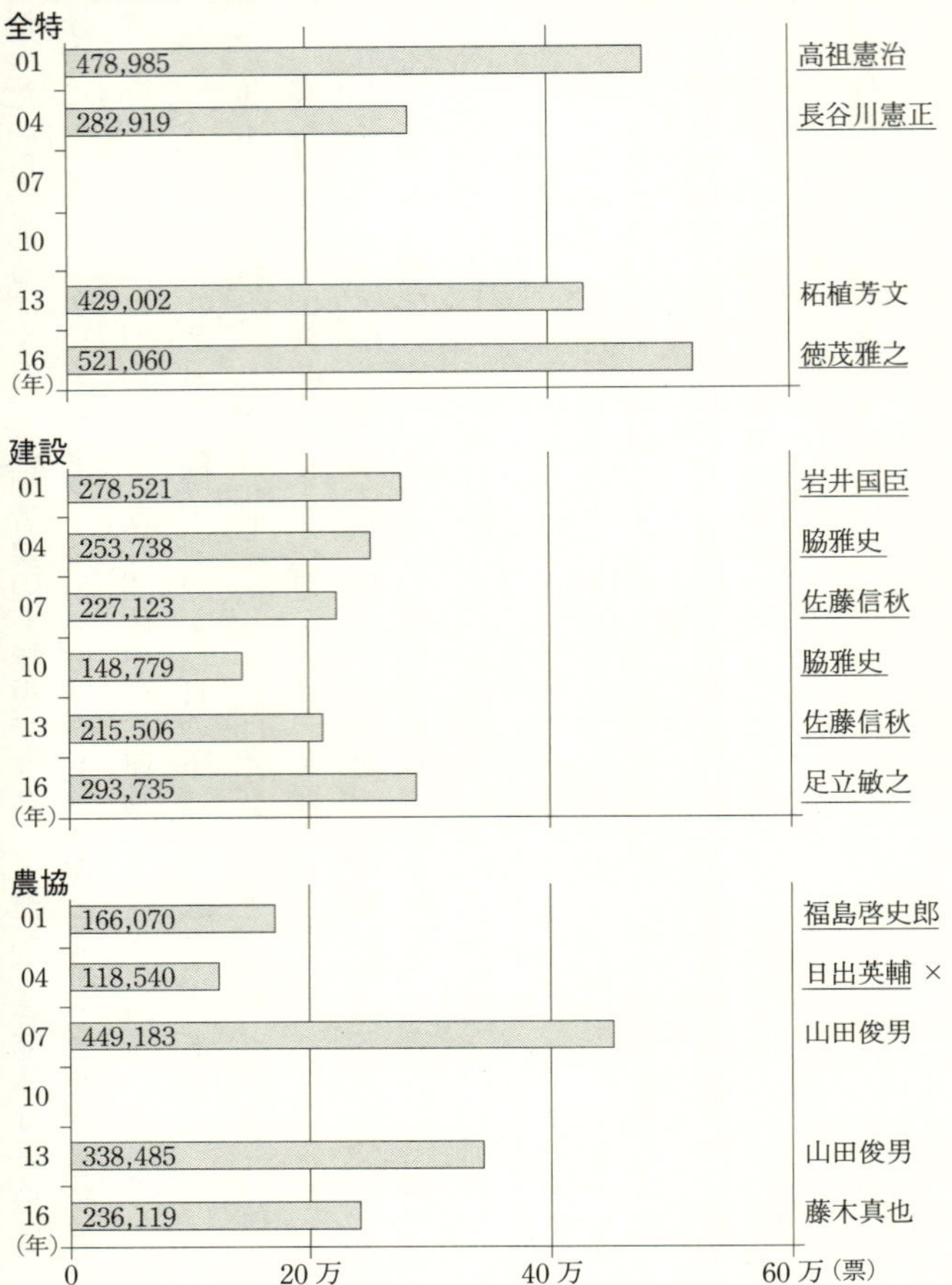

注記：数字は票数，下線は官僚出身（自衛隊を含む），×は落選を示す
出所：著者作成

土地改良
01
207,867
段本幸男
04
167,350
佐藤昭郎
07
128,199
段本幸男 ×
10
13
16
182,467
進藤金日子
(年)
日医
01
227,042
武見敬三
04
250,426
西島英利
07
186,616
武見敬三×
10
76,131
西島英利×
13
249,818
羽生田俊
16
210,562
自見英子
(年)
日歯
01
104,581
中原爽
04
07
228,167
石井みどり
10
13
294,079
石井みどり
16
(年)
0
20万
40万
60万（票）

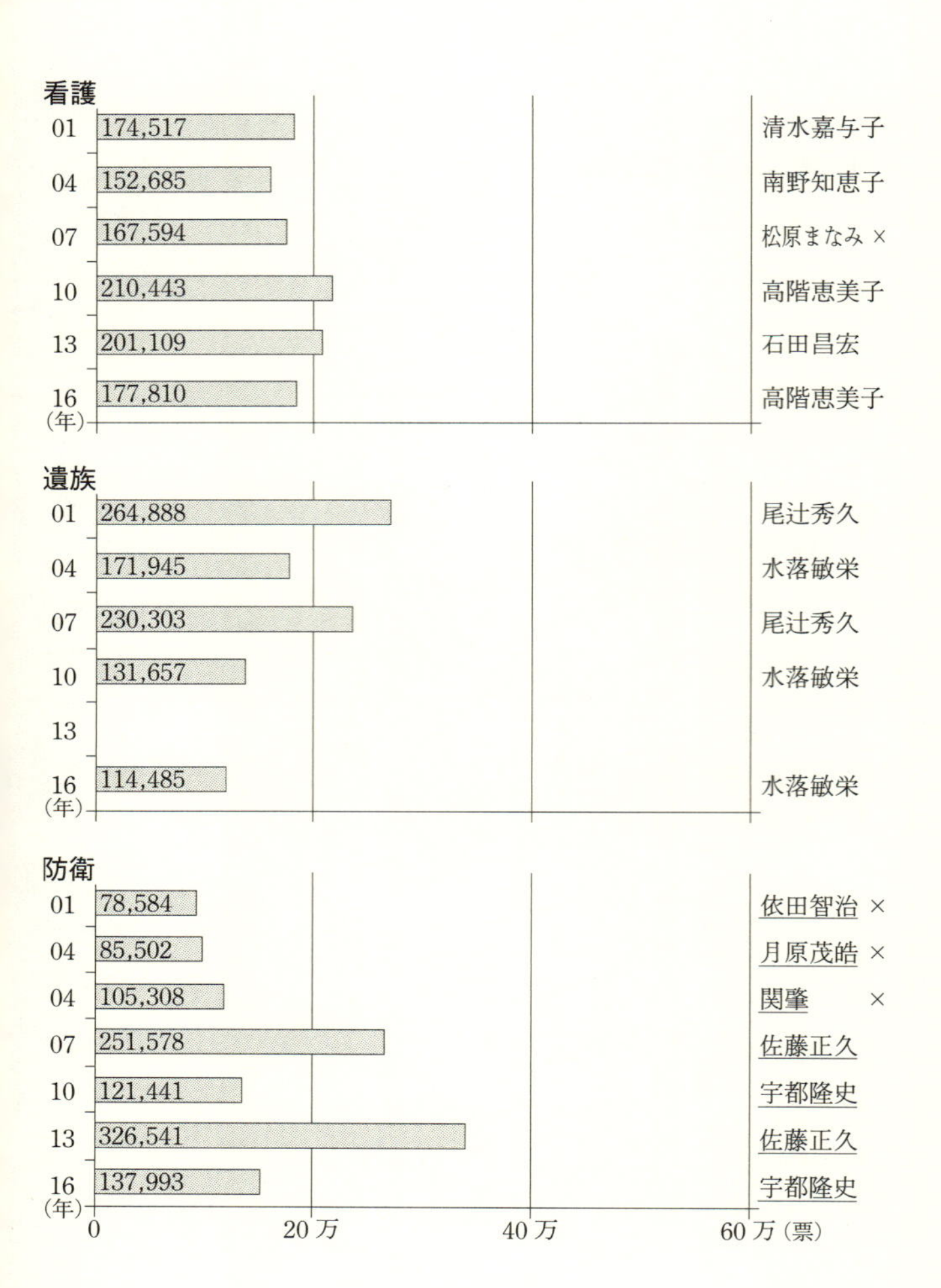
看護
01
174,517
清水嘉与子
04
152,685
南野知恵子
07
167,594
松原まなみ ×
10
210,443
高階恵美子
13
201,109
石田昌宏
16
177,810
高階恵美子
(年)
遺族
01
264,888
尾辻秀久
04
171,945
水落敏栄
07
230,303
尾辻秀久
10
131,657
水落敏栄
13
16
114,485
水落敏栄
(年)
防衛
01
78,584
依田智治 ×
04
85,502
月原茂皓 ×
04
105,308
関肇 ×
07
251,578
佐藤正久
10
121,441
宇都隆史
13
326,541
佐藤正久
16
137,993
宇都隆史
(年)
0
20万
40万
60万 (票)

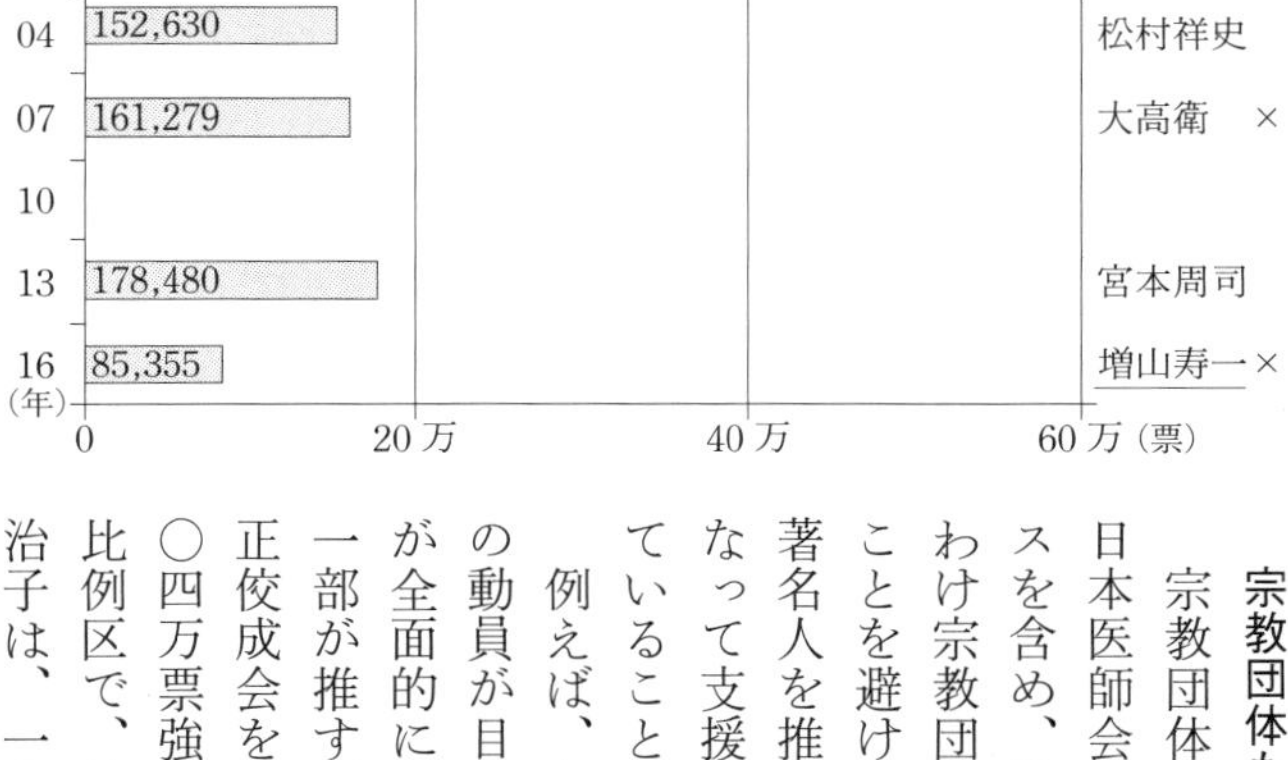

宗教団体も例外ではない

宗教団体の集票力を測ることは、容易ではない。業界団体も、日本医師会のように組織の内部から候補者を擁立しているケースを含め、単独で選挙運動を行っているわけではないが、とりわけ宗教団体は、得票数を通じて自らの組織力が明らかになることを避けるため、他の団体や教団と相乗り的に支援したり、著名人を推したりする傾向が強い。しかし、宗教団体が中心となって支援した候補者をみると、やはり集票力が大幅に低下していることを読み取ることができる。

例えば、与野党伯仲などを背景として、自民党による宗教票の動員が目立った一九七七年の参院選の全国区では、生長の家が全面的に支援し、神社本庁の政治団体である神道政治連盟の一部が推す玉置和郎が一一一万票あまりを獲得した。また、立正佼成会を中心とする新宗連の事務局長を務めた楠正俊も、一〇四万票強を得ている。それに対して、二〇一三年の参院選の比例区で、神道政治連盟や仏所護念会教団などが支援した有村治子は、一九万票あまりにとどまった（５—⑥）。

5-⑥ 参院選全国区と比例区の自民党候補と支援宗教系団体

1977年参院選全国区

順位	候補者名	得票数	支援宗教系団体	備考
2	玉置和郎	111万9598	生長の家，神道政治連盟（和歌山，三重）	
4	内藤誉三郎	107万1893	立正佼成会（東海，中四国など），モラロジー研究所	元文部官僚
5	楠 正俊	104万2848	新宗連加盟教団（立正佼成会は東日本など）	元新宗連事務局長
6	町村金五	102万8981	霊友会（北海道，東北），実践倫理宏正会（北陸）	元北海道知事
10	西村尚治	94万2689	日蓮宗，神道政治連盟（東京，鳥取）	元郵政官僚
11	竹内 潔	88万4677	世界救世教（北海道，東北，関東）	軍恩連盟全国連合会
13	堀江正夫	81万3280	神道政治連盟（一部を除く），世界救世教（中部，北陸，関西）	元自衛隊幹部
14	片山正英	79万8037	霊友会（九州，沖縄）	元農水官僚
15	扇 千景	79万0022	霊友会（関東，甲信越）	女優
16	安西愛子	73万8750	霊友会（東海，北陸）	声楽家
17	藤井裕久	65万5496	仏所護念会教団，実践倫理宏正会（広島）	元大蔵官僚
落	黒住忠行	48万1682	黒住教，神道政治連盟（大阪，兵庫，岡山）	元運輸官僚
落	望月正作	34万8952	本門仏立宗	日本薬剤師会
落	藤島泰輔	18万8387	弁天宗，実践倫理宏正会（北陸，広島を除く）	作家

2013年参院選比例区

順位	候補者名	得票数	支援宗教系団体	備考
4	石井みどり	29万4079	曹洞宗	日本歯科医師会
5	橋本聖子	27万9953	世界救世教，曹洞宗	元スケート選手
8	赤池誠章	20万8319	日蓮宗	元衆議院議員
10	衛藤晟一	20万4404	新生仏教教団，仏所護念会教団，崇教真光，念法真教，解脱会	元衆議院議員
11	石田昌宏	20万1109	霊友会	日本看護協会
12	有村治子	19万1342	神道政治連盟，仏所護念会教団，崇教真光，黒住教，天台宗，世界救世教・主之光教団	
15	北村経夫	14万2613	天照皇大神宮教，世界平和連合	元新聞記者
17	木村義雄	9万8979	世界真光文明教団	元衆議院議員
18	太田房江	7万7173	霊友会	元大阪府知事

注記：順位は自民党の公認候補の当選者のなかでの順位
出所：朝日新聞社調査研究室『宗教団体の選挙活動』1978年，78頁．『朝日新聞』（2013年８月16日）など

その原因の一つは、有力な宗教団体の自民党離れである。すなわち、生長の家は、一九八三年に「生長の家政治連合」の活動を停止し、政治から手を引いていった。[10] また、立正佼成会を中心とする新宗連も、一九九九年に自民党が創価学会を支持母体とする公明党との連立に踏み切ると、それに反発し、参院選の比例区などで主に民主党候補を支援するようになった。立正佼成会は少しずつ自民党との距離を縮めているようであるが、自公連立の余波は未だ払拭されていない。

もう一つは、宗教団体そのものの衰退である。文化庁が発行する『宗教年鑑』の信者数のデータは、各宗教団体の自己申告によるものであり、脱会者を計算に入れないなど水増しが多いとされるが、それでも二〇一五年には最盛期に比べて、霊友会が二七・〇%、仏所護念会教団が五三・八%にまで落ち込んでいると報告されている。自民党を支えてきた新宗教の主要教団のほとんどが、大幅に信者数を減らしていることは間違いない。なお、神社本庁も、ピーク時に対して八一・七%に減少している。

自民党本部の組織関係者も、次のように証言する。「参議院が全国区の時代は、宗教界全体が上り坂だったけれども、拘束名簿式の比例区の時代は、ほぼ横ばいで、非拘束名簿式の比例区になった二〇〇〇年代以降は、下り坂に入っている。オウム真理教事件による宗教バッシングなども影響を与えた。多くの宗教団体は信者数の減少に見舞われ、会費や寄付が潤沢に集まらなくなった。資金的に苦しくなっていて、コスト・パフォーマンスが悪い政治から手を引いてきている」。

したがって、日本会議の影響力の増大ゆえに自民党が右傾化しているといった見方は、正しくない。神社本庁、霊友会、仏所護念会教団をはじめ、日本会議を支える宗教団体の信者数が減り、集票力も減退しているからである。あくまでも結果として、自民党と日本会議の方向性が一致しているにすぎない。やはり二〇〇〇年代以降、宗教票という観点からみて自民党にとって重要になっているのは、公明党の支持母体として六〇〇万～七〇〇〇万票を集める能力を持つ、新宗教で最大の教団の創価学会なのである。

職域党員の人数

自民党の地方組織の基礎である支部には、市区町村支部など地域あるいは選挙区を単位とするもののほかに、職域を単位とするものがある。この職域支部は、自民党が友好団体を重視してきたことの組織的な表れである。そして、自民党本部が友好団体による貢献として選挙での集票や献金以上に高く評価するのは、職域支部を設置し、職域党員を作ることであるという。それは当該団体が自民党と一体化し、票やカネの面で恒常的に協力することを意味するからである。

自民党の職域支部は、設置する友好団体によって運営されているが、都道府県を単位として設けられ、自民党の都道府県連の管轄下に置かれる。職域党員も地域党員と同じく都道府県連経由で管理され、党本部では組織運動本部の地方組織・議員総局が担当する。友好団体は、構成員の了解を得て職域支部を作れば、総裁選挙での投票権をはじめ、自民党に対する影響力を高めることができる。職域支部は政治資金などで政党の支部としての扱いを受けられるし、党費の一部が配分されるというメリットもある。

議員政党として出発した自民党が、党員数を増加させるきっかけになったのは、一九七七年の総裁予備選挙の導入であった。各派閥が国会議員の個人後援会などを通じて投票権を持つ地域党員を増やしたからである。さらに、一九八三年の参院選から拘束名簿式の比例代表制が導入され、各候補者の名簿の順位が獲得党員数を考慮して決められたため、友好団体が職域支部を設け、職域党員を積極的に増大させた。その結果、参院選の前年にピークをつけつつ、党員数が底上げされていった（5—⑦）。

ところが、自民党の党員数は、一九九一年に五四三万九八九〇人に達した後、一転して減少に向かう。その大きな原因は、一九九四年の政治改革によって派閥や個人後援会の弱体化が進み、総裁選挙での動員効果が弱まったことにある。[11] また、二〇〇一年に参議院の比例区が非拘束名簿式に変更され、友好団体が職域党員を増やすノルマを負わなくなった結果、自民党の党員数の減少は加速していった。さらに、二〇〇九年の政権交代が、それに追い打ちをかけた。

非拘束名簿式による比例区が始まる直前の二〇〇〇年のデータをみてみよう。全体の党員

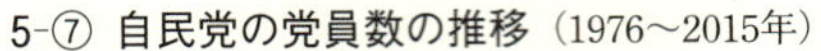
5-⑦ 自民党の党員数の推移（1976〜2015年）

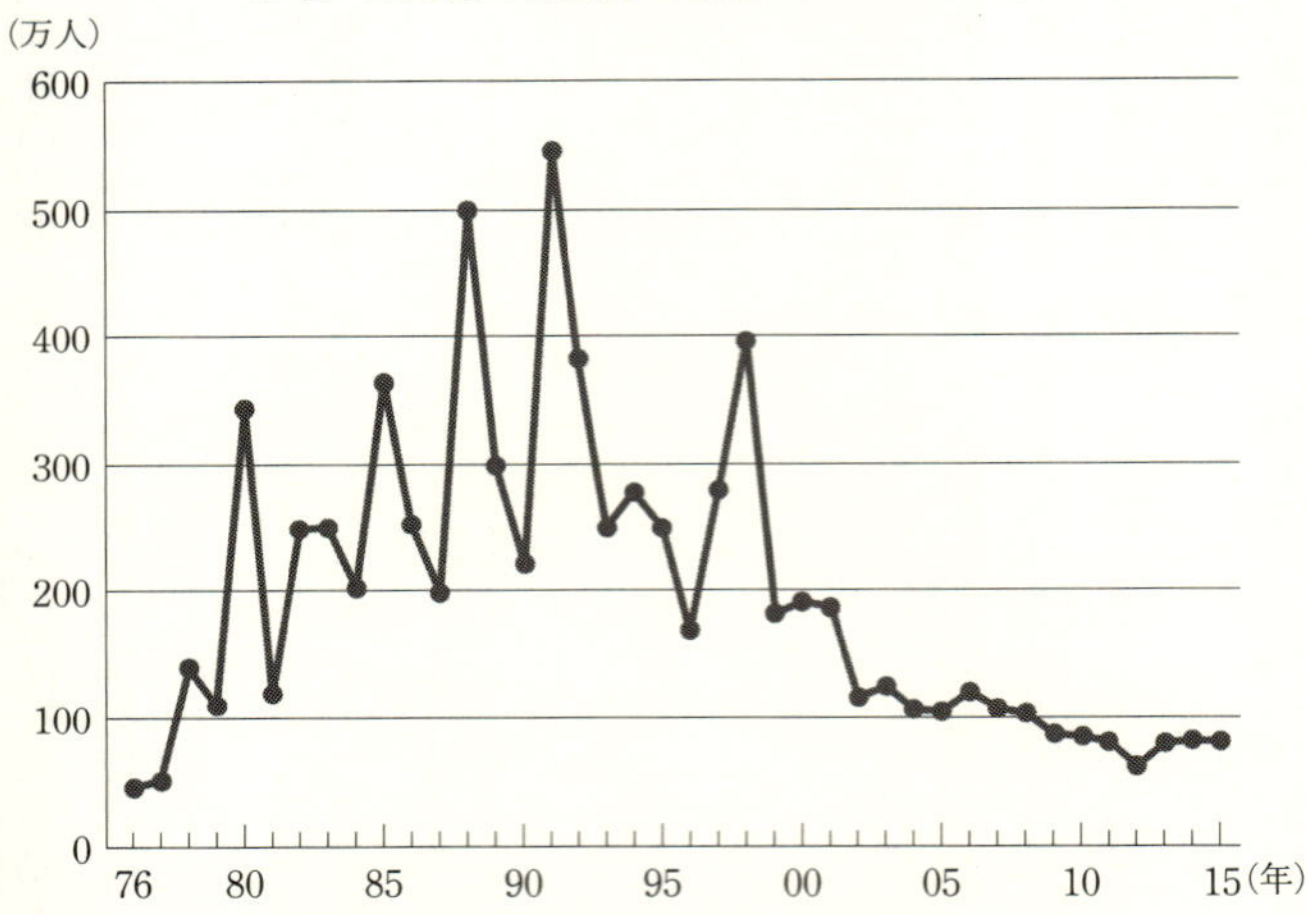

注記：自民党が機関紙などで発表している党員数とは若干の違いがある
出所：「政治資金収支報告書」より著者作成

数は二三六万九二五二人であったが、そのうち職域党員は約六五％を占めた。団体別の職域党員数の一位は全特であり、二四万人弱であった。二位が建設、三位が軍恩、四位が看護、五位が日医、六位が遺族で、そこまでが一〇万人を超えた。[12]すでに友好団体の弱体化が進んでおり、それゆえ小泉が翌年の総裁選挙で勝利を収めたのであるが、依然としてかなりの数の職域党員が存在していた。

ところが、政権への復帰によって増加傾向にあるとはいえ、二〇一五年の党員数は九八万七一八二人にとどまる。[13]地域党員よりも職域党員の落ち込みが激しく、三七万九六四〇人と、党員全体に占める比率が三八・五％にまで減っている。団体別でみると、世界救世教（ＭＯＡ）、全特、建設、賃貸、看護が上位を占めるが、いずれも一〇万人を割り込んでいる。賃貸とは、全国賃貸管理ビジネス協会を指し、その職域党員は急速に増えているというが、あくまでも例外にすぎない。

企業・団体献金の金額

自民党の友好団体は、これまでみてきた集票力や職域党員数のみならず、政治資金の面でも影響力を後退させている。一つの原因は、一九九四年の政治改革によって政治資金規正法が改正され、企業・団体献金に対する制約が強められたことである。特に政党および政治資金団体に対するものを除いて、企業・団体献金が禁止されたことが重要であった。もう一つの原因は、バブル崩壊後の景気低迷や企業再編、団体の構成員の減少などを背景として、企業・団体の資金力が低下したことである。

具体的にみてみよう。自民党には政治資金団体として国民政治協会があり、自民党への企業・団体献金は国民政治協会を経由して行われることになっている。その金額の推移をみると、一九九一年の九八・五億円から九四年に四一・五億円まで減った後、九六年には五〇億円へと戻すが、再び低下し、二〇〇二年に二五・六億円まで減少した。そこから〇七年に三〇・九億円へと増えるが、一一年には一三・二億円まで下がり、それを底として一五年は二二・九億円となっている（5―⑧）。

5-⑧ 政党の政治資金団体への企業・団体献金の推移（1991～2015年）

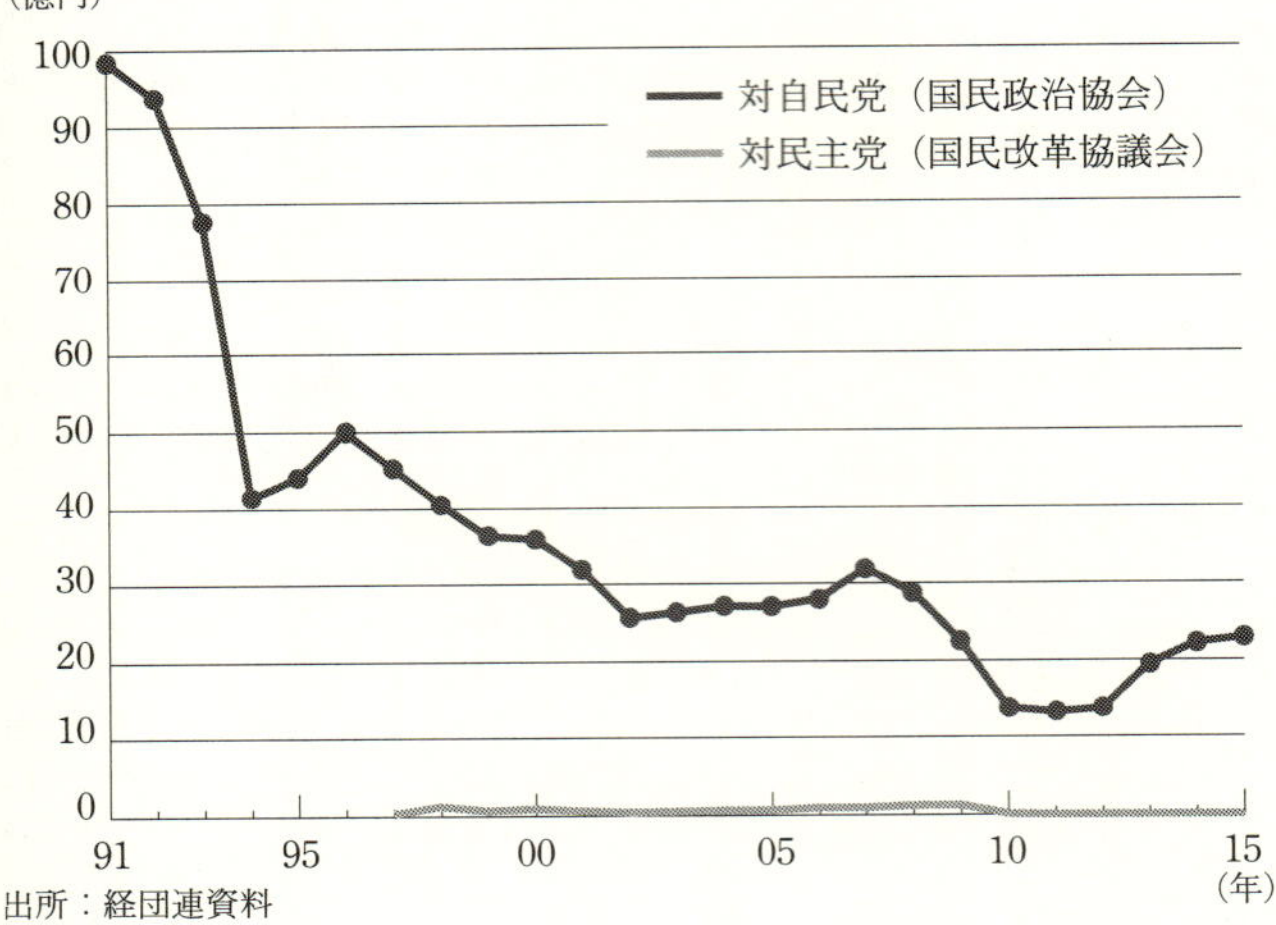

出所：経団連資料

このグラフからは、一九九三年と二〇〇九年の下野がマイナス要因として作用し、一九九四年と二〇一二年の政権への復帰がプラス要因として効果を発揮したことがわかる。また、それと密接な関係を持って、一九九三年と二〇一〇年に経団連が企業献金の呼びかけを中止し、二〇〇四年と二〇一四年に呼びかけを再開したことも、影響を及ぼしたと考えられる。しかし、先に指摘した理由により、いまも大局的にみるならば、下降トレンドにあることは否めないであろう。

そうしたなか、自民党が資金的に依存を深めているのが、政党交付金である。自民党は政治改革の際、政党が国家財政に過度に頼るべきではないと主張し、企業・団体献金を存続させる一方で、政党助成の金額

5-⑨ 自民党本部の収入の推移（1991〜2015年）

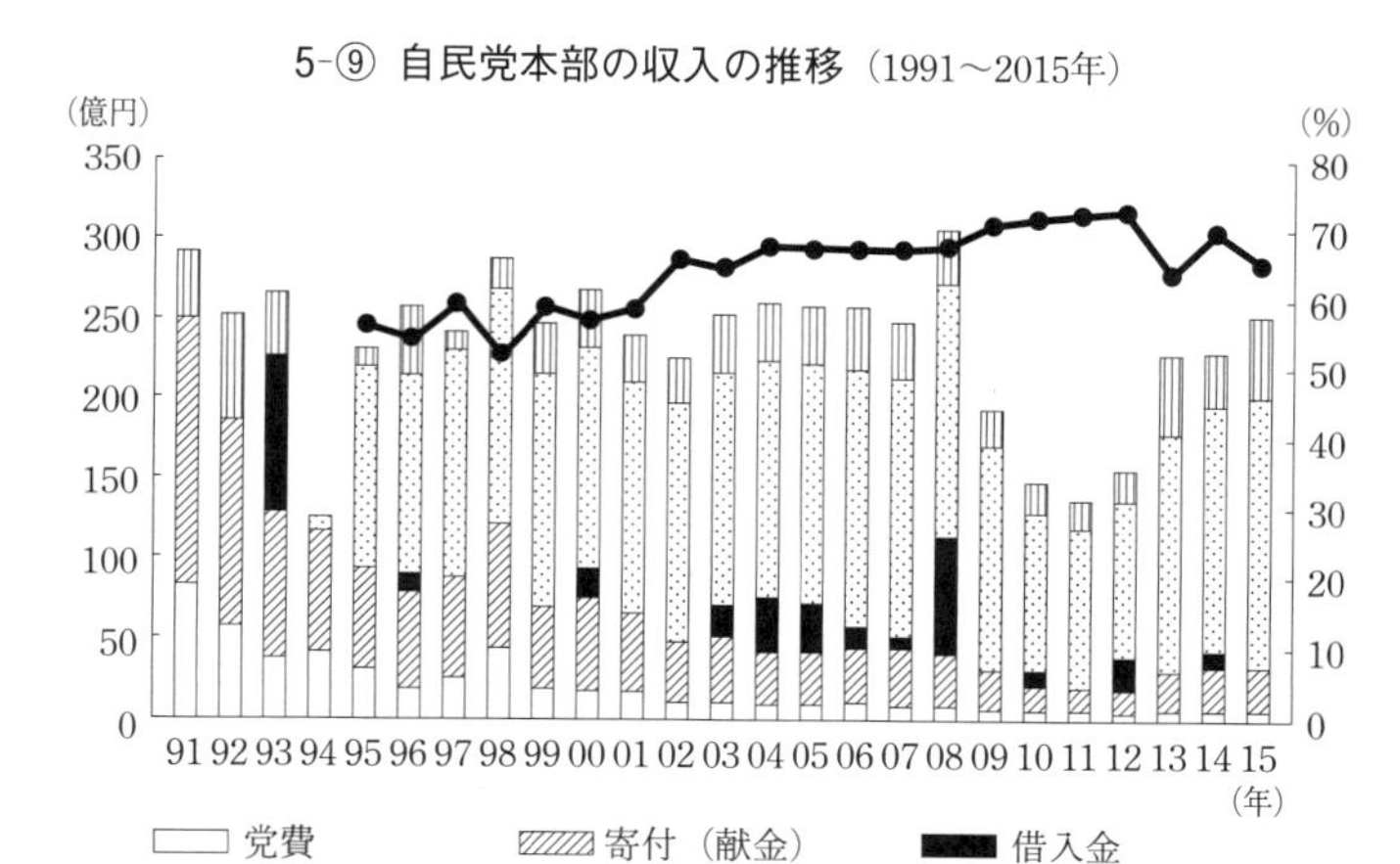

出所：「政治資金収支報告の概要」（官報）各年度版より著者作成

を抑制しようとした。政党交付金を前年度収入実績の三分の二以下に限定する「三分の二条項」が設けられたのも、それゆえであった。しかし、一九九五年の法改正で、この条項が外されたこともあって、政党交付金に依存しないという当初の理念からかけ離れた状況に陥っている。

自民党本部の収入の内訳の推移をみると、国民政治協会を経由する献金のみならず、党員数の減少などによって、党費収入や事業収入も減っている。議員数と得票数に応じて配分される政党交付金は、国政選挙の結果で金額が大きく左右されるが、それへの依存度を高めていることがわかる。借入金を除く自民党本部の収入に占める政党交付金の比率は、一九九五年の五七・五％から徐々に上昇し、二〇一二年に七三・一％

に達するなど、近年は七〇%前後で推移している[14]（5―⑨）。

同様のことは、党本部だけでなく、後述する地方組織についてもいうことができる。自民党の支部に対する企業・団体・個人を含む献金の総額は、二〇〇〇年度に急増している。ところが、これは政治家個人の資金管理団体への企業・団体献金が禁止され、もう一つの政治家の「財布」である選挙区支部につけ替えられたためであった。それ以降をみると、企業・団体献金などは減少傾向にあることがわかる。それを補っているのが、政党交付金を原資とする党本部から支部への交付金である。

4 経団連と献金システム

「自由経済の保険料」

以上みてきたように、政治改革などを背景として、自民党の友好団体の政治的影響力は後退している。しかし、経団連を中心とする財界が勝利を収めたのかというと、そう簡単ではない。企業・団体献金の減少に加え、かつての五五年体制下の安定した財界と自民党の関係が、冷戦の終焉と政権交代とによって失われてしまったからである。むしろ経団連は、この四半世紀の間、政治との関係で模索を続けてきたといってよい。献金システムを手掛かりとして、財界と自民党の関係の変遷をみていきたい[15]。

一九五五年、自民党の結成に先立ち、経済再建懇談会が設立された。政界を揺るがした造船疑獄を受けて、各企業・業界の個別的な利益に基づく紐つき献金ではなく、財界全体の利益である「自由経済体制を今後とも堅持するための保険料」として、経済再建懇談会が各企業・業界から献金を集め、一括して提供するシステムが作られたのである。その当時、国際的には米ソ冷戦が存在し、国内でも労使の階級対立が強く、社会党が政権の獲得を目指して躍進していたため、こうした主張は説得力を持った。

経済再建懇談会を運営し、各企業・業界に献金額を割り振って集めたのは、経団連であった。その際に使用されたのが、事務局を取り仕切った花村仁八郎に因む「花村リスト」である。それは資本金、自己資本、利益などを基準とする企業別のリストであったが、鉄鋼、銀行、自動車、電機といった産業では業界団体が集金する仕組みがとられた。「花村リスト」は、自民党の幹事長や経理局長らにも渡されており、党幹部が企業を直接訪問して献金を要請することもあったという。[16]

ところが、経済再建懇談会を通じた献金は、自民党の財界への従属を示すものとみなされ、批判が少なくなかった。そこで、経済再建懇談会は、自民党を資金と組織の両面で支える幅広い国民的基盤を目指す自由国民連合と一九六一年に合流し、新たに国民協会が設立された。しかし、当初の目論見とは異なり、法人会員に比べて、個人会員の数が伸び悩んだ。結局、国民協会は、経済再建懇談会と同じく、財界の政治献金のパイプ役から抜け出すことができなかった。

それから一〇年あまり後、石油危機に伴う狂乱物価が国民の不満を高めるなか、田中首相が一九七四年の参院選でなりふり構わぬ金権選挙を展開すると、自民党の求めに応じて巨額の献金を行った経団連に対して強い批判が向けられた。経団連の土光敏夫会長は企業献金の斡旋の中止を決定せざるを得ず、電力、ガス、銀行、鉄鋼などの業界も追随して献金を停止した。翌年には、国民協会が国民政治協会に改組され、法人会員ではなく個人会員の会費によって資金の大半を賄うことが再び目指された。

ところが、同年の政治資金規正法の改正で自民党の政治資金団体に指定された国民政治協会は、個人会員を重視する方針の成果が挙がらず、それまでの国民協会と同じく、財界の政治献金のパイプ役にとどまった。結局、国民政治協会への改称は、電力・ガス業界を除いて企業献金が再開される契機になったにすぎなかった。それに伴い「花村リスト」に基づく経団連の斡旋も復活したのであり、結果として一九五五年に成立した献金システムは自民党長期政権を支え続けた。

企業献金の斡旋廃止

一九八八年のリクルート事件を背景に、政治改革を求める動きが高まりをみせた。相次ぐ汚職事件の発覚が、それを後押しするなか、一九九三年八月九日に非自民連立の細川内閣が成立する。細川首相は所信表明演説で、選挙制度改革に加え、政党助成制度を導入することで企業・団体献金を廃止する意向を示した。最終的に実現をみた政治資金制度改革は、政党助成制度を導入する一方で、企業・団体献金を制限するにとどまったが、財界に対する風当たりはきわめて大きかった。

財界としても、すでに冷戦が終焉していた以上、政権から転落した自民党にこれまで通りの献金を行う必要性が乏しかった。また、そうすることで非自民連立政権の不興を買うことも避けたかった。経団連は、細川首相の所信表明演説を受けて、平岩外四会長が企業献金の斡旋の廃止を決断し、一九九三年九月二日に正式に決定した。その際にまとめられた「企業献金に関する考え方」は、公的助成と個人献金により政治資金を賄うことが望ましいと説き、過渡的な措置として各企業・団体が独自の判断で献金を行うという方針を示した。

ところが、予想に反して、一年足らずで自民党が政権に復帰する。そこから経団連の内部では企業献金の促進に向けた検討が本格化した。しかし、旧来の斡旋方式の復活は、難しかった。そこで、新たな方式として案出されたのが、アメリカの政治活動委員会（PAC）を参考に、会員企業・団体の役職員の個人献金をプールする政治団体を設立することであり、その第一歩として一九九六年に「企業人政治フォーラム」が結成された。だが、この方式では献金集めが困難と判断され、事実上断念された。

もっとも企業献金は、制限されたとはいえ禁止されていない以上、続いていた。そればかりか、「花村リスト」に基づく斡旋も、実質的に継続していた。自民党本部の事務総長で政治資金を担当してきた元宿仁によると、従来の経団連に代わって、自民党の政治資金団体である国民政治協会が、業界ごとの献金額の割り振りや集金を担当したのだという[17]。とはいえ、それはたんなる要請でしかなく、平成不況の長期化も重なり、経団連の後押しを失った企業・団体献金は大幅に減少した。

政治献金を通じた影響力を減退させた経団連は、別の方法も模索した。参院選での組織内候補の擁立である。一九九八年の参院選で、電力自由化に危機感を持つ電力業界の支援の下、東京電力の加納時男副社長が自民党の比例区の名簿で一〇位に掲載され、当選したのに続いて、二〇〇一年の参院選では、自民党からの申し入れを受け、財界代表として伊藤忠商事の近藤剛元常務が立候補し、当選を果たした。政策決定過程で官邸主導が進み、各省庁の審議会の比重が低下していたことも、財界候補を擁立した背景にあった。

ところが、これも挫折に終わる。二〇〇三年、小泉首相の要請を受けた近藤が、任期途中で参議院議員を辞任し、日本道路公団総裁に転じたことは、財界に衝撃を与えた。経団連が会員企業・団体に宛てて前例のない詫び状を出したほどであった。翌年には、現職の加納を財界候補として擁立し、再選を果たしたとはいえ、前回の近藤の約一六万票に続き、一八万票あまりにとどまり、集票力の欠如が痛感された。選挙運動の負担も重荷になっていたという。二〇〇七年以降、財界候補の擁立は見送られている。

「社会貢献」論と政策評価方式の導入

試行錯誤を経た経団連は、奥田碩会長の主導によって、企業献金への関与を再開する。その嚆矢となったのが、二〇〇三年一月一日の「活力と魅力溢れる日本をめざして」と題された文書であった。半年ほど前に日経連と合流していた経団連は、この奥田ビジョンを通じて、民間主導で自律型の日本独自の成長モデルを作り上げ、東アジアの連携を強化しつつ、グローバル競争に挑んでいくことを訴えた。そのための改革を実現する手段として、最後の箇所で企業献金に触れた。

しかし、すでに冷戦が終焉している以上、企業献金に対する経団連の関与を「自由経済の保険料」として意味づけることはできなかった。そこで打ち出された一つの理由づけが、「社会貢献」論である。奥田ビジョンは、政党が公的助成に過度に依存している現状を民主主義の観点から望ましくないと指摘した上で、党費・事業収入と民間の寄付の重要性を説き、「企業・団体には社会の一員として応分の負担が期待される」と述べた。ここに民主主義に必要なコストを負担するという「社会貢献」論が示されたのである。

より積極的なのは、もう一つの「政策本位の政党政治を実現する」ためという理由づけであった。奥田ビジョンには、「与野党双方の政策と実績を評価した上で、企業・団体が判断する際の参考となるガイドラインを作成する」と書かれている。これを受けて執筆された五月一二日の文書「政策本位の政治に向けた企業・団体寄付の促進について」では、経団連が「優先政策事項」を設定して政党の評価を行い、それを参考に企業・団体が献金先や献金額を自主的に決めるという、新たな献金の方式が示された。

このようにして、経団連による企業献金への関与が再開された。まず九月二五日に奥田ビジョンに基づく「優先政策事項」がまとめられ、税制改革や社会保障改革など一〇項目が取り上げられた。そして、翌年一月二八日、自民・民主両党を対象として「二〇〇四年第一次政策評価」が発表された。九月に行われた同年の最終評価以降は毎年一回、一月からの通常国会を踏まえて秋に実施されたが、「優先政策事項」の一〇項目について「合致度」「取組み」「実績」の三つの観点からA～Eの五段階による採点がなされた。

これを担当した経団連副会長の宮原賢次によると、一九九三年までの斡旋方式との違いは、三つ存在するという。第一は判断基準としての政策評価、第二は企業献金に賛同する全政党を対象にしていること、第三は各企業の自主的な判断である。[18] 経団連の年会費相当額という献金の目安が示されたものの、経団連による献金額の割り振りはなくなった。しかし、その一方で、政策評価によって自民・民主両党を競わせることになり、「政策をカネで買う」という批判を招き寄せる結果となった。

ところが、経団連による政策評価は、自民党が与党ということもあって、民主党の得点を大きく上回り続けた。両党を競わせる効果は乏しかったのである。政党の政治資金団体への企業・団体献金の推移をみると、自民党向けが二〇〇二年の二五・六億円を底に〇七年に三〇・九億円まで増えたのに対して、同じ時期の民主党は〇・四億円が〇・九億円にしか増加していない。政策評価方式は、自民党に対する企業献金を促す手段として機能したにすぎず、二〇〇九年九月一六日に民主党政権が成立すると、必然的に見直しを余儀なくされた。

後退しつつ復活した政策評価方式

ここから経団連の紆余曲折が始まる。経団連からみて、民主党は総選挙のマニフェストに租税特別措置の見直しを盛り込むなど、政策的に大きな距離があったが、政権を握った以上、衝突を避けなければならなかった。しかし、これまでの経緯もあり、与党になったからといって民主党の評価を急に上げるわけにもいかない。自民党が政権に復帰する可能性も存在する。経団連は一〇月一三日、政権交代から短期間では十分な評価ができないといった理由を示し、五段階による採点を見送ることをひとまず決めた。

民主党は、マニフェストのなかに企業・団体献金を三年後に禁止することも明記していた。経団連は二〇一〇年三月八日、御手洗冨士夫会長の判断に従い、企業献金への関与を中止することを最終的に決定した。献金の判断基準としていた政策評価もやめ、それ以降は会員企業・団体が完全に自由な判断で献金を行うことになった。民主党政権の時期、企業・団体献金の禁止は実現しなかったとはいえ、経団連の後押しを失った自民党向けの企業・団体献金は減少していった。

ところが、二〇一二年一二月二六日、三年あまりで自民党が政権に復帰する。これを歓迎した経団連は一転して米倉弘昌会長の下、翌年一月一五日に「国益・国民本位の質の高い政治の実現に向けて」と題する文書を発表し、政治献金を「企業の社会貢献の一環」として位置づけるとともに、政党の政策評価を復活させると表明した。一〇月二三日に公表された四年ぶりの政策評価は、成長戦略など六項目にわたるものであり、安倍政権について「経団連が主張する政策を積極的に推進しており、高く評価できる」と結論づけた。

さらに、榊原定征会長の就任後の二〇一四年九月一六日、経団連は「政治との連携強化に関する見解」をまとめ、会員企業・団体に対して、「自由主義経済のもとで企業の健全な発展を促進し、日本再興に向けた政策を進める政党」、すなわち自民党に献金を行うよう呼びかけた。そこにはアベノミクスを高く評価し、支援するという意図が、明確に示されていた。それと同時に、経団連として政党の政策評価を引き続き実施していくことも表明した。こうしたなか、企業・団体献金は一定程度回復している。

しかし、これは旧来の政策評価方式の復活ではなかった。政策評価の内容についてみると、A～Eといった採点はなされず、自民党のみを対象として、実績と課題を列記した上で、大まかな総合評価を下しているにすぎない。公明党や野党の政策に関しても書かれているが、たんなる紹介にとどまる。しかも、経団連の政策評価は、各企業・団体が行う政治献金と直接的には結びつけられておらず、参考にしてもよいという程度の扱いに限定されている。そのような意味で、従来に比べて明らかに後退している。

それは経団連が「政策をカネで買う」という批判を無視できないからである。造船疑獄以来、経団連には、個別の企業・団体の自由な判断ではなく、自らが企業・団体に献金を割り当てたり、方向づけたりしたほうがクリーンであるという認識が存在する。実際、経団連が関与した献金では汚職事件の発生はみられない。ところが、メディアなどの批判は経団連に向かいがちであり、それを恐れるあまり、企業献金への関与を段階的に後退させてきた。経団連の試行錯誤は、現在もなお続いている。

第6章　地方組織と個人後援会——強さの源泉の行方

1　強固な自民党の地域支配

再認識された地方組織の大切さ

二〇〇九年に下野した自民党は、わずか三年あまりで政権を奪還することに成功した。なぜそれが可能であったのか。

自民党の内部で共通認識となっているのは、地方組織の強靭さである。前章でみた友好団体は、政府・与党指向が強く、民主党支持に転換したり、中立化したりしたものも少なくなかった。それに対して、地方議員が中核をなす地方組織は、政権交代の影響をあまり受けず、反転攻勢の拠点となった。自民党にとって自前の組織であるという点でも、応援団にすぎない友好団体以上に重要な存在である。

政権を奪還した当時の石破幹事長は、こう語っている。「かつて『自民党は野党になったら、すぐにバラバラになる。権力、資金、ポストがなくなれば、党は瓦解する』とおっしゃった方がいました。しかし、平成二一年夏から三年余、自民党は野党になったが、そうはならなかった。それは地方の党員の皆さんが支えてくれ、地方組織がしっかりしていたからに他ならない」。その次の谷垣幹事長も、「わが党が他の政党に比べ圧倒的に有利なのは、地方組織がしっかりしているからに他なりません」と述べている。[1]

二〇一二年の総選挙で政権を奪還し、翌年の参院選で衆参両院の「ねじれ」を解消した自民党は、一五年の統一地方選挙での勝利を「政権奪還の最終章」と位置づけ、幹事長室に萩生田光一を座長とする統一地方選対策PTを設置した。このPTが一四年四月一一日に作成した文書「第一八回統一地方選挙に向けた党本部の対応について（中間まとめ）」も、短期間で政権に復帰できた理由として「地方組織、地方議会が国政の影響を受けたとはいえ、崩れることなく存続したことが大きい」と力説している。

そうした認識の下、PTが目標として設定したのは、各地方議会での単独過半数の確保であった。それができない場合、友党との合計での過半数、最低でも第一党を確保することを目指した。都道府県議会については、単独過半数が三二、友党と合わせた過半数が九、それらを含め第一党を維持しているのが三重・大阪を除く四五という現状を示した上で、積極的な候補者の擁立を求めた。ただし、複数区での同士討ちや一人区での他党からの支持獲得といった理由から無所属を選ぶケースがあるという問題点も指摘された。

市区町村議会に関しては、自民党系の会派は全国的に最大会派であり、それに所属する議員は一万数千人に上ると推定される一方、立候補の届出時に党籍を明確にしている議員は一七一七名にすぎず、公明・共産両党の後塵を拝している状況と記された[2]。無所属が多いのは町内会などの支援を受けやすいためであるが、公認候補として出馬し、党所属議員として活動するメリットを知らせ、そうした状況を変えていくことが説かれ、選挙に際しての政党ポスター、当選後の情報提供といったサポートの拡充が方策として提示された。

二〇一五年四月に実施された統一地方選挙に、自民党は「地方創生」を前面に掲げて臨み、勝利を収めた。一〇の道県知事選挙で全勝したほか、四一の道府県議会選挙では公認候補が前回よりも三四増の一一五三名当選し、二四年ぶりに合計で改選過半数に達した。市議会選挙でも前回の五一四議席から五六四議席に大幅に増えた。統一地方選対策PTの目標がすべて達成されたわけではなかったが、下野を経験した自民党は地方組織の大切さを再認識し、その一層の強化に努めている。

都道府県議会

もう少し詳しく現状をみてみよう。まず都道府県議会で、自民党は圧倒的な優位を占めている。立候補届出時の所属党派に関する二〇一五年の総務省の調査によると、自民党の議員数は一三三八名であり、欠員を除いた総数二六七五名の五〇・〇%に達する。二番手の民主

6-① 都道府県議会における議席率の推移（1989〜2015年）

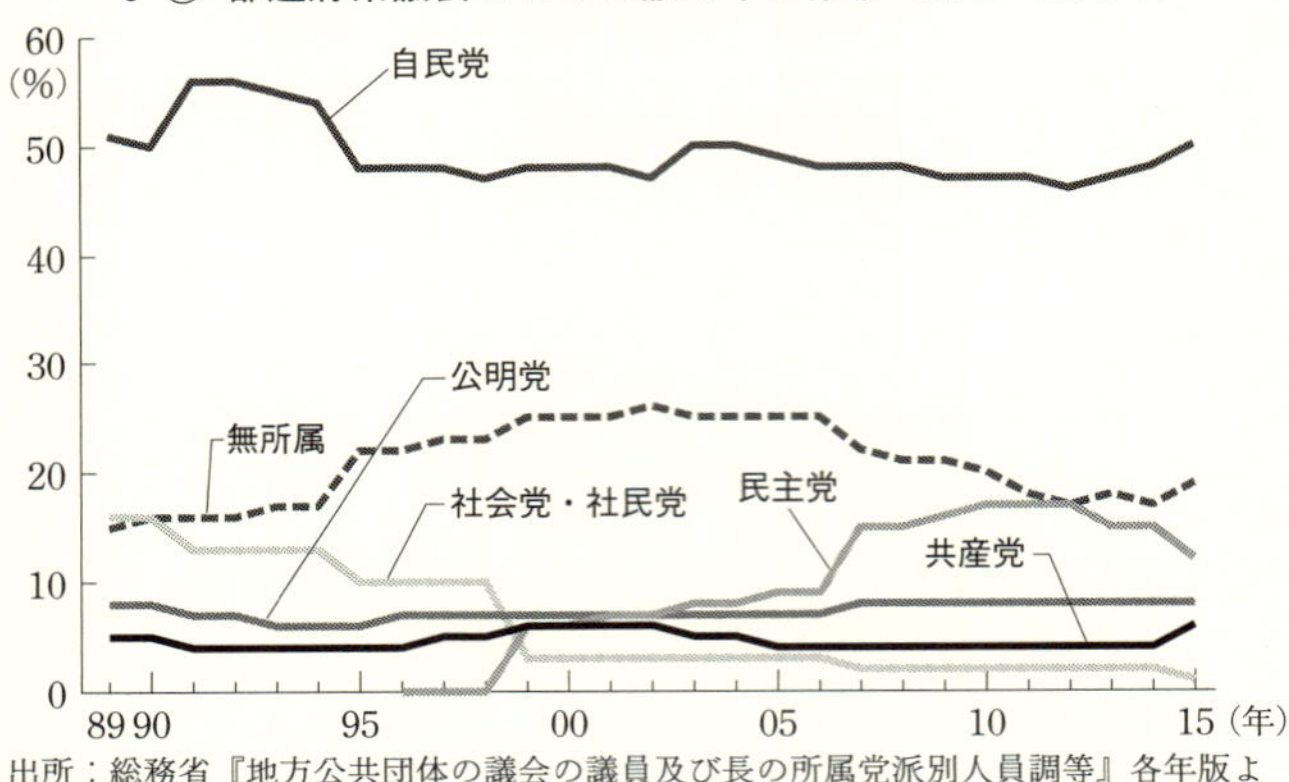

出所：総務省『地方公共団体の議会の議員及び長の所属党派別人員調等』各年版より著者作成

党は自民党の四分の一にも満たない一一・六％であり、以下、公明党の七・七％、共産党の五・六％と続く。無所属は一八・八％を占め、そこには自民党の推薦を受けた議員も含まれる。自民党の一強状態は顕著である。

重要なのは、自民党の優位が非常に安定していることである。一九九〇年代初頭には五五％前後であった自民党の都道府県議会での議席率は、九三年の分裂を受けて五割を若干下回るようになったが、それ以降、変動幅は小さく、二〇〇九年の政権交代はまったく影響を及ぼしていない。他党をみても、公明党が七％台、共産党が五％前後で推移し、民主党はかつての社会党と同じ一五％程度を確保してきた（6―①）。自民党優位の都道府県議会の構成は、この四半世紀の間、ほとんど変化がみられない。

自民党が優位を占める一つの原因は、選挙制度にある。都道府県議会の選挙区は、公職選挙法によって、郡、市、特別区（東京都区部）、区（政令指定都市）の区域が原則とされてきた。二〇一三年の改正で、郡の空洞化を背景に、選挙区は市、市と隣接町村、隣接町村のいずれかに変更され、政令指定都市の区の合区も容易になったほか、すべての選挙区を都道府県の条例で定めるようになった。だが、市区町村といった行政単位が重視され、都道府県が自主的に選挙区を設定する余地が少ないことには変わりがない。

その結果、都道府県議会の選挙制度は、都市部が中・大選挙区制、農村部が小選挙区制の混合となっている。全国都道府県議会議長会の調査によると、二〇一五年の統一地方選挙の段階で、選挙区は全国で一一一〇あったが、そのうち一人区は四三八であり、二人区三四五、三人区一四四、四人区七五、五人区四二、六人区一四、七人区九、八人区七、九人区九、一〇人区七、一一人区五、一二人区五、一三人区二、一四人区二、一五人区三、一六人区二、最大が一七人区で一（鹿児島市・郡）となっている。

農村部は自民党の強力な地盤であり、勝者総取りの小選挙区制の下、得票率に比べて過大な議席が与えられる。それに対して多党化が進む都市部では、中選挙区制あるいは大選挙区制であるがゆえに、自民党は自らの得票率におおむね比例した議席を得ることができる。国政で政治改革が実施されたにもかかわらず、このような選挙制度が都道府県議会で続いてきたことは、緩やかな衰退も確認できるとはいえ、自民党の優位が安定していることの大きな原因になっている。

同じく全国都道府県議会議長会の調査によると、二〇一五年の統一地方選挙では、九六〇中三二一の選挙区で立候補者が定数を上回らず、無投票となった。選挙区数でみると三三・四％、定数では二一・九％に上る。その内訳は、一人区一九二、二人区九八、三人区二五、四人区二、五人区三、一五人区一であった。自民党の金城湯池である農村部の一人区に多い。選挙を戦わないことで自民党の地方組織が弛緩する可能性がある一方で、その優位が容易には崩れそうにないことを示している。

市区町村議会

基礎自治体である市町村および東京都の特別区の議会はどうか。まず選挙制度から確認しておきたい。

公職選挙法は、市区町村議会については、原則として当該自治体の区域全体を一つの選挙区としている。条例によって複数の選挙区を設けることもできるが、例外とされているため、市町村合併などの際の一時的な措置にとどまっている。市のなかでも政令指定都市に関しては、区の区域を選挙区としている。都道府県議会と同じく、行政単位が重視され、地方自治体の裁量がきわめて乏しい。

その結果、市区町村議会の選挙制度は、非常に大きな定数の大選挙区制となっている。全国町村議会議長会の調査では、二〇一五年七月一日現在の九二八町村議会の平均の議員定数は一二・二人、全国市議会議長会の調査によると、二〇一五年末の時点での八一三市議会の平均の議員定数は二四・一人である。なかでも人口五〇万以上の市では、平均四五・八名の議員を一つの選挙区から選んでいる。最大は船橋市と鹿児島市の五〇名で、東京都の特別区でも大田、世田谷、練馬が同じく五〇名となっている。

大選挙区制は、同じ政党の候補者間の同士討ちをもたらし、政党本位の選挙戦を難しくする。同じことは、三〜五名の議員を選出した衆議院の中選挙区制でも起きたが、それよりもはるかに定数が大きく、その傾向はきわめて顕著である。そればかりでなく、市区町村議会の選挙では、候補者が町内会などの応援を受けることも多く、政党の公認を得ることを避け、党籍を明確にしないインセンティブが存在する。そのため、都道府県議会と比較しても、無所属議員が多数に上る。

ただし、無所属議員の割合は、特別区、市、町村で大きく異なっている。総務省の調査による二〇一五年のデータをみると、東京都の特別区議会では一三・七％が無所属であり、都道府県議会の一八・八％よりも低い。それに対して、市議会では六三・三％、町村議会では実に八七・七％が、無所属議員によって占められている（6—②）。ここからは、選挙制度のみならず都市化の度合いなどもまた、基礎自治体の議会の構成に大きな影響を及ぼしていることが読み取れる。

6-② 市区町村議会における議席率の推移（1989～2015年）

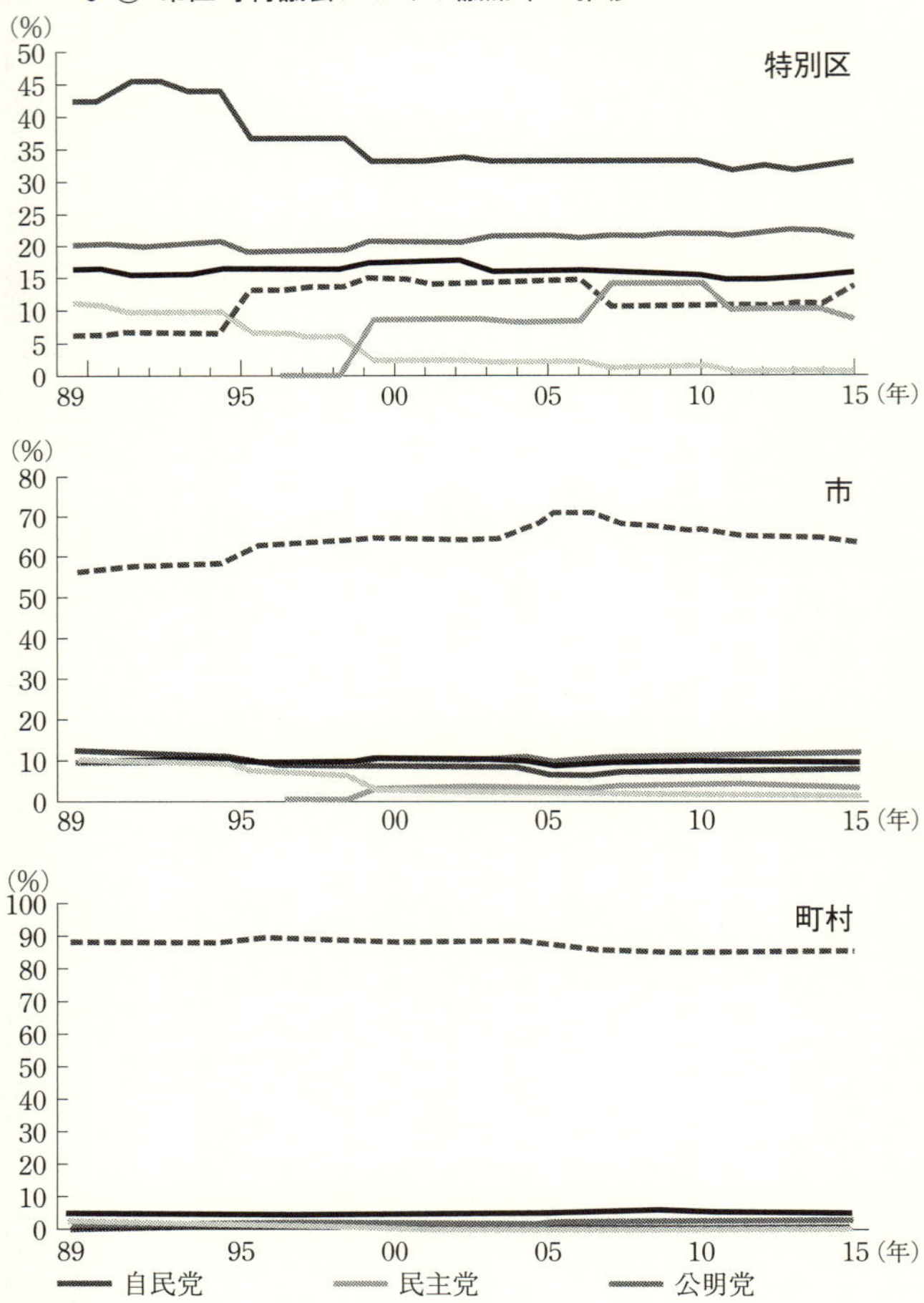

出所：総務省『地方公共団体の議会の議員及び長の所属党派別人員調等』各年版より著者作成

以上のことを前提に置いて、市区町村議会での自民党の比率をみていこう。同じ二〇一五年のデータによると、自民党の占める割合は、特別区議会で三二・八％、市議会で八・八％、町村議会で〇・九％である。特別区議会では二位の公明党の二一・一％を上回る一位であるが、市議会では公明党の一一・四％、共産党の九・六％に続く三位、町村議会でも共産党の六・八％、公明党の三・七％を下回って三番手である。市町村議会では自民党が劣勢に置かれているようにもみえる。

しかし、実態は異なる。立候補届出時に自民党所属としていなくても、自民党の党員である市町村議会議員が少なくない。また、党員でなくても、自民党の国会議員や都道府県議会議員と緊密な関係にあることが多い。とりわけ町村議会では会派制を採用していないケースが圧倒的多数を占めるが、そうでない場合、自民党系の会派はほとんどが最大会派になっている。都道府県議会のみならず市区町村議会でも、しかも農村部になればなるほど、自民党の優位は堅固なのである。

保守系無所属という存在

自民党を最も基底の部分で支えているのが、保守系無所属の地方議員である。ここでの無所属には異なる二つの意味があり、一つが立候補届出時に無所属とする議員、もう一つが自民党籍を持たない議員である。自民党では後者の意味で使う場合が多いようであるが、それはどのような存在なのか。保守系無所属が大きな割合を占める町村議会について、全国町村議会議長会が二〇一一年に実施した意識調査およびそれに基づく報告書「町村議会議員の活動実態と意識」から探ってみよう。

まず注目されるのは、議員報酬の平均が月額約二一万円と低く、町村議会議員の世帯の年収総額に占める議員報酬の割合が、五割未満という回答が全体の六九・五％に達することである。九割以上という回答は四・五％にすぎない。そのため、議員専業を意味する無職の比率が、二三・四％と少ない。しかも、無職のかなりの割合は、定年退職後の男性や専業主婦の女性が占めているようである。一般の会社員は兼職が難しい以上、町村議会議員になることに高い金銭的なハードルが存在する。

したがって、町村議会議員に就任するのは、兼職が可能な自営業者や会社・団体役員が必然的に多くなる。職業別の構成比をみると、国勢調査では二・一％にすぎない農林水産業が町村議会議員の四四・六％、同じく一・四％の商業が二〇・四％を占めている。会社・団体役員も、国勢調査では六・〇％であるが、町村議会議員では一七・一％に上る。いうまでもなく、農林水産業、商業、会社経営といった職業は、自民党の支持者に多い。議員報酬の低さが一因となって、町村議会の構成は自民党に有利になっている。

もちろん、議員報酬だけが理由ではない。農民や商工業者といった旧中間層は、職業を世襲的に相続することが多く、人的ネットワークを幅広く持ち、仕事柄、地域に対する関心が強い。リソースなどの面で地域のリーダーになりうる存在なのである。しかも、農村部では社会の同質性が高いため、旧中間層のなかの有力者が、そのまま重要な政治的地位を占める傾向がある。実際、町村議会議員は、町村内の各地域を代表するポストとみなされ、有力者間の調整によって決められる場合が少なくなかった[3]。

職業的な背景などからいって自民党に近いことは間違いないが、他党の支持者も存在する地域社会を分断しないために自民党を名乗ることが避けられる。そのことが町村議会で保守系無所属が多くなる原因である。自民党幹事長を務めた加藤紘一は、保守系無所属とは人徳を有する地域のリーダーであると書いた。比較的高い教育を受けて時間や金銭的に余裕があり、お祭りや年中行事を取り仕切ったり、農作業の段取りや田畑への水の配分を公平に行ったりと、地域のために積極的に貢献するような人物である。

加藤は、「保守勢力とは、地域リーダーシップが代表する地域意思の総体であって、自由民主党とイコールではない」と強調しているが、さらに「最近地方が自民党から離れ始めているような気配が感じられるようになった」という危機感を示している。二〇〇九年に自民党が下野する直前のことである。野党時代の自民党は、地域で少人数の会合を開く「ふるさと対話集会」を開始したが、それは加藤の提案によるものであった[4]。地域に根を張る保守系無所属に依拠しつつ自民党を再構築する試みといえる。

その一方で、保守系無所属の地方議員を自民党の内部に組み込み、地方組織を強化する努力もなされている。そのための枠組みが、地方議員連絡協議会である。[5] そこに加入させて研修会を実施するほか、情報の提供や陳情の処理などのサービスを行う。その上で、自民党に入党して公認候補になれば、選挙資金の提供なども可能になると勧誘するのである。なお、東京都連では、区議会選挙で公認候補の擁立を重視し、推薦を認めてこなかった。それが特別区議会で自民党の比率が高い一因になっている。

2　地域回帰への道

政治改革と自民党の地方組織

以上みてきたように、自民党の都道府県議会や市区町村議会での優位は圧倒的であり、しかも安定的である。とりわけ農村部では岩盤のごとく、当面、崩れそうにない。ところが、自民党の地方組織には、弱体化の傾向もみられる。先に紹介した加藤紘一の危機感は、その一例であり、だからこそ自民党は現在、二〇〇九年の政権交代の教訓も踏まえて、その強化を図っている。以下、一九九四年の政治改革までさかのぼって、自民党の地方組織の変化をみていきたい。

一九九四年の政治改革は、自民党の地方組織を大きく変えるものであった。一つの選挙区から三〜五名の議員を選出する従来の中選挙区制の下では、同士討ちが発生するため、衆議院議員およびその候補者は、党組織とは別に独自の個人後援会を設け、選挙マシーンとしていた。ところが、小選挙区制が導入されたことで競合がなくなり、党組織への一本化が可能になった。また、自民党として総力を結集するためにも、小選挙区制に対応する地方組織の改革が必要になった。

地方組織に関する改革案は、一九九四年五月一九日に党改革本部がまとめた文書「制度改革に伴う党改革に関する答申」のなかで示された。すなわち、支部の連合体である都道府県連の下、以前から存在する地域（市区町村）支部と職域支部に加えて、衆議院の小選挙区ごとに選挙区支部を設置し、公認候補となる人物を支部長に選任するというのが、その主たる内容であった。これを受けて一九九五年の党大会で党則の改正が行われ、選挙区支部の設置が正式に決定された。

結果としてみるならば、個人後援会が残存し、党組織に一本化することはできなかったが、選挙区支部は重要な役割を担っている。一つは、選挙の際に地方議員などを結束させ、動員する機能である。小選挙区が行政単位と一致することは稀であり、中選挙区制とは違って一つの基礎自治体が複数の選挙区に分割されているケースすら存在する。分割市区町村の数は二〇一五年一月現在、八八に上り、今後さらに増加する見通しである。こうした理由から、公認候補を支部長とする選挙区支部という枠組みが不可欠になる。

選挙区支部のもう一つの役割は、政治資金の受け皿である。自民党本部は国会議員に政党

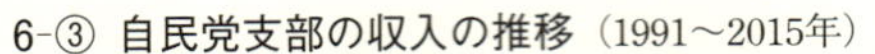
6-③ 自民党支部の収入の推移（1991～2015年）

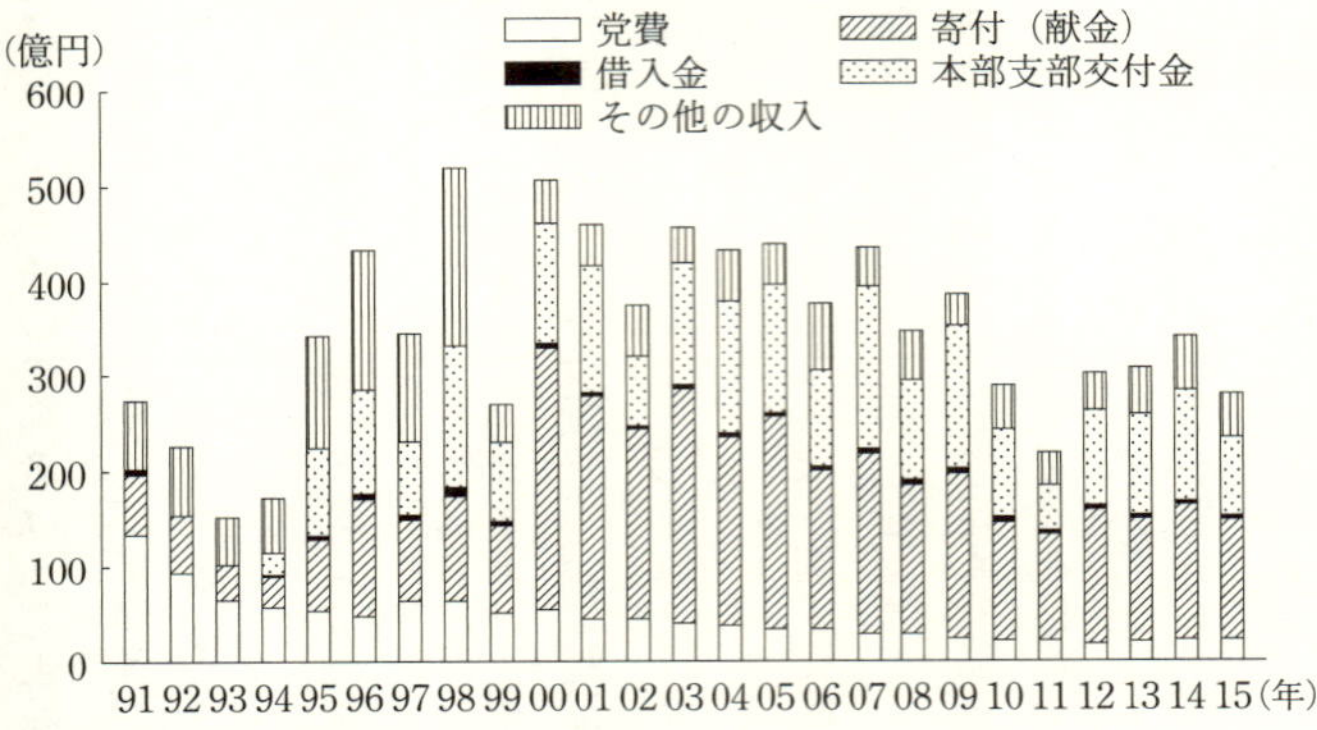

出所：「政治資金収支報告の概要」（官報）各年度版より著者作成

交付金を配分する際に、必ず党組織の一部である選挙区支部に交付することにしている。また、一九九九年の法改正で政治家の資金管理団体が企業・団体献金を受け取れなくなったため、選挙区支部がその代わりの機能を果たしている。なお、地方議員についても、二〇〇一年の党大会で党則が改正され、企業・団体献金の受け皿として地方選挙区支部を設置できるようになった。

一九九四年の政治改革で政党助成制度が導入されたことを受けて、「制度改革に伴う党改革に関する答申」は、党本部から都道府県連に対する助成を盛り込んだ。自民党の一般党員の年額四〇〇〇円の党費は、党本部が八〇〇円もしくは一五〇〇円を受け取り、それ以外は都道府県連と支部の間で配分されるが、党員の減少に伴い党費収入が落ち込んでいる。地方組織への企業・団体献金の増加も、選挙区支部へのつけ替えが進んだにすぎない。そうしたなか、党本部からの交付金への依存が地方組織で高まっている（6―③）。

政治改革以上に、自民党の地方組織に影響を与えたのは、地方分権改革およびそれと密接な関係を持つ「平成の大合併」であった。地方分権改革は、政治改革と表裏一体のものとして、二つの段階を経て実施された。

地方分権改革と「平成の大合併」

第一次地方分権改革は、細川内閣が発足する直前に採択された一九九三年の「地方分権の推進に関する国会決議」に基づいて進められ、一九九九年の地方分権一括法の制定に結実する。国と地方が対等の関係と位置づけられ、国に対する地方の従属の象徴であった機関委任事務が廃止された。それと並行して、地方自治体の強化を図る目的で市町村合併を推進しようと、議員の定数・在任特例の導入、地方交付税の合併算定替えの拡充、市制施行要件の緩和、合併特例債の創設などが行われた。

二〇〇〇年代以降の第二次地方分権改革の中心は、国から地方への権限の移譲であり、それに伴う税源の移譲であった。ただし、小泉内閣が推進した「三位一体の改革」は、地方に税源を移譲する一方で、国庫補助負担金の廃止・縮減や地方交付税総額の抑制を図るものであり、前者に比べて後者のほうが大きかったため、地方自治体の財政に打撃を与えた。そうしたなか、市町村合併が進展し、一九九九年に三二二九あった市町村は、二〇一〇年には一七二七と、ほぼ半減するに至った。[6]

自民党は、中央集権的な財政システムの下、特定の地域や企業・団体の要求に応じて公共事業などの裁量的な補助金を配分することで、選挙での票や政治資金を獲得してきた。このようなクライエンテリズム（恩顧主義）的な利益誘導政治の媒介者の一つは、都道府県議会議員をはじめとする地方政治家であり、それが自民党の強固な地域支配をもたらしてきた。[7]ところが、一九九〇年代以降の一連の地方分権改革によって、自民党の利益誘導政治の余地が狭められたのである。

地方分権改革によって重要性を増したのは、知事のポストであった。国からの裁量的な補助金が減少し、地方自治体の一般財源による事業が拡大すると、国政と地方政治の間のリンクが弱まったが、都道府県の内部では予算提出権をはじめ知事の権限が議員に勝っているからである。知事との関係が都道府県議会議員の行動を規定する主な要因になり、相乗りや総与党化が進む一方、一部の都道府県では無党派の改革派知事が登場し、自民党を中心とする議会と対立しつつ公共事業費の削減などを推進した。[8]

それに対して「平成の大合併」は、直接的に自民党の地方組織を弱体化させた。農村部を中心に基礎自治体の数が減少し、地方議員の定数が削減されたためである。とりわけ、一九九九年に四万七六名を数えた町村議会議員は、二〇一〇年には一万二一二五名に減っている。自民党の地域支部の数も、市町村合併に伴って少なくなった。旧市町村に分会を残すといった措置も講じられたが、それでも現職の地方議員がいなくなり、戦力が低下したケースが多いという。

なお、農村部では、都市化の進展と定数の是正・削減とによって、国会議員の数も減少している。衆議院についてみると、一九九四年の小選挙区比例代表並立制の導入に伴って、一票の格差の是正が図られたが、さらに二〇〇二年、一二年、一六年と法律の改正が重ねられてきた。その結果、北海道、青森、岩手、山形、福井、山梨、静岡、三重、奈良、島根、徳島、高知、佐賀、熊本、大分、鹿児島の各道県で議席が減少している。これもまた農村部を支持基盤とする自民党にとって打撃となっている。

小泉構造改革とそれからの脱却

もっとも、地方議会での他党に対する自民党の優位は、まったくといっていいほど崩れていない。また、地方組織の中心を担う都道府県議会議員や特別区・市議会議員の定数は、あまり減少していない。その一方で、地方分権改革によって中央主導の利益誘導政治の余地が小さくなるとともに、「平成の大合併」に伴い保守系無所属が圧倒的多数を占める町村議会議員が減った結果、自民党が伝統的に地盤としてきた農村部に対する掌握力が大きく低下したことも否めない。

これまで繰り返し論じてきたように、都市部の無党派層に依拠しようと、公共事業費の削減などの新自由主義的改革を推し進め、農村部の自民党の地盤を弱体化させたのが、二〇〇一年に首相に就任した小泉純一郎である。なかでも小泉首相が推進した郵政民営化は、利益が上がらない農村部の郵便局のネットワークを破壊し、有力な友好団体の一つとして自民党の地方組織を支えてきた全国特定郵便局長会（全特）に深刻なダメージを与える可能性が高い政策であった。

二〇〇五年、小泉首相が郵政民営化法案の参議院での否決を受けて解散・総選挙に踏み切り、すべての造反議員に対立候補を擁立すると、造反議員を抱える二六の都道府県連の多くが党執行部の方針に反対した。その急先鋒となったのは、野田聖子、藤井孝男、古屋圭司という三人の造反議員を抱える岐阜県連であった。党執行部からの圧力を受けて造反県連は最終的に七にとどまり[9]、郵政選挙そのものも自民党の大勝で終わったが、後々、大きな禍根を残す結果となった。

石破茂は、この郵政選挙で勝利を収めたとはいえ、自民党が得票数を低下させた地域が数多くあったと指摘し、その原因を三つ挙げている。第一に市町村合併によって首長や地方議員が減少したこと、第二に農協の合併も進んで組合長や理事などの役職者が少なくなったこと、第三に建設業界の衰退や全特の離反などの結果、組織票が減ったことである[10]。「平成の大合併」をはじめ小泉政権が断行した新自由主義的改革によって、地域における自民党の支持基盤が弱体化してしまったという認識である。

こうした認識は、二〇〇七年の参院選で大敗を喫すると、自民党の内部で支配的なものになっていく。参院選総括委員会の報告書は、「地方の反乱」という項目で、都市部と農村部の格差の拡大、地方自治体の深刻な財政難などに触れつつ、次のように書いた。「わが党は多少都市部で苦戦したとしても、従来であれば郡部における強固な支持基盤によって盛り返し、敗戦を免れてきた。しかし、いまやこの郡部における防波堤は決壊し、わが党は参院選で大敗を喫することになった」。

第一次安倍改造内閣の下で幹事長に就任した麻生太郎も、こう発言している。「小泉さんが勝って、事実、地方組織を含めて自民党をぶっ壊した結果、これまで自民党を支持してきた地方組織のほとんどが痛い目に遭うことになった。……地方組織を一刻も早く立て直していくことが、私どものこれからの最大の仕事である」。これ以降、小泉政権が推進した新自由主義的改革の見直しが進められ、二〇〇九年の総選挙に際して、麻生首相が「行き過ぎた市場原理主義とは決別する」と表明するに至る。[11]

民主党政権への反攻拠点

二〇〇七年の参院選以来の地域回帰の流れは、〇九年の政権からの転落によって一層強められた。同年一一月六日に発表された自民党の政権構想会議の第一次勧告は、次のように述べている。「国政では野党であっても、地方議会では、多数の都道府県の各級自治体でわが党は多数を占めている。各地域別に、移動政調会等の会合を開催し、地域の声に丁寧に耳を傾け、党活動の活性化・党員獲得の機会拡大を図る」。つまり、地方議会を民主党政権への反攻拠点にしようというのである。

そのために党本部の指示で実行に移されたのが、地方議会での意見書採択のキャンペーンであった。そこには二つの目的が存在したという。一つは、中央と地方の「ねじれ」を顕在化させ、自民党の存在をアピールするとともに、民主党政権を揺さぶることである。もう一つは、民主党との政策上の違いを明確にすることで、自民党の地方組織を固め直すことである。自民党本部の資料によると、二〇一〇年二月から一二年九月にかけて、四四本の意見書の案が組織運動本部の地方組織・議員総局で作成され、地方組織に送付された。

注目すべきは、二〇〇九年一二月一五日の政権構想会議の第二次勧告が、「正しい日本の保守の旗を立てねばならない」と強調したのと符合して、民主党との違いを強調すべく、少なからぬ意見書が右寄りの内容になったことである。具体的には、永住外国人の地方参政権への反対、選択的夫婦別姓制度への反対、尖閣諸島中国漁船衝突事件への抗議、朝鮮学校の高校授業料無償化への反対、ロシア大統領の北方領土訪問への抗議、北朝鮮による日本人拉致問題の早期解決などが取り上げられている(6—④)。

これ以外にも、いくつかの試みがなされた。二〇〇九年一二月から開始された「ふるさと対話集会」は、その一例である。党所属の国会議員が自らの選挙区とは違う全国各地に足を

6-④ 野党時代の自民党本部が作成した意見書の地方議会での採択

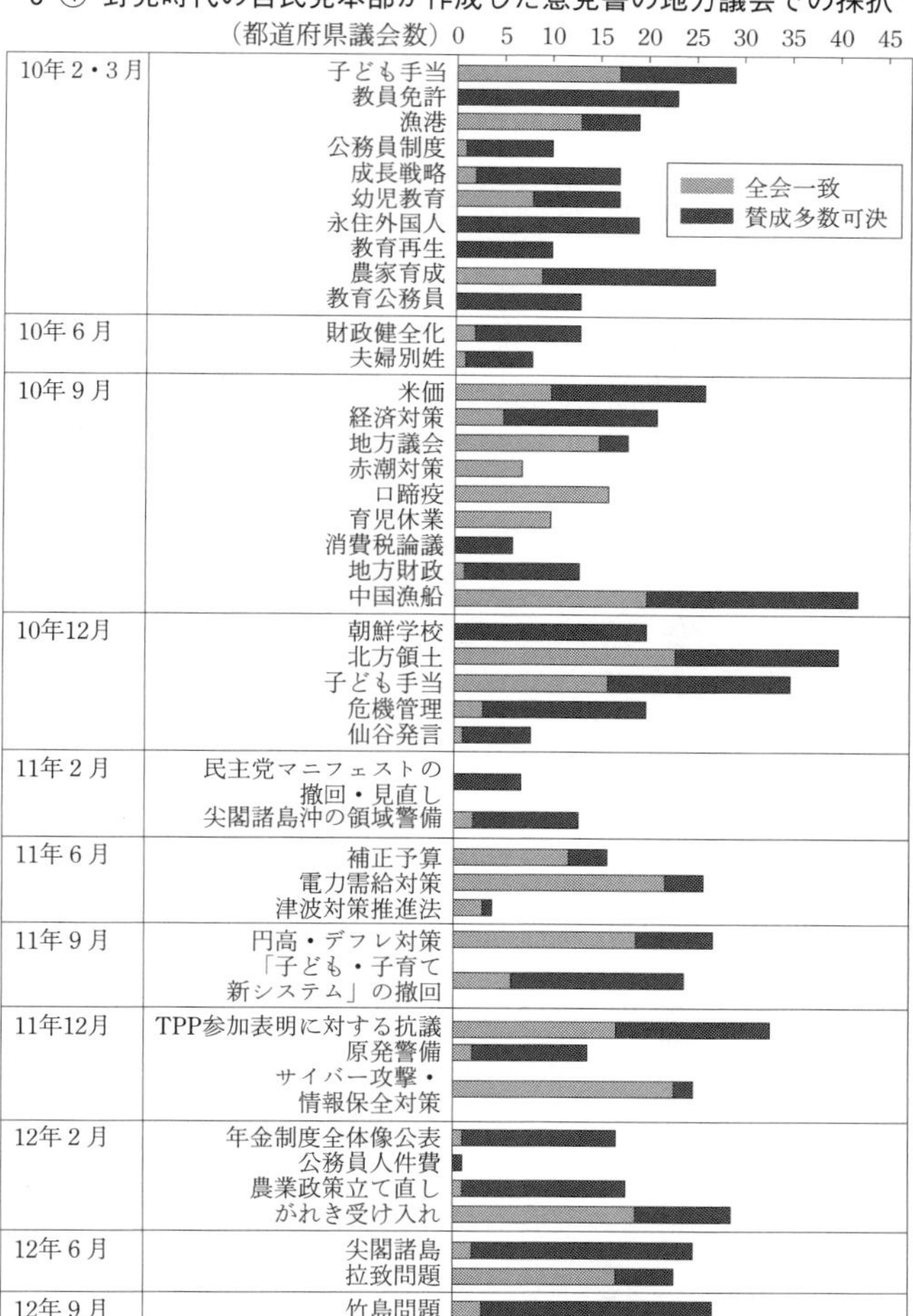

出所：自民党本部資料より著者作成

運び、少人数で車座になって意見交換を行い、地域との絆を再強化しようというプロジェクトであった。これも自民党の地域回帰を象徴するものであり、二〇一二年の総選挙までに全国五六七ヵ所で行われ、政権を奪還した後も続けられている。都市部の国会議員が農村部に関する理解を深めるといった効果もあったという。

また、二〇一〇年一月の党大会で、党の教育機関である中央政治大学院に関係する党則を改正し、都道府県連に地方政治学校を設置できると明文化した。以前から政経塾やリーダー育成塾などを独自に運営する都道府県連もあったが、それを地方政治学校と位置づけ直して、地方組織での人材の発掘・育成を支援し、地方議会選挙などでの候補者の擁立につなげようとしたのである。これを受けて地方政治学校の設置が積極的に進められ、二〇一二年の総選挙までに二八の都道府県連で開設された[12]。

民主党政権は「コンクリートから人へ」という理念の下、公共事業費の削減を行うとともに、紐つき補助金を否定して一括交付金を創設した。これに反対して野党時代の自民党は、国土強靭化法案を作成するなど、伝統的な利益誘導政治への回帰を強めた。二〇一二年に自民党が政権を奪還し、安倍内閣が成立すると、一括交付金は廃止され、公共事業費が年々増額されている。さらに、二〇一五年の統一地方選挙をにらんで、地域の活性化を図る「地方創生」も打ち出された。

3　末端組織としての個人後援会

個人後援会とは何か

自民党は、国会から地方議会にわたる各級の議員が構成する議員政党であるが、一九五五年の結党以来、長年にわたって組織政党を建設しようという党近代化を試みてきた。組織政党とは、西欧の社会民主主義政党のように、明確な理念やイデオロギーを掲げ、党執行部の強力な指導の下、全国各地に支部を設置して党員を大量に集め、党費の納入などの義務を負わせる代わりに役員の選出などへの参加を認める、そうした大衆党員を基礎とする集権的な政党である。しかし、党近代化は失敗に終わった。

その結果、自民党の末端組織である支部や党員は、存在しつつも形式的なものにとどまった。だが、自民党が有権者の間に組織的な基礎を持たなかったわけではない。すなわち、国会議員と地方議員が有する個人後援会である。それは高度に制度化され、多数の会員を擁し、社会民主主義政党の支部や党員の機能的な代替物になってきたということができる。自民党の地域党員の大部分は国会議員や地方議員が自らの個人後援会の会員を入党させたものであり、支部の運営はその地域の議員を中心に行われている。

自民党の事実上の末端組織となっている個人後援会は、議員およびその候補者が独自に設立する集票組織である。自民党の選挙対策本部が編集した『総選挙実戦の手引』も、立候補にあたって公職選挙法が禁止する事前運動とみなされないために個人後援会を結成することを推奨し、こう書いている。「選挙になると、後援会員が固定票であり、その構成員を母体として選挙組織がつくられ、その活動によって浮動層、無党派層に向かって第三、第四の輪をひろげ、支持票をふやし、票固めをします」。

この自民党のパンフレットによると、個人後援会は、各級の議員や自治会の役員など地元の有力者を中心とする地域ごとの「横割り組織」と、選挙区内の各種の業界団体などの「縦割り組織」の両方によって構成されているのが通常であるという。具体的には、市町村と職場単位に個人後援会を設け、その内部に町内会ごとの支部、青年部や女性部などを置くとともに、それらを統括する連合体を結成するという形態をとる。人口が多い都市部では、小中学校区単位に中間的組織を設置するケースも多いようである。

『総選挙実戦の手引』は、新たに個人後援会を結成する際の手順についても説明を加えている。すなわち、世話人会議、事務所開設、準備委員会または拡大世話人会議、発起人・発起人代表委嘱、会員募集、結成大会、選対会議、総決起大会もしくは「励ます会」という一連の流れである。世話人や発起人には、人望があり、地域で名が通った人物を就けるよう説かれている。[13] そこで重視されるのは、理念やイデオロギーではない。前述した保守系無所属の地方議員のあり方とも重なり合う。

このように個人後援会という集票組織は、候補者の親戚や出身校の同窓生、仕事上のつながりを中核にしながら、地方議員、町内会長、地元企業経営者、農協役員といった地域の有力者（名士）を幹部に据えることで、選挙区内の人的ネットワークを縦と横から組織化しようとするものである。後援会活動で、国政報告会のほかにバス旅行などのイベントが企画され、冠婚葬祭が重視されてきたのは、それゆえである。その一環として、就職の世話をはじめ個人的な相談に応じたり、企業・業界団体からの陳情に対応したりする。

個人後援会の活動費や人件費を主に負担するのは、それを結成し、運営する議員およびその候補者である。規約には会費に関する条項が置かれているが、現実に会費を納入する会員の比率は高くない。したがって、個人後援会を維持するためには、膨大な時間と労力に加え、多額の政治資金が必要となる。例えば、国会議員の個人後援会の最盛期であった一九八〇年代末、それにかかる年間の経費は、最も少ない場合で五〇〇〇万円、一般的には七〇〇〇万円から一億円と見積もられていた[14]。

変化しない集票組織

自民党で個人後援会が発展した理由の一つは、一つの選挙区から三〜五名の議員を選出する中選挙区制の下での同士討ちであった。自民党は衆議院で過半数の議席を確保し、政権を維持するためには、それぞれの選挙区に複数の公認候補を擁立しなければならない。同士討ちを余儀なくされる候補者は、党組織に依存して選挙運動を行うことができず、独自の集票組織を保持する必要がある。それが自民党の事実上の末端組織として個人後援会が発展した大きな原因であった。

個人後援会を維持するには、多額の政治資金を不可欠とする。個人後援会は、自民党の利益誘導政治の舞台の一つであり、飲食による饗応（きょうおう）など金権腐敗の温床にもなった。そればかりか、所属議員が選挙区で独自に個人後援会を結成するとともに、そのための資金を調達するといった目的から派閥に所属したため、自民党は一体性を欠いた。そこで、政党本位、政策本位の政治の実現を目指して、小選挙区比例代表並立制の導入を柱とする政治改革が一九九四年に実施された。

ところが、新たな選挙制度の下でも、個人後援会は解消されなかった。政党名を書かせる拘束名簿式の比例代表制ではなく、候補者名を記入させる小選挙区制を中心とする選挙制度であったため、自民党の唯一の公認候補になっても、他党の候補者と戦う上で個人後援会を中核とする選挙運動が有効性を持ったからである。したがって、中選挙区制から小選挙区制に変わって競合関係が解消された議員の間で名簿の交換がなされるなど、個人後援会の再編・強化が進められた。

政治改革を受けて、自民党では小選挙区ごとの選挙区支部が新たに設けられた。しかし、それは主たる集票組織にはなり得なかった。自民党は、農協、中小企業団体、医師会をはじめ各種の友好団体を有している。それと並ぶ、あるいはそれ以上に重要な自民党の支持基盤は、地域の有力者を中心とする人的ネットワークである。非党派的な性格を帯びる地域の人的ネットワークを個人後援会として組織化し、固定票とする自民党の選挙運動のあり方は、容易には変わらない。

そうして得られる固定票は、新たな選挙制度の下でも重要である。中選挙区制ではおおむね二〇％前後の得票率で当選できたが、小選挙区制では五〇％近い票の獲得を目指さなければならず、浮動票が鍵を握る。だが、浮動票に頼る選挙戦は不安定であるし、先の自民党のパンフレットに書かれているように、固定票を確保した上で浮動票にアプローチするのが効果的である。その事実は、浮動票が多い都市部の候補者ですら個人後援会を保持していることからも確認できる[15]。

選挙運動に厳しい規制を課している公職選挙法にも、注目しなければならない。例えば、立候補の届け出の前に行う選挙運動は事前運動として禁止されているが、個人後援会の結成や拡大は政治活動もしくは地盤培養行為とみなされ、是認されている。選挙運動期間がきわめて短い以上、前もって個人後援会を通じて票を固めておくことが有効である。また、公職選挙法によって戸別訪問が禁止されており、公示前に後援会活動の一環として有権者にアプローチしておくことも必要である。

しかし、個人後援会が持続しているからといって、政治改革が目指した政党本位が自民党についてまったく実現していないとみることはできない。小選挙区制の導入によって各選挙区の公認候補が一人に減ったため、地方議員の足並みが揃うようになり、都道府県連が選挙運動で一定の役割を果たすようになったからである。[16] 議員政党である自民党にとっての政党本位が、党員と支部を基礎とする地方組織の構築ではなく、個人後援会を有する各級議員の結束の強化にとどまるのは、当然といえるかもしれない。

弱体化が進む個人後援会

ところが、政治改革が実施された一九九〇年代以降、個人後援会は衰退傾向にある。「明るい選挙推進協会」の調査によると、他党を含む政治家の後援会への加入率は、一九八六年の総選挙の際に一八・二%を数え、自民党支持者に限ると二六・五%であった。それが次第に低下し、これに関する質問が最後に行われた二〇〇五年の総選挙の時点では、それぞれ一〇・二%、一三・二%とほぼ半減している（6—⑤）。後援会に加入し、かつ会費を支払っている有権者の割合も、同様に低下している。

自民党本部の組織運動本部の地方組織・議員総局は、二〇一四年一〇月、全国の衆議院小選挙区支部にアンケートを実施している。集計結果によると、個人後援会の会員数は平均で三万人弱であり、二万〜五万人と回答した支部が最も多かった。当選一〜二回は、それよりも少ない一万五〇〇〇人前後であった。広報板は八六三枚、ポスターは二〇〇〇枚弱、街頭

6-⑤ 政治家の後援会への加入率の推移（1980～2014年）

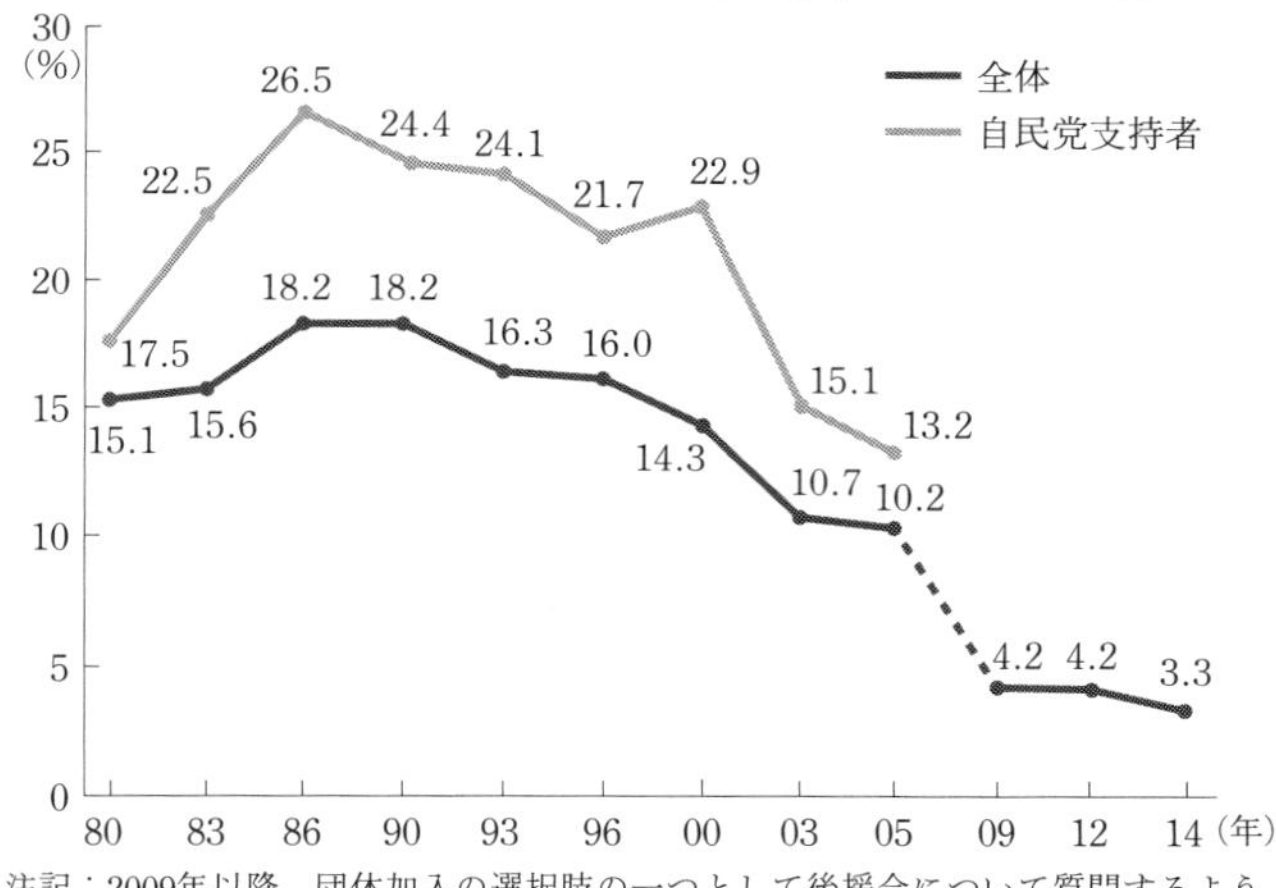

注記：2009年以降，団体加入の選択肢の一つとして後援会について質問するようになった
出所：「明るい選挙推進協会」調査より著者作成

演説は週一・四日、国政報告会は月二回が全体の平均であるという。ただし、党本部による査定を恐れて、やや過大な申告がなされたようである。

いずれにせよ、かつてに比べて個人後援会が衰退しているのは間違いない。国民意識の変化や利益誘導政治の後退など、様々な要因が考えられるが、政治改革も大きな影響を及ぼしたとみられる。すなわち、政治資金規正法が改正され、企業・団体献金や政治資金パーティーに対する制約が強められたため、個人後援会を維持するのに必要な資金を十分に調達することが難しくなった。また、公職選挙法の改正によって連座制が強化され、飲食による事実上の饗応が困難になったことも、後援会活動を不活発にしたと考えられる。

それだけではない。小選挙区制の下で当選に必要な得票率が上昇し、浮動票が持つ政治的比重が高まり、「選挙の顔」としての党首などが重要になったことが、個人後援会を結成し、維持するインセンティブを低下させた。選挙のたびに吹く強風に抗うことができないとすれば、個人後援会を通じて票を固めることは、コストとベネフィットが見合わない。京都二区から神奈川四区に転じた山本朋広のように、個人後援会を持たないと公言する自民党所属の衆議院議員も出現している。[17]

もちろん、山本のように完全に割り切っているケースは、例外的である。公募などによって小選挙区の支部長に選ばれた候補者は、地元の地方議員に協力を求めながら党組織を固めるとともに、選挙運動で中核的な役割を果たす個人後援会を結成する。個人後援会に糾合できない地方議員や企業・団体なども存在するから、それらは選挙区支部を使って包摂していくことになる。しかし、党組織が雑多な支持者の寄せ集めでしかない以上、それに求心力を与えられるのは個人後援会しかない。

こうした面で有利なのは、先代から個人後援会を継承でき、ランニング・コストだけで済ませられる世襲議員である。選挙の際の逆風を凌ぐことができるし、党執行部に対する牽制力にもなるため、個人後援会を持つメリットは大きい。だが、世襲議員の個人後援会についても、高齢化や後継者難などで支部のまとめ役が少なくなり、会員数の低下や活動の停滞が生じている。市町村合併に伴い地方議員が減少し、小選挙区制の導入によって同士討ちが消滅したことも、個人後援会の弱体化や求心力の減退に拍車をかけているという。

党員獲得のノルマ

個人後援会が全体として弱くなっているのは確かだが、第4章で論じた通り、自民党の国会議員は二重構造化しつつあるといえる。すなわち、強力な個人後援会を継承し、逆風のなかでも当選を果たすことができ、順調にキャリアを積み、それゆえ個人後援会の強さを保つことができる世襲議員が一方の極に存在する。また、公募などによって公認候補に選ばれ、最初から個人後援会を作らねばならず、その途上で逆風が吹いて落選を余儀なくされかねない非世襲議員が他方の極に位置する。

自民党にとって重要な課題となっているのは、二〇一二年の総選挙で多数の新人議員が誕生したこともあって、どのように後者を前者に近づけていくかである。そのための様々な試みがなされている。例えば、無派閥議員も増えたため、現在では担当の副幹事長が当選回数別に会合を開いて指導を行っている。若手議員を対象とする「選挙(必勝)塾」の開催も、その一環である。少しずつではあるが、かつて派閥が果たしていた所属議員に対する教育機能を党執行部が担うようになってきている。

二〇一四年から一五年にかけて、自民党は従来の三〇〇の小選挙区のすべてに四〇〇〇名の党員を確保することを目指す「一二〇万党員獲得運動」を実施した。前述したように、自民党の党員数は、一九九一年の五四三万九八九〇人をピークとして大幅に減少している。友好団体が設ける職域支部に所属する職域党員の落ち込みが激しいが、地域党員も減っている。その背景には、主たる供給源である国会議員の個人後援会の弱体化が存在する。そこで、党員獲得を梃子にして個人後援会を強化しようとしたのである。

国会議員は一律に一〇〇〇名の党員獲得がノルマとして課された。自民党の綱領や政策に賛同する一八歳以上の日本国民であれば、他党の党籍を持たない限り、党員になることが可能であるが、すべての党員には紹介者が置かれ、それを示す管理コードがつけられている。したがって、新規党員あるいは継続党員のうち、それぞれの国会議員が紹介者であるのが何人なのかは、直ちにデータとして引き出すことができる。かなり厳格な党員管理がなされているのである。

一〇〇〇名の党員獲得のノルマを達成できなかった国会議員には、未達成分について一人あたり二〇〇〇円の罰金が科されたが、達成できたのは二分の一であったという。つまり、半数の国会議員は罰金を都道府県連に支払ったのである。一般党員の党費が年額四〇〇〇円なので、名前を借りて自腹を切るよりも、罰金のほうが安かった。しかし、党員の確保は、「候補者選定基準」などにも努力すべき事項として明記されており、罰金を支払えば済むということでもなかった。

6-⑥ 120万党員獲得運動の達成率（2014～15年）

	党員数	目標数	達成率
北海道	37,287	48,000	77.68%
青森県	11,329	16,000	70.81%
岩手県	6,202	16,000	38.76%
宮城県	8,331	24,000	34.71%
秋田県	8,187	12,000	68.23%
山形県	10,305	12,000	85.88%
福島県	15,200	20,000	76.00%
茨城県	42,394	28,000	151.41%
栃木県	17,011	20,000	85.06%
群馬県	23,307	20,000	116.54%
埼玉県	28,458	60,000	47.43%
千葉県	25,299	52,000	48.65%
東京都	88,438	100,000	88.44%
神奈川県	55,445	72,000	77.01%
新潟県	23,868	24,000	99.45%
富山県	31,173	12,000	259.78%
石川県	24,826	12,000	206.88%
福井県	12,436	12,000	103.63%
山梨県	10,185	12,000	84.88%
長野県	14,752	20,000	73.76%
岐阜県	37,441	20,000	187.21%
静岡県	25,964	32,000	81.14%
愛知県	39,793	60,000	66.32%
三重県	13,367	20,000	66.84%

	党員数	目標数	達成率
滋賀県	8,134	16,000	50.84%
京都府	16,910	24,000	70.46%
大阪府	31,798	76,000	41.84%
兵庫県	22,011	48,000	45.86%
奈良県	6,119	16,000	38.24%
和歌山県	16,176	12,000	134.80%
鳥取県	8,668	8,000	108.35%
島根県	13,600	8,000	170.00%
岡山県	23,507	20,000	117.54%
広島県	32,257	28,000	115.20%
山口県	19,156	16,000	119.73%
徳島県	9,065	12,000	75.54%
香川県	16,496	12,000	137.47%
愛媛県	22,152	16,000	138.45%
高知県	7,668	12,000	63.90%
福岡県	22,611	44,000	51.39%
佐賀県	7,277	12,000	60.64%
長崎県	24,007	16,000	150.04%
熊本県	20,132	20,000	100.66%
大分県	11,890	12,000	99.08%
宮崎県	11,309	12,000	94.24%
鹿児島県	17,842	20,000	89.21%
沖縄県	7,399	16,000	46.24%
計	987,182	1,200,000	82.27%

出所：自民党本部資料より著者作成

何人かの若手議員に聞くと、一〇〇〇名のノルマの達成は厳しかったようである。個人後援会の会員の間では党員になることへの抵抗感が少なくないし、四〇〇〇円の党費のメリットを説明することも容易ではない。衆参両院議員が競合しただけでなく、都道府県議会議員も当選回数などに応じて一〇〇～五〇〇名程度の党員獲得が地方組織ごとに目標として設定されていたため、それとも重なった。パーティー券の販売とは違い、党費を二重に支払ってもらうわけにいかないという困難が党員獲得には存在した。

都道府県別の党員獲得の達成率をみると、国政選挙などでの強さがそのまま反映している。達成率の平均は八二・三%であり、党員数は九八万七一八二名となったが、富山県の二五九・八%をはじめ、一〇〇%を超えているのは北関東、北陸、中国、四国、九州など自民党が強い地域に多い（6—⑥）。また、ある県連のデータをみると、県議会議員の達成率が国会議員より二倍以上も高かった。地方議員が強い県連の例であるとしても、国会議員に比べて都道府県議会議員のほうが、比較的よく個人後援会を維持していることを示している。

4　変わる国会議員と地方議員の関係

自民党の組織的分権性

自民党は現在、市区町村ごとの地域支部、職域支部、国会議員および地方議員の選挙区支部という三つのタイプの支部を置き、さらに都道府県単位の支部の連合体として、都道府県支部連合会（都道府県連）を設置している（６―⑦）。このような構成を持つ自民党の地方組織は、大きくいって二つの役割を果たしている。一つは、党本部を頂点とする全国的な自民党組織の基礎としての役割である。もう一つは、それぞれの地方自治体の議会などを担う地域の政治主体としての役割である。

6-⑦　自民党の地方組織

自由民主党本部（党本部）
都道府県支部連合会（都道府県連）
市区町村支部（地域支部）
職域支部
選挙区支部
地方選挙区支部
参議院比例区支部
参議院選挙区支部
衆議院比例区支部
選挙区支部（衆議院小選挙区支部）

出所：著者作成

党本部と地方組織の間の役割分担は複雑であるが、最も重要な選挙での候補者選定については、「選挙対策要綱」で次のように定められている。衆議院の小選挙区は、都道府県連を通じた選挙区支部の推薦を参考に、参議院の選挙区、都道府県知事、政令指定都市市長は、都道府県連の推薦を参考に、党本部で決定する。衆参両院の比例代表に関しては、党本部で決めるが、衆議院のそれはブロックの意見を聴取する。地方議員、政令指定都市以外の市区町村長は、地域支部の申請に基づいて、都道府県連で決定する。

自民党の候補者選定は、中央・地方の様々な有力者の間の調整を通じてなされる点に特徴があるが、ボトムアップが基本であり、国政選挙の候補者についても、党本部が決定権を持つとはいえ、通常、都道府県連から上がってきた推薦が尊重される。地域の人的ネットワークを基礎とする自民党では、「県連自治」という考えが強く、都道府県ごとの分権的な党運営が望ましいという認識が存在するからである。同じ理由から、都道府県連でも支部の判断が尊重される。

かつて党近代化を目指した時代には、党本部が地方組織にオルガナイザーを派遣する地方駐在組織員制度も存在していたが、消滅して久しい。自民党の都道府県連は自律的であり、それゆえ他党に比べて多様性に富む。それぞれの地域の実情に合わせて柔軟な運営がなされていることが、自民党の地方組織の強さの源泉になっている。しかし、それは弱点にもなりうる。例えば、都道府県連で内部対立が深刻化するケースである。党本部は事態の沈静化を辛抱強く待つほかない。

自民党が「県連自治」を重視していることは、都道府県連の人事にも反映されている。会長には国会議員が就くことが多いが、幹事長、総務会長、政調会長については都道府県議会議員が就任する。政令指定都市を抱える場合には、その市議会議員が執行部入りすることもある。国会議員は会長になっても、時間的制約などから都道府県連を日常的に差配することは困難であり、都道府県議会議員が実権を握っている。なかでも幹事長は都道府県連の運営の中心を担い、大きな発言力を持つ。[18]

都道府県議会議員をはじめとする地方議員のあり方は、前述したように、あまり変化がみられない。都道府県議会の選挙制度は、都市部が中・大選挙区制、農村部が小選挙区制の混合であり、市区町村議会では、非常に大きな定数の大選挙区制が存続している。それを一因として、地方議員は独自の人的ネットワークに基礎を置く個人後援会を維持している。他方、国会議員は、個人後援会が弱体化し、党員集めにも四苦八苦している。その結果、国会議員と地方議員の力関係が、後者に傾きつつある。

弛む代議士系列

かつては違った。中選挙区制の下で同士討ちを強いられていた自民党の衆議院議員は、有権者を直接的に掌握すべく集票組織として個人後援会を保持したが、それとともに都道府県議会議員をはじめとする地方議員を自らの系列の下に置いていた。[19] 地元に常駐して地域の実情をつぶさに知り、独自の個人後援会を持ち、集票活動をきめ細かく行っている地方議員を系列化することで、間接的に固定票を集めたのである。ただし、実際には、系列の地方議員が国会議員の個人後援会の役員を務めるなど、かなりの程度重なり合っていた。

系列の主導権は国会議員にあり、地方議員に対して自分の系列に入らなければ対抗馬を立てると圧力をかけるケースも少なくなかった。代議士系列と呼ばれるゆえんである。国会議員は、中央省庁とのパイプを使って地方議員の陳情処理に協力したり、地方議会選挙で支援したりする見返りとして、地方議員を使って自治体に影響力を及ぼしたり、ポスター貼りや票の取りまとめなどの集票活動に駆り出したりする。クライエンテリズム（恩顧主義）に基づく、一種の親分―子分関係である。

中選挙区制は国会議員が系列を作り上げるインセンティブを生み出したが、国会議員が系列を形成できたのは、強固な個人後援会を持っていたからである。そうでなければ、地方議員が系列に入らない、あるいは系列から離脱するといった場合に威嚇できない。実際、地方議員の多くは国会議員の応援を受けて出馬し、初当選の段階から系列に組み込まれていたのであり、系列を移動するケースも存在したが、国会議員と個人後援会が重なり合っている場合には難しかった。

一九九四年の政治改革によって中選挙区制が廃止されるまでは、衆院選でも、地方議会選挙でも、自民党は多くの場合、同士討ちを余儀なくされていた。これが衆議院議員―都道府県議会議員―市区町村議会議員の三つのレベルにわたる系列が成立する制度的な背景であった。ところが、一九九四年の政治改革によって衆議院に小選挙区制が導入されると、系列は必然的に変化することになる。従来の系列が残存している地域も少なくないが、全体として弛緩していったのである。[20]

論理的には、小選挙区では自民党の公認候補が一名になるので、地方議員が中立的な態度をとる余地がなくなり、従来の系列が強化される可能性もある。しかし、衆議院議員は、選挙区内のすべての自民党系の地方議員の協力を得ることができるようになり、系列を維持するインセンティブが弱まった。公共事業費の削減などで、国会議員が配分できるリソースも減少している。親分を選べなくなった地方議員の忠誠心も衰えた。系列の結束力は他の系列との競合によってもたらされていたのであり、何よりもそれが失われてしまった。

かくして国会議員と都道府県議会議員の関係は、従来の親分―子分関係から緩やかなパートナーシップへと変容した。しかしながら、その下の都道府県議会議員と市区町村議会議員の間の系列は、現在も存続している。同士討ちを余儀なくされる地方議会の選挙制度は、依然として変わっていないからである。個人後援会についても、弱体化してきている国会議員とは違い、都道府県議会議員は比較的よく維持している。そうしたなか、自民党の都道府県連の運営にも変化がみられる。

都道府県連運営の変化

中選挙区制の下での都道府県連の運営は、「県連自治」といっても、系列の存在を前提として行われ、国会議員の関与が強かった。典型的な例は、派閥の領袖を長く務め、首相にも就任した福田赳夫と中曽根康弘の系列が強い支配力を及ぼし、県議会議員を二分した群馬県連である。そこでは、系列のバランスが重視された人事がなされ、意思決定も系列の間の調整を軸とするトップダウンによって実施された。インフォーマルな存在である系列が幅を利かせる結果、党組織は形骸化しがちであった。

　ところが、自民党の地方組織には多様性がある。例えば、群馬県連とは違って茨城県連では、橋本登美三郎、梶山静六ら有力議員を輩出しながらも代議士系列が弱く、人事と意思決定の両面で、幹事長や会長を歴任した山口武平を中心に県議会議員主体の運営が行われ、支部を基礎とする党組織の強化が図られた。しかしながら、中選挙区制の下、茨城県連は独自の歴史的背景に基づく例外的な存在であり、代議士系列が強かった群馬県連のほうが典型的であった[21]。

　だが、代議士系列の衰退に伴い、自民党の地方組織では近年、全般として都道府県議会議員の台頭がみられる。ただし、その足並みは乱れがちである。なぜなら、都道府県議会の選挙制度は、農村部が小選挙区制でも、都市部は同士討ちを生じさせる中・大選挙区制である。選挙区内の競合に加え、地域間の対立も持ち込まれやすい。したがって、都道府県議会議員主体の運営がなされるには、茨城県連の山口武平のように、十分なキャリアやリソースを持ち、面倒見がよく、国政に転出しないボス的な人物が不可欠である。

　二〇一六年の東京都知事選挙で推薦候補が小池百合子に敗れた責任を取って都連幹事長を辞任した内田茂は、その一例であるが、最も代表的なのは、岐阜県連の猫田孝幹事長であろう[22]。当選一二回の猫田は、親分肌で人望があるだけでなく、西濃の中心都市の大垣市を地盤に豊富な資金力を擁し、地元の友好団体や創価学会とも緊密な関係を築き、一人区が多いことも作用して県議会議員の大部分を掌握している。二〇一三年には県知事の反対を押し切って、県の指定金融機関を十六銀行から大垣共立銀行に切り替えたほどの権勢を誇る。

岐阜県は「保守王国」と呼ばれ、歴史的に自民党が強く、現在も野田聖子や古屋圭司など有力議員も多いが、国会議員と県議会議員の関係は、一部に旧来の系列が残っているとはいえ、親分—子分というよりもパートナーに近くなっているという。特に一区を除いて衆議院の小選挙区は面積が広く、小まめに回ることが難しいこともあって、県議会議員に気を遣わざるを得ない。また、県内で政治資金を集める場合、パーティー券の販売などで猫田幹事長に頼る国会議員も少なくないようである。

二〇〇三年から県連幹事長を務める猫田は、一度、失脚を経験している。郵政民営化への反対を鮮明に打ち出していた岐阜県連は、小泉首相が解散・総選挙に踏み切ると、野田聖子、藤井孝男、古屋圭司の三名の造反議員を「県連公認」として支援した。その結果、選挙後に党本部の圧力によって、猫田は幹事長辞任と離党に追い込まれた。しかし、第一次安倍内閣の下で造反議員の復党が認められたことを受けて、猫田も復党を果たし、二〇〇八年には県連幹事長に返り咲く。それは自民党の地域回帰の流れに沿うものであった。

弱まる党本部と地方組織のリンク

都道府県議会議員の影響力が増すにつれ、若手を中心とする国会議員の一部では、都道府県連の存在に対して不満が高まってきたという。小選挙区で戦う衆議院の候補者からすれば、選挙区内の地方議員に配慮しなければならないとしても、都道府県連を牛耳る選挙区外の都道府県議会議員に制約を受ける理由を見出すことができない。都道府県連によっては、国会議員が多額の財政的な貢献を求められる場合もある。こうした背景から、党本部と選挙区支部を直結させるという、都道府県連不要論が生まれてくる。

それは民主党・民進党の党組織に近い。地方議員が少ない民主党・民進党は、国会議員の権限が強く、衆議院の小選挙区ごとに設置される総支部が基本単位であり、地域支部や職域支部は例外扱いとなっている。そのため北海道などを除いて都道府県連の機能が弱い。ところが、政権から転落した民主党・民進党の再建が難航しているのをみて、現在の自民党では、先のような不満の声が小さくなっているという。当選回数が増えると、自民党の強さの源泉として都道府県連の重要性を認識するようになるとも聞く。

より深刻な問題が存在するのは、党本部と都道府県連の関係である。かつて代議士系列が強かった時代には、国会議員が地方議員を統制する一方、党本部と都道府県連の媒介役を果たしていた。地方組織は地元選出の有力議員を頼り、それが有する国政での影響力を通じて政策的な要望などを実現しようとした。ところが、国会議員が地域とのつながりを弱めるとともに、中央でも総理・総裁のトップダウンが進んだ結果、このような回路は細くなってしまった。

もちろん、自民党の党本部と地方組織の間には、制度的な回路も存在する。党則にも規定されている全国幹事長会議や全国政調会長会議などである。しかし、それらは決定のための場ではなく、確認のための場にすぎない。すなわち、選挙をはじめ重要な党運営上の出来事がある、もしくは全国的に影響が及ぶ新たな政策を打ち出す場合、党本部の方針の下で全党的な結束を図るための機会なのである。なお、全国幹事長会議を開催する際には、必ず事前に党本部と都道府県連からなる全国事務局長会を開いて万全を期すという。

国会議員を媒介とする党本部と都道府県連のリンクが弱まるなか、両者の足並みの乱れが時折みられる。例えば、安倍政権は二〇一四年七月一日の閣議決定で憲法解釈を変更し、集団的自衛権の行使を容認した。その際、猫田幹事長率いる岐阜県連は、性急すぎると批判し、県議会で「集団的自衛権の行使容認に関する慎重な検討を求める意見書」を賛成多数で可決した。また、同年一一月二一日に安倍首相が衆議院の解散に踏み切る直前、岐阜県連は「大義はない」と考え、解散に反対する決議を行った。

自民党の地方組織が官邸主導をめぐって分裂するケースもみられる。例えば、沖縄県連は二〇一四年の県知事選挙に際して分裂し、元県連幹事長の翁長雄志が、首相官邸と協力して普天間基地の辺野古移設を進める現職の仲井真弘多に勝利を収めた。二〇一五年の佐賀県知事選挙でも、農協改革に反対するJA佐賀が支援し、自民党県議会議員団の半数が支持に回った山口祥義が、官邸主導で擁立された樋渡啓祐を破った。官邸主導のトップダウン的な政策決定のアキレス腱の一つは、地方組織との関係にある。

終章　自民党の現在——変化する組織と理念

政治改革と民主党の台頭のインパクト

最後に結論として、小泉政権と安倍政権の比較を交えながら、これまでの議論を整理していきたい。現在の自民党を理解するためには、この四半世紀に自民党が直面してきた二つの課題を押さえなければならない。一つは、一九九四年に本格的に実施され、その後も断続的に行われてきた政治改革への対応である。もう一つは、政治改革、とりわけ衆議院への小選挙区制の導入を背景に二大政党の一角として台頭し、二〇〇九年に政権を奪った民主党にどう対抗するかである。

一九九四年の政治改革が目指したのは、自民党長期政権の打破によって「政権交代ある民主主義」を実現することであった。自民党に即していうと、政党本位・政策本位の政治を目標にして、田中角栄に体現される利益誘導政治の背景となっていた分権的な党組織を改革することであった。ここでいう分権的とは、国会議員の互助組織である派閥、その自前の集票組織である個人後援会、族議員が大きな影響力を持つ事前審査制など、総裁を中心とする党執行部の権力が弱く、国会議員が強い党組織のあり方を意味する。

リクルート事件の後、紆余曲折を経て実現した一九九四年の政治改革は、主に選挙制度改革と政治資金制度改革の二つから構成された。前者は、衆議院の中選挙区制を廃止し、小選挙区比例代表並立制を導入するものであり、後者は、企業・団体献金に対する制限を強めるとともに、政党助成制度を新たに設けるものであった。その後も、中央省庁の再編と内閣機能の強化を二つの柱とする橋本行革、党首討論を導入した国会審議活性化法など、広い意味での政治改革が断続的に実施された。

これを受けて、自民党の党組織の集権化が進んだことは間違いない。小選挙区制の導入によって、自民党の公認候補の同士討ちが消滅し、党執行部が持つ公認権が重要になり、候補者の公募などが積極的に行われるようになった。また、無党派層に向けた「選挙の顔」として党首の役割が高まり、広報改革が進められた。政治資金制度改革の結果、政党交付金の配分権を持つようになった党執行部の権力が強化された。政策決定過程についても、官邸主導が強まっていった。

他方、長らく自民党の「党中党」であった派閥は、無派閥議員の増加にみられるように弱体化し、総裁選挙での候補者の擁立と支援、国政選挙の候補者の擁立と支援、政治資金の調達と提供、政府・国会・党のポストの配分といった機能の多くを低下させていった。個人後援会も、依然として重要な集票組織であるとはいえ、以前に比べると弱まっている。族議員も、小選挙区制に伴う非専門化や関連省庁・業界団体の衰退もあって、政治的影響力を低下させた。

このような変化は、一九九四年の政治改革後に少しずつ進んできたが、それを一気に加速させたのが、二〇〇一年に総理・総裁に就任した小泉である。そのため、小泉政権を政治改革以降の日本政治のモデルとして捉える見解が広がりをみせた。[1] ところが、二〇一二年に始まる安倍政権は、選挙やリーダーシップの強さという点では小泉政権と同じでありながら、人事などの政治手法については違いが少なくない。それは、台頭する民主党への対抗という自民党が直面し、安倍が取り組んできた課題に関わっている。

小泉純一郎と「抵抗勢力」との戦い

小泉と安倍は政治的原点が大きく異なる[2]（7―①）。一九六九年の総選挙に出馬し、落選した小泉は、福田赳夫の秘書を務め、一九七二年の総選挙で初当選を果たした。その五ヵ月前、佐藤栄作の後任を決める自民党総裁選挙で田中角栄が福田を破って、首相に就任していた。「角福戦争」の始まりである。福田は一九七六年に自民党総裁となり、念願の首相ポストを手に入れるが、翌々年、現職の総理・総裁でありながら、自らが導入した総裁予備選挙で田中の支援を受けた大平正芳に敗れ、失意のうちに退陣する。

このような出発点ゆえに、多様な政策分野の族議員を揃え、利益誘導政治を通じて豊富な

7-① 小泉と安倍の政治的バックグラウンド

	小泉純一郎	安倍晋三
初当選	1972年	1993年
政治的原点	自民党内の派閥抗争	自民党の下野
主要敵	田中派（経世会・平成研）	民主党（民進党）
政策的スローガン	郵政民営化	戦後レジームからの脱却
派閥横断グループ	YKK（グループ新世紀）	日本の前途と歴史教育を考える若手議員の会，創生「日本」
首相就任	2001年	2006年，2012年

出所：著者作成

資金力を誇り、自民党を支配する田中派との闘争が、小泉の政治的モチーフとなった。小泉の看板政策である郵政民営化は、田中派の牙城（がじょう）を崩すことを目指すものであった。小泉は一九九〇年末、田中派の系譜を引く経世会に対抗すべく、加藤紘一・山崎拓と三者同盟のＹＫＫを結成する。経世会が分裂し、一九九三年に非自民連立政権が成立すると、ＹＫＫは自社さ政権の樹立に向けた一つの原動力となった。

ところが、自民党では政権復帰後、竹下登から小渕恵三へと継承された経世会・平成研が徐々に復活する。小泉は初めて立候補した一九九五年の総裁選挙で、平成研の橋本龍太郎に完敗し、その三年後にも小渕に惨敗した。しかし、一九九四年の政治改革の結果、「選挙の顔」として総裁が重要になる一方、派閥や友好団体の弱体化が進んだ。それを背景として、小泉は二〇〇一年の総裁選挙で「古い自民党をぶっ壊す」と叫び、国民の間に巨大なブームを巻き起こして橋本を破り、総裁に就任する。

首相となった小泉は、平成研に体現される利益誘導政治を打破すべく、郵政事業や道路公団の民営化など新自由主義的改革を推し進め、それに反対する族議員などを「抵抗勢力」と呼んで叩くことで有権者の支持を集めた。二〇〇三年の総裁選挙では「抵抗勢力」の亀井静香や藤井孝男を破って再選を果たし、その余勢を駆って解散・総選挙に踏み切る。二〇〇五年に郵政民営化法案が参議院で否決されると、再び解散・総選挙を断行し、造反議員を自民党から除名した上で「刺客」候補を擁立して、勝利を勝ち取った。[3]

党内に敵を作り出して排除する小泉の政治手法は、人事についても明確にみられた。小泉は派閥均衡や当選回数に基づく旧来の自民党の人事慣行を無視し、独断で閣僚や党役員の人選を行った。それによって平成研を中心とする派閥に打撃を加えたのである。その一方で、党務全般を掌握し、選挙や政治資金などの面で重要な役割を果たす幹事長のポストには、盟友の山崎拓、後輩の安倍晋三、「偉大なるイエスマン」の武部勤を相次いで起用し、激しい党内抗争を乗り切った。

小泉が平成研をはじめとする「抵抗勢力」との戦いに勝利できた背景には、政治改革によって総理・総裁の権力が強化されたことがあった。もともと小泉は、小沢一郎が推進した政治改革に対し、経世会支配を強めるものとして強硬に反対していた。ところが、結果としてみるならば、経世会を分裂させて自民党を離党した小沢に代わり、小泉が政治改革に乗じて経世会の後身の平成研を攻撃し、自民党の党組織を集権化させる役割を担った。歴史の皮肉というほかない。

安倍晋三と党内融和的人事

小泉と同じく安倍は、岸信介・福田赳夫の流れを引く派閥の清和会に所属する三世議員であるが、一九四二年生まれの小泉に対して一九五四年生まれと、一回り違う。初当選は二〇年以上遅い一九九三年である。この総選挙で、非自民連立政権が成立し、自民党は結党以来、初めて政権を失う。田中派との派閥抗争から出発した小泉とは異なり、野党議員として政治家人生をスタートさせた安倍は、自民党が政権の座にあり続けられるよう改革していくことを自らの政治的課題の中心に据えた。

政権を取り戻すため自社さ政権の樹立にやむなく賛成した安倍も、その下で河野洋平総裁ら宏池会が主導権を握り、「自主憲法の制定」の党是を事実上棚上げしたことに強く反発した。党独自の理念を中核とする自民党の再建を目指していたからである。小泉が反経世会のYKKを結成したのに対し、安倍は中川昭一を代表とする右派の若手グループとして一九九七年に「日本の前途と歴史教育を考える若手議員の会」を設立し、事務局長に就任する。これが創生「日本」の原型となった。

安倍は小泉政権の下、二〇〇三年に自民党幹事長に起用されたが、その直後の総選挙で民主党の躍進を許し、新自由主義的改革の限界を痛感する。以前からの自民党の支持基盤を弱めてしまっただけでなく、それによって得られる無党派層の支持が不安定だからである。そこで、安倍は理念によって民主党に対抗すべく、新たな綱領や自民党初の条文化された憲法改正案の作成を推進した。さらに二〇〇六年に首相に就任すると、憲法改正のための国民投票法を制定するとともに、教育基本法を改正し、そこに愛国心を盛り込んだ。

こうした安倍の考えは、二〇〇七年の参院選で民主党に敗れ、体調不良もあって総辞職を余儀なくされた後、かえって強められた。自民党は二〇〇九年、民主党に政権を奪われ、再び野党に転落する。これを受けて自民党は二〇一〇年に新綱領を策定し、一二年には新たな憲法改正案を作成する。創生「日本」の会長に就任した安倍は、このような自民党の右傾化を後押しするとともに、激しい民主党政権批判を繰り返した。そして同年、創生「日本」を足場として総理・総裁に返り咲いた。

以上から明らかなように、安倍にとっての主要敵は、民主党・民進党である。したがって、小泉のように党内に敵を作り出すのではなく、党内の結束を固めることを重視している。人事についてみると、派閥の領袖クラスの多くが閣僚などに起用されている。それが効果的なのは、小泉政権を契機として、総理・総裁の人事権が実質化してきたからである。すっかり弱体化した派閥は、かつてに比べて少ないポストの提供によって取り込まれ、上意下達機関化している。

安倍による包摂的人事が最も明瞭にみられるのが、幹事長ポストである。地方組織に人気があり自らを脅かす可能性が高い石破茂、リベラル色が強く理念の面で相容れない谷垣禎一、老練な派閥政治家の二階俊博と、安倍は小泉とは違い潜在的なライバルを幹事長に起用してきた。現在の自民党で異論が出にくい一因は、党内融和的な政治手法をとっていることにある。それに国政選挙での連勝や内閣支持率の高さが加わり、安倍は二〇一五年の総裁選挙で無投票再選を果たした。

新自由主義的改革と利益誘導政治

人事における包摂と排除の違いは、政策とも密接に関連している（7―②）。小泉首相は「古い自民党をぶっ壊す」と叫び、利益誘導政治を打破すべく、政府の介入を抑制し、市場メカニズムを重視する新自由主義的改革を断行した。具体的に述べれば、大幅な歳出カットを行い、公共事業費を毎年三～四％削減するとともに、年金・医療などの社会保障費や地方自治体向けの補助金・交付金を抑制した。「平成の大合併」も推進する。労働市場をはじめ様々な領域で規制緩和が進められ、郵政事業や道路公団の民営化も実施された。

それに対して二〇一二年に首相の座に復帰した安倍は、アベノミクスを打ち出し、積極的な金融緩和、公共事業などの財政出動、規制緩和をはじめとする成長戦略を「三本の矢」と位置づけた。大規模な金融緩和を中心に据えつつ、自民党の伝統的な利益誘導政治と新自由主義的改革とを両立させようとしたのである。そうしたなか、公共事業費や土地改良予算が

7-② 小泉自民党と安倍自民党の違い

	小泉純一郎	安倍晋三
人事（特に派閥）	排除的	包摂的
政策	新自由主義的改革	利益誘導政治との両立
理念	限定的な右傾化	右傾化
政策決定プロセス	官邸主導＋事前審査制の破壊	官邸主導＋事前審査制の利用
国政選挙	無党派層の重視	支持基盤の重視

出所：著者作成

当初予算で毎年増額され、診療報酬も本体部分のプラス改定が続いている。地域活性化を図る「地方創生」も掲げられた。

安倍首相が自ら「世界で一番企業が活躍しやすい国を目指す」、「岩盤規制を打ち破るための『ドリルの刃』になる」などと演説したように、新自由主義的改革が進められているのは確かだが、そこには大きな限界が存在する。例えば、自民党の友好団体の御三家の一つである全特を敵に回した小泉の郵政民営化とは異なり、農協改革はJA全中の同意の下、その一般社団法人化にとどまった。准組合員の利用制限が見送られ、自民党の集票を担う都道府県中央会も実質的に温存された。

それとの関連で、政策決定プロセスも異なる。いずれも首相直属の諮問機関を駆使して官邸主導の政策決定を行っている点では共通している。しかし、郵政民営化を看板政策とする小泉首相が、全特と緊密な関係にある郵政族などの抵抗を押し切るために、自民党の事前審査制に風穴を開けようとしたのに対して、安倍首相は弱体化した農林族の同意を取りつけながら農協改革を進めるなど、事前審査制を巧みに利用することで、トップダウン的な政策決定を安定的に実施している。

小泉内閣による新自由主義的改革が、全特をはじめ友好団体の弱体化や離反に拍車をかけたのとは違い、安倍政権の下での自民党は業界団体などとの関係を緊密化させている。二〇一三年の参院選では、全特が久しぶりに自民党から組織内候補を擁立したほか、民主党政権の際に距離をとった日医、日歯、JAグループなども、自民党の公認候補の支援に回った。企業・団体献金も増加している。それまで衰退を余儀なくされてきた自民党の友好団体が息を吹き返しつつある。

以上要するに、安倍自民党は、「自主憲法の制定」の党是をはじめ、右派的な理念を中心に据えて民主党・民進党に対抗する一方、自民党が内包する様々な要素を両立させ、党内の一体性を確保している。現在も自民党では、党内の足並みの乱れが二〇〇九年の政権からの転落の大きな原因になったという認識が根強い。安倍はそのような認識を十分に踏まえた政権運営を行っている。つまり、「内なる結束」と「外への対抗」という点にこそ、安倍自民党の特徴が存在する。

右傾化する理念

自民党の理念の変化を具体的にみてみよう。ここでは日本国憲法に体現される戦後的価値を擁護するのをリベラル派、それを「押しつけ憲法」と否定し、「自主憲法の制定」を唱えるのを右派と呼ぶ[4]。このような意味でのリベラル派が右派を抑え込むことに成功したのが、河野総裁によって行われた一九九五年の綱領的文書の改訂であった。その当時、自民党は社会党および新党さきがけと連立を組み、新進党に対抗していた。そうしたなかで、「自主憲法の制定」の党是が事実上棚上げされたのである。

ところが、一九九八年、社民党とさきがけが自民党との閣外協力を解消する一方、社会党の出身者を含みリベラル色が強い民主党が、解党した新進党に代わって二大政党の一角を占めるべく結成された。それ以降、自民党は民主党に対抗して党内の結束を固めつつ支持基盤を強化するため、「自主憲法の制定」の党是など右派的な理念を強調するようになる。その背景には、冷戦の終焉や階級対立の弛緩に加え、利益誘導政治によって国民の支持を調達したり、党内の結束を図ったりすることが難しくなったという事情があった。

このような自民党の右傾化を主導したのが、安倍晋三である。小泉首相は、二〇〇三年に安倍を自民党幹事長に据えて総選挙に臨んだが、伸び悩み、翌年の参院選では民主党に敗北を喫した。これを受けて幹事長代理に降格した安倍は、新自由主義的改革の限界を踏まえ、党改革を加速する一方で、自民党独自の理念を重視し、二〇〇五年の結党五〇周年に向けて新憲法の制定を掲げる新たな綱領、結党以来初の条文化した改憲案「新憲法草案」などの策定を進め、実現させた。

二〇〇五年の改憲案のポイントは、大きくいって三つ存在する。第一は、第九条第二項を修正し、自衛軍の保持を明記することであり、第二は、国の環境保全の責務や犯罪被害者の人権など、新しい人権の挿入であり、第三は、政党条項の新設をはじめとする統治機構改革であった。全体としてみれば、穏健な内容にとどまったといえる。それは、天皇制や国民の権利などに関して「自民党らしさ」を求める安倍の主張が、小泉の判断によって斥けられた結果であった。[5]

ところが、二〇〇九年に政権を奪われた自民党は、リベラル色が強い谷垣禎一を総裁に選出しながらも、安倍を会長とする創生「日本」の圧力も加わり、民主党との差異化を図るため右派的な理念を一層強調するようになる。まず翌年、新たな綱領を制定し、「日本らしい日本の保守主義」を政治理念に掲げ、「新憲法の制定」を打ち出した。地方議会でも、右派的な内容を盛り込む意見書を採択するキャンペーンを展開した。さらに二〇一二年、新たな改憲案として「日本国憲法改正草案」をまとめた。

小泉総裁の下で作成された二〇〇五年の改憲案と比較して、二〇一二年の改憲案は著しく右傾化した。具体的にみると、自衛軍ではなく国防軍の保持が謳われ、戦争や大規模な自然災害の際の緊急事態条項が盛り込まれたほか、家族の尊重と相互扶助義務、公務員の労働基本権の制限など人権に対する制約が強められ、「個人の尊重」が「人としての尊重」に変更された。また、天皇が象徴から元首に変わり、その憲法尊重擁護義務が外されるとともに、国旗・国歌や元号も規定された（7―③）。

7-③ 日本国憲法と２つの自民党改憲案

	日本国憲法	2005年改憲案	2012年改憲案
〈新しい人権〉 国の環境保全の責務	×	○	○
犯罪被害者の人権	×	○	○
〈統治機構〉 政党	×	○	○
財政の健全性の確保	×	○	○
憲法改正の国会議決	各議院総議員の２／３以上	各議院総議員の過半数	各議院総議員の過半数
〈安全保障〉 戦力	戦力の不保持	自衛軍の保持	国防軍の保持
領土の保全	×	×	○
緊急事態	×	×	○
〈人権の制約〉 基本的人権	個人の尊重	個人の尊重	人としての尊重
家族の尊重と相互扶助義務	×	×	○
公務員の労働基本権の制限	×	×	○
外国人の地方参政権の否定	×	×	○
〈天皇制〉 天皇の地位	象徴	象徴	元首
天皇の国事行為	内閣の助言と承認	内閣の助言と承認	内閣の進言
天皇の憲法尊重擁護義務	○	○	×
国旗・国歌	×	×	○ （尊重義務）
元号	×	×	○

注記：○は記載あり，×は記載なし
出所：著者作成

野田聖子は、こう証言している。「野党でいると埋没していく。マスメディアの露出もどんどんなくなる。与党と差別化しないといけない。だから政策的に個人重視の民主党に対して、自民党は、国家を基本とする政策を重視するというわかりやすさを出していこうとした。それでかなり右にずれたかなと思います。野党の自民党を一生懸命支えてくれた方たちが、そちらのほうにいたということもあります」[6]。その後、自民党は民主党から政権を取り戻したが、二〇一二年の改憲案を放棄していない。

後退するポピュリスト的政治手法

一般的な印象とは違い、小泉政権は国政選挙で常に勝利を収めたわけではない。大勝したのは最初と最後である。就任直後の二〇〇一年の参院選が改選一二一議席中六四、郵政民営化を争点とする二〇〇五年の総選挙が四八〇議席中二九六であった。しかし、その間の二回は必ずしも振るわなかった。二〇〇三年の総選挙は比例代表で民主党に敗れて、四八〇議席中二三七にとどまり、二〇〇四年の参院選は改選議席で民主党に及ばず、改選一二一議席中四九と敗北を喫した。

このような変動の大きさは、小泉首相が移ろいやすい無党派層の支持に依拠しようとしたことに関係している。巧みな話術など高いアピール力を有する小泉は、普通の人々の味方として新自由主義的改革を推し進める「改革勢力」と、既得権を持つ「抵抗勢力」という善悪二元論的な図式を作り上げ、テレビを通じて劇場型政治を印象づけることで、都市部に多い無党派層の票を大量に獲得した。しかし、こうしたポピュリスト的な政治手法は、どうしても不安定さを免れない。

小泉とは異なり、安倍はポピュリストとは言い難い。安倍にとっての主要敵は、リベラル色が強い民主党・民進党であり、既得権を持つエリートではない。有権者からの支持の調達も、「改革勢力」対「抵抗勢力」といった図式ではなく、失敗に終わった民主党政権との対比に基づいている。小泉政権と同じく内閣支持率が高いが、あくまでも消極的なものにとどまり、熱狂はみられない。小泉がアピールの場とした「ぶら下がり取材」を苦手とするなど、そもそも安倍は話術などの面でポピュリストとしての才覚を欠いている。

移り気な無党派層をつかもうとした小泉内閣とは違い、固定票を重視する安倍政権は安定的に国政選挙での勝利を重ねている。野党として臨んだ二〇一二年の総選挙で、四八〇議席中二九四と大勝したのを皮切りに、一三年の参院選で改選一二一議席中六五、一四年の総選挙で四七五議席中二九一、一六年の参院選で改選一二一議席中五六と、国政選挙で異例の四連勝を続けている。安定した支持基盤の構築を目指す安倍自民党は、その目標を達成しているかにみえる。

安倍政権も無党派層の票を軽視しているわけではない。しかし、逆風を避けるにとどまり、小泉政権に比べると、地方組織の強化や友好団体との関係の再構築など、固定票を重視する姿勢が目立つ。そのことは無党派層を意識して行われてきた候補者の公募が低調になるとともに、世襲の制限が事実上放棄されたことに示されている。国会議員に党員獲得のノルマを課しているのにも、個人後援会の強化という目的が存在する。インターネットについても、安倍首相は開放的なツイッターではなく、閉鎖的なフェイスブックを好んでいる。

以上のことと関係して、小泉自民党と安倍自民党の勝利の方程式も異なる。無党派層を重視した小泉政権は、高い投票率の下でこそ勝利したのに対し、安倍政権は低い投票率の下で勝っている。この事実は、現在の自民党が支持基盤を固めたとしても、必ずしも拡大できていないことを意味する。また、そのことは公明党の票に依存する度合いが高いことも示す。小泉と比較して安倍が政権運営上、公明党に対する配慮を欠かさないのは、これが一因になっていると考えられる。

自民党と日本政治の今後

現在の自民党は、政治改革への対応を経て、民主党に対抗するなかで形作られてきたといってよい。包摂的な人事にみられる党内の結束の強化、地方組織や友好団体といった伝統的な支持基盤への回帰、「自主憲法の制定」を中心とする右派的な理念の強調などが、その特徴として挙げられる。ところが、国政選挙での絶対得票率の低迷に示されるように、現在のところ、大きな成功を収めているとは言い難い。「小さく固まる」ということにしかなって

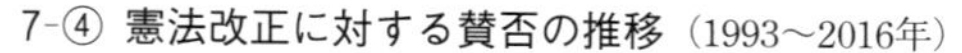
7-④ 憲法改正に対する賛否の推移（1993～2016年）

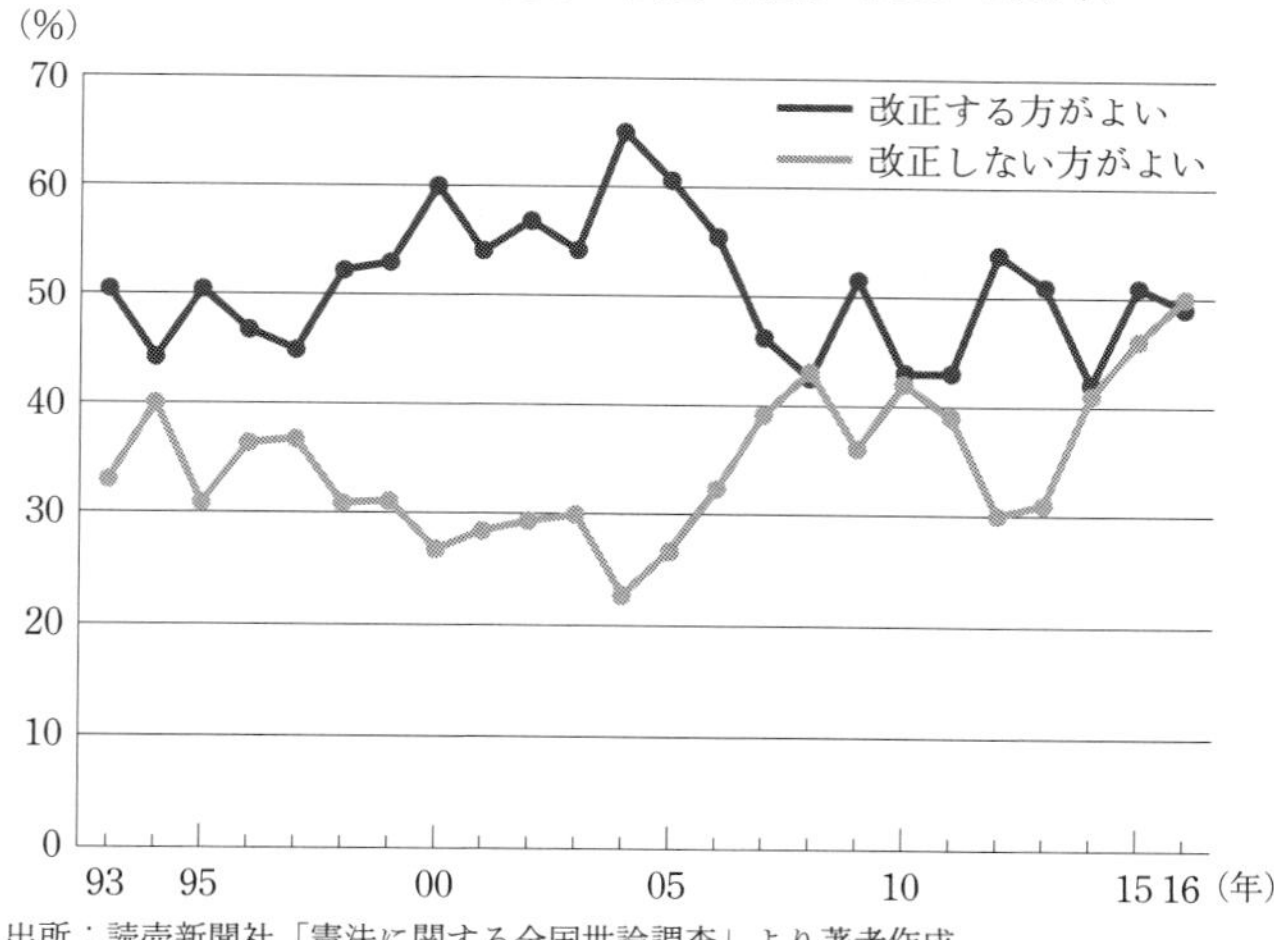

出所：読売新聞社「憲法に関する全国世論調査」より著者作成

いないのである。

例えば、自民党が掲げている右派的な理念について、国民の理解は広がっていない。読売新聞社の世論調査をみると、長年賛成が反対を上回ってきた憲法改正への賛否が、安倍政権が登場するたびに拮抗している。とりわけ集団的自衛権の行使容認の閣議決定がなされた二〇一四年以降、反対が増えている（7—④）。だからこそ、多くの国民が消極的にであれ支持しているアベノミクスを国政選挙のたびに前面に掲げ、勝利を収めた後に安倍カラーを押し出すというパターンが繰り返されている。

安倍率いる自民党が国政選挙で四連勝しているのは、民主党政権が失敗に終わった痛手から野党が立ち直れないためである。二〇一六年の参院選に際して、民主党と維新の党の一部が合流して民進党が結成されるとともに、共産党を含む野党共闘が実現するなど、非自民勢力は分裂状況を徐々に克服しつつある。しかし、日本維新の会が新たに発足し、野党でありながら安倍政権の与党に近い立場をとっている。また、無党派層の期待は依然として民進党に集まらず、低い投票率が続いている。

そうしたなか、相対的に多い固定票を持つ自民党が有利に国政選挙を戦っている。絶対得票率が低迷しても、投票率が低ければ、相対得票率は上昇し、最大政党に有利な小選挙区制の効果が重なり、過大な議席を得ることができるからである。それに加えて重要なのが、創価学会を支持母体とする公明党との緊密な選挙協力である。自民・公明両党と非自民勢力との間には、支持基盤の分厚さという点でも、選挙協力の深さという点でも、大きな非対称性が存在している。

ところが、友好団体にせよ、地方組織にせよ、自民党の支持基盤は弱体化してきている。二〇一二年に政権を奪還して以降、党員数や献金額といった各種のデータをみる限り、復調の兆しもみられるが、中長期的な衰退の流れを逆転させるまでには至っていない。したがって、無党派層が自民党に失望し、民進党をはじめとする野党、あるいは新たなポピュリスト政党に期待が向かう事態が生じれば、現在の自民党一強と呼ばれる政治状況は、急激に転換する可能性も秘めている。[7]

しかし、そうした場合であっても、長年にわたって築かれた自民党の優位は、簡単には覆らないであろう。歴史的な実績に裏づけられた政権担当能力、二度の下野を短期間で乗り越えた経験、変化しつつも安定的な意思決定の手続き、地域や業界に深く根差した集票組織、強固なパートナーである公明党の存在といった政治的リソースは、自民党にしか存在しない。衆議院の小選挙区制を背景に再び二大政党化が進展したとしても、日本政治が今後も自民党を軸に展開していくことは間違いない。

注記

多くの一般紙で確認できる事実については、煩雑を避けるために典拠を示していない。また、本書で言及した自民党の文書は、筆者が独自に入手したものを除いて、自由民主党編『自由民主党五十年史 資料編』自由民主党、二〇〇六年、機関紙『自由新報』『自由民主』、機関誌『月刊自由民主』（廃刊）に掲載されている。

第1章

1　本書では、多数を握った堀内光雄・古賀誠・丹羽雄哉らの派閥のほうを宏池会としている。

2　福田赳夫が首相退任後に結成した清和会は、安倍晋太郎に継承された後、三塚博会長の時代に新政策研究会へと改称した。その後、森喜朗会長の下で清和政策研究会に名称変更し、現在に至っている。ここでは混乱を避けるため、いずれも清和会と呼ぶ。

3　中北浩爾「衰退する『中道保守』」（日本再建イニシアティブ編『「戦後保守」は終わったのか』角川新書、二〇一五年）。

4　大下英治『清和会秘録』イースト新書、二〇一五年、二六〇―二六一ページ。

5　村上信一郎「一党優位政党システムと派閥」（西川知一・河田潤一編『政党派閥』ミネルヴァ書房、一九九六年）六三―六五ページ。

6　以下、自民党の歴史については、中北浩爾『自民党政治の変容』NHKブックス、二〇一四年。

7　以下、自民党の派閥に関しては、渡辺恒雄『派閥』弘文堂、一九五八年、ナサニエル・B・セイヤー（小林克巳訳）『自民党』雪華社、一九六八年、第二章、福井治弘『自由民主党と政策決定』福村出版、一九六九年、第五章、北岡伸一「自由民主党」（神島二郎編『現代日本の政治構造』法律文化社、一九八五年）、居安正「自民党の派閥」（前掲、西川・河田編『政党派閥』）。

8　井芹浩文『派閥再編成』中公新書、一九八八年。

9　中北浩爾『現代日本の政党デモクラシー』岩波新書、二〇一二年、第一章。

10　Masaru Kohno, *Japan's Postwar Party Politics*, Princeton University Press, 1997, Chapter 6.

11　現在、自民党の「選挙対策要綱」には、「党の意向に反し無所属で立候補した党員は、追加公認しない」と書かれている。

12　佐藤誠三郎・松崎哲久『自民党政権』中央公論社、一九八六年、六〇―六一ページ。

13　広瀬道貞『政治とカネ』岩波新書、一九八九年、六二―六四ページ。
14　詳しくは、岩井奉信「政治資金・腐敗防止」(佐々木毅編『政治改革一八〇〇日の真実』講談社、一九九九年)、谷口将紀「政治資金制度・選挙運動」(佐々木毅・二一世紀臨調編『平成デモクラシー』講談社、二〇一三年)。
15　『朝日新聞』一九九三年九月一〇日、一九九四年九月九日、一九九五年九月八日、二〇〇〇年六月八日、二〇一三年一一月三〇日、二〇一四年一一月二九日。
16　野中広務は、田中派の時代、四泊五日程度の夏季研修会が箱根で開かれ、各国会議員が地元から一〇～二〇名もの個人後援会の青年を連れてくるなど、団結力を高める大きな機会になっていたと振り返る。御厨貴・牧原出編『聞き書 野中広務回顧録』岩波書店、二〇一二年、三一―三四ページ。
17　石川真澄・広瀬道貞『自民党』岩波書店、一九八九年、二一〇―二一三ページ。

第2章

1　柿崎明二『「次の首相」はこうして決まる』講談社現代新書、二〇〇八年。
2　前掲、中北『自民党政治の変容』第四章。
3　青嵐会については、河内孝『血の政治』新潮新書、二〇〇九年。
4　以下、読売新聞政治部『安倍晋三 逆転復活の三〇〇日』新潮社、二〇一三年、第一章。
5　前掲、佐藤・松崎『自民党政権』六三―六七ページ。
6　海部俊樹『政治とカネ』新潮新書、二〇一〇年、九〇―九一ページ。
7　自民党幹事長室長の奥島貞雄によると、経世会によって担がれた海部首相は、組閣作業に関わることができず、小沢一郎幹事長ら経世会のメンバーが行ったという。奥島貞雄『自民党幹事長室の三〇年』中央公論新社、二〇〇二年、二一三―二一四ページ。
8　川人貞史「シニオリティ・ルールと派閥」(『レヴァイアサン』臨時増刊、一九九六年冬)一一四―一一六ページ。
9　野中尚人『自民党政治の終わり』ちくま新書、二〇〇八年、一二七―一三一ページ。
10　前掲、佐藤・松崎『自民党政権』四二―四四ページ。
11　『読売新聞』二〇〇二年一〇月四日。
12　高市早苗「早苗コラム」二〇一三年一一月四日https://www.sanae.gr.jp/column_details639.html、最終閲覧日二〇一七年三月一五日。
13　竹中治堅『参議院とは何か』中公叢書、二〇一〇年、三一九ページ。
14　毎日新聞政治部『自民党』角川文庫、一九八五年、一〇〇ページ。
15　前掲、奥島『自民党幹事長室の三〇年』五〇―五一、七六—七七ページ。

16　例えば、馳浩広報本部長は、「就任前日の夕方、安部晋三総裁から直接電話で『広報本部長を』と、ご連絡いただきました」と述べている。馳浩（インタビュー）「丁寧なフォローアップで自民党広報を展開」（『りぶる』二〇一四年一一月）一ページ。

17　上神貴佳『政党政治と不均一な選挙制度』東京大学出版会、二〇一三年、第四章。

18　二〇一六年一月、甘利明の後任の経済財政担当相に石原が就任することで、近未来研も安倍内閣に包摂されるに至った。しかし、水月会を立ち上げた石破が、同年八月の内閣改造で閣内にとどまることを拒否したため、包摂的な人事にも綻びがみられる。

第3章

1　事前審査制の形成過程については、奥健太郎「事前審査制の起点と定着に関する一考察」（慶應義塾大学『法学研究』第八七巻第一号、二〇一四年）、奥健太郎・河野康子編『自民党政治の源流』吉田書店、二〇一五年。これらによると、政調会による事前審査制は自民党の結成とともに始まったが、一九六二年の赤城書簡によって総務会の了承が加わり、完成した。そのことからもわかるように、事前審査制はたんなる慣行ではなく、党則上のルールである。結党以来、自民党の党則には、「党が政策として採用する議案は、政務調査会の議を経なければならない」と書かれている。また、総務会の権限については、「党の運営及び国会活動に関する重要事項を審議決定する」と記されている。

2　前掲、佐藤・松崎『自民党政権』第四章、猪口孝・岩井奉信『「族議員」の研究』日本経済新聞社、一九八七年、第四章—第五章。

3　農林族に関しては、中村靖彦『農林族』文春新書、二〇〇〇年、吉田修『自民党農政史』大成出版社、二〇一二年、石井勇人「農政運動の客体はどのように変化してきたのか」（『日本農業の動き』第一八九号、二〇一五年）。また、党税調のインナーについては、木代泰之『自民党税制調査会』東洋経済新報社、一九八五年。

4　前掲、石川・広瀬『自民党』二三二—二三九ページ。

5　待鳥聡史『首相政治の制度分析』千倉書房、二〇一二年、第二章。

6　経済財政諮問会議については、当事者の証言として、竹中平蔵『構造改革の真実』日本経済新聞社、二〇〇六年、第四章、飯島勲『小泉官邸秘録』日本経済新聞社、二〇〇六年、第一章—第二章、研究としては、信田智人『政治主導vs.官僚支配』朝日選書、二〇一三年、第三章。

7　国家戦略本部については、保岡興治『政治主導の時代』中央公論新社、二〇〇八年、第七章、塩崎恭久

『日本復活』プレジデント社、二〇〇三年、第六章、世耕弘成「マニフェストの訴求方法」（『マニフェストによる政治ガバナンスの確立』日本経済調査協議会、二〇〇六年）一五六―一五七ページ。なお、国家戦略本部の報告書「政治システム」は、保岡の著書に収録されている。

8　郵政民営化のプロセスについては、竹中治堅『首相支配』中公新書、二〇〇六年、第七章、内山融『小泉政権』中公新書、二〇〇七年、第二章第七節、当事者の証言として、堀内光雄『自民党は殺された！』ワック、二〇〇六年。

9　大田弘子『経済財政諮問会議の戦い』東洋経済新報社、二〇〇六年、五三ページ。なお、第三次小泉改造内閣では、竹中に代えて与謝野馨が経済財政担当相に起用された。大田によると、与謝野になって自民党との調整が事後調整から事前調整に変わり、諮問会議の主導権が弱まった。それゆえ大田は、第一次安倍政権で経済財政担当相に起用されると、首相に要求して事後調整に戻したという。大田弘子『改革逆走』日本経済新聞出版社、二〇一〇年、五三―五六ページ。

10　『読売新聞』二〇〇三年一一月二三日、二〇〇六年一〇月三日。

11　政策会議にみられる官邸主導への変化とその限界については、野中尚人・青木遥『政策会議と討論なき国会』朝日選書、二〇一六年。

12　『日本経済新聞』二〇一二年一二月二八日。

13　小泉総裁の下で二〇〇五年から〇六年にかけて総裁直属機関が増設されたが、災害や事故の対策本部がその多くを占めた。

14　農協改革については、飯田康道『JA解体』東洋経済新報社、二〇一五年。

15　建林正彦『議員行動の政治経済学』有斐閣、二〇〇四年。

16　吉田修「自民党農政の変遷について」（『日本農業の動き』第一八九号、二〇一五年）七三ページ。

17　二〇一四年七月一日の集団的自衛権の行使を容認する憲法解釈変更の閣議決定に至るプロセスについては、朝日新聞政治部取材班『安倍政権の裏の顔』講談社、二〇一五年。

18　中野晃一「政権・党運営」（日本再建イニシアティブ『民主党政権 失敗の検証』中公新書、二〇一三年）、濱本真輔「民主党政策調査会の研究」（前田幸男・堤英敬編『統治の条件』千倉書房、二〇一五年）。

19　岩井奉信『立法過程』東京大学出版会、一九九八年、一二六―一三二ページ。

20　増山幹高『議会制度と日本政治』木鐸社、二〇〇三年、第三章、川人貞史『日本の国会制度と政党政治』東京大学出版会、二〇〇五年、第五章、武蔵勝宏「国会審議の効率性と代表性」（『北大法学論集』第六六巻第五号、二〇一六年）、野中尚人「戦後日本政治はマ

ジョリタリアン型か」（日本比較政治学会編『執政制度の比較政治学』ミネルヴァ書房、二〇一六年）。

21　大山礼子『日本の国会』岩波新書、二〇一一年、第二章、野中尚人『さらばガラパゴス政治』日本経済新聞出版社、二〇一三年、第三章。

第4章

1　田中愛治「自民党衰退の構造」（田中愛治ほか『二〇〇九年、なぜ政権交代だったのか』勁草書房、二〇〇九年）二―一一ページ。

2　前田幸男「時事世論調査に見る政党支持率の推移（一九八九―二〇〇四）」（『中央調査報』第五六四号、二〇〇四年）、松本正生「無党派時代の終焉」（『選挙研究』第二一号、二〇〇六年）。

3　前掲、中北『自民党政治の変容』二一一―二一二ページ。

4　吉田貴文『世論調査と政治』講談社＋α新書、二〇〇八年。

5　世耕弘成『自民党改造プロジェクト六五〇日』新潮社、二〇〇六年。

6　小口日出彦『情報参謀』講談社現代新書、二〇一六年、西田亮介『メディアと自民党』角川新書、二〇一五年、第五章。

7　公明党については、薬師寺克行『公明党』中公新書、二〇一六年、中野潤『創価学会・公明党の研究』岩波書店、二〇一六年、が参考になる。

8　玉野和志『創価学会の研究』講談社現代新書、二〇〇八年、一五二―一五六ページ。

9　東順治「『二・五大政党』の一角たる公明党が安保法成立後にめざすべき方向とは」（『Journalism』二〇一五年一一月）一〇一ページ。

10　自民党の公募に関する既存の研究として、浅野正彦『市民社会における制度改革』慶応義塾大学出版会、二〇〇六年、第五章、庄司香「日本の二大政党と政党候補者公募制度」（『学習院大学法学会雑誌』第四八巻第一号、二〇一二年）、堤英敬「候補者選定過程の開放と政党組織」（『選挙研究』第二八巻第一号、二〇一二年）。

11　民主党の公募については、前掲、庄司「日本の二大政党と政党候補者公募制度」、Daniel M. Smith, Robert J. Pekkanen, Ellis S. Krauss, "Building a Party," Kenji E. Kushida and Phillip Y. Lipscy, eds., *Japan under the DPJ*, The Walter H. Shorenstein Asia-Pacific Research Center, 2013.

12　常井健一『誰も書かなかった自民党』新潮新書、二〇一四年、一七六―一七九ページ。ただし、この宮城四区の予備選挙は、党員投票ではなく、各地域支部に一票を割り当てる方式であった。

13　前掲、世耕『自民党改造プロジェクト六五〇日』六六ページ。

14　地方政治家の国政への進出については、馬渡剛『戦後日本の地方議会』ミネルヴァ書房、二〇一〇年、第五章、に詳しい。

15　前掲、堤「候補者選定過程の開放と政党組織」一二ページ。

16　岩本美砂子「女のいない政治過程」(『女性学』第五号、一九九七年)一三ページ。女性の国会議員に関する最新の研究として、三浦まり編『日本の女性議員』朝日選書、二〇一六年。

17　松崎哲久『日本型デモクラシーの逆説』冬樹社、一九九一年、五〇ページ。同書の三五ページには、「衆議院議員としての選挙地盤を、親族から継承して出馬し、当選した職業政治家」という定義が示されている。これは本書の広義の定義とほぼ同一であるが、職業政治家という条件がつけられ、妻が死亡した夫の代わりに一回だけ出馬して当選したケースを除外している点で若干異なっている。また、飯田健・上田路子・松村哲也「世襲議員の実証分析」(『選挙研究』第二六巻第二号、二〇一〇年)は、「過去に国会議員を務めたことのある、あるいは現在国会議員を務める人物を三親等内の親族あるいは姻族に持つ衆議院議員」と定義している。

18　川人貞史「小選挙区比例代表並立制における政党間競争」(『論究ジュリスト』第五号、二〇一三年)。

第5章

1　自民党結成については、中北浩爾『一九五五年体制の成立』東京大学出版会、二〇〇二年。以下、自民党と利益誘導政治の変化については、前掲、中北『自民党政治の変容』。

2　空井護「自民党支配体制下の農民政党結成運動」(北岡伸一・御厨貴編『戦争・復興・発展』東京大学出版会、二〇〇〇年)、功刀俊洋『戦後型地方政治の成立』敬文堂、二〇〇五年。

3　一九七〇年代の補助金の急増については、広瀬道貞『補助金と政権党』朝日新聞社、一九八一年。

4　飯尾潤『民営化の政治過程』東京大学出版会、一九九三年、第Ⅱ部第三章。

5　城下賢一「農協の政治運動と政界再編・構造改革・自由化」(宮本太郎・山口二郎編『リアル・デモクラシー』岩波書店、二〇一六年)。

6　『自由新報』一九九五年六月一三日、二〇日、一九九六年八月六日、一九九七年四月八日。当初、都道府県連や選挙区支部にも各種団体協議会を設置することが目指されたが、党本部の管理能力上の理由から断念され、党本部の各種団体協議会の存在を前提として、それぞれの地域ごとに団体対策を行うよう指導する方針に変更されたという。

7　森裕城「選挙過程における利益団体の動向」(『同志社法学』第六〇巻第五号、二〇〇八年)五九―六五ページ、森裕城「政権交代前夜における団体―政党関係の諸相」（辻中豊・森裕城編『現代社会集団の政治機能』木鐸社、二〇一〇年）一八八―一九二ページ。

8　日本医師会の動向については、山口二郎「日本医師会における政治戦略の変化」（前掲、宮本・山口編『リアル・デモクラシー』）。

9　『読売新聞』二〇〇一年七月三一日。

10　この経緯については、魚住昭『証言 村上正邦 我、国に裏切られようとも』講談社、二〇〇七年、に詳しい。

11　前掲、上神『政党政治と不均一な選挙制度』第五章。

12　読売新聞政治部『小泉革命』中公新書ラクレ、二〇〇一年、五一ページ。

13　自民党の二〇一六年末の党員数は一〇四万三七九〇人となり、八年ぶりに一〇〇万人台を回復した。

14　政党交付金のほかにも、立法事務費が国家財政から国会の各会派に交付されている。

15　経団連と献金システムに関しては、古賀純一郎『政治献金』岩波新書、二〇〇四年、川北隆雄『財界の正体』講談社現代新書、二〇一一年、に詳しい。

16　花村仁八郎『政財界パイプ役半生記』東京新聞出版局、一九九〇年、八三―九〇ページ。

17　東京新聞取材班『自民党 迂回献金システムの闇』角川書店、二〇〇五年、二七八―二七九ページ。

18　宮原賢次（インタビュー）「政党が政策立案能力を高めるための寄付が必要だ」（『論座』二〇〇四年七月）。

第6章

1　石破茂（インタビュー）「政権奪還！　責任ある政治で未来を拓く」（『りぶる』二〇一三年三月）九ページ、谷垣禎一（インタビュー）「一致結束して国民のために」（『りぶる』二〇一四年一二月）四ページ。

2　自民党本部の選対関係者によると、この記述は正確ではなく、正しくは自民党員である市区町村議会議員が一万数千人に上るのだという。

3　村松岐夫・伊藤光利『地方議員の研究』日本経済新聞社、一九八六年、第一章。

4　加藤紘一『劇場政治の誤算』角川書店、二〇〇九年、第三章、大島理森（インタビュー）「『ふるさと対話集会』を重ね着実に党改革」（『自由民主』二〇一一年八月二日）。

5　千葉県などの地方議員連絡協議会については、岡野裕元「政党地方組織の利益表出・集約機能の動態研究」（学習院大学大学院政治学研究科『政治学論集』第二八号、二〇一五年）二六―三三ページ。

6　森脇俊雅『日本の地方政治』芦書房、二〇一三年、第一〇・一一章。なお、市町村数は、それぞれの年の四月一日の数字である。

7　Ethan Scheiner, *Democracy without Competition in Japan*, Cambridge University Press, 2006.

8　砂原庸介「政権交代と利益誘導政治」（御厨貴編『「政治主導」の教訓』勁草書房、二〇一二年）。

9　前掲、浅野『市民社会における制度改革』一九七―二二五ページ。

10　石破茂『国難』新潮社、二〇一二年、一四五―一四七ページ。

11　『自由民主』二〇〇七年九月一一日、二〇〇九年八月二五日。

12　『自由民主』二〇一〇年二月一六日、三月一六日、二〇一二年一二月一一日。

13　自由民主党選挙対策本部編『総選挙実戦の手引』自由民主党、二〇〇八年、九―一八ページ。参議院議員および地方議員の候補者向けのパンフレットにも、同様の記述がみられる。自由民主党選挙対策本部編『参議院選挙実戦の手引』自由民主党、二〇一〇年、一一―二一ページ、自由民主党選挙対策本部編『地方選挙実戦の手引』自由民主党、二〇一五年、一一―二四ページ。

14　前掲、石川・広瀬『自民党』第三章。

15　例えば、東京一七区の平沢勝栄を分析した、朴喆熙『代議士のつくられ方』文春新書、二〇〇〇年。

16　例えば、山田真裕「農村型選挙区における政界再編および選挙制度改革の影響」、丹羽功「自民党地方組織の活動」（いずれも、大嶽秀夫編『政界再編の研究』有斐閣、一九九七年）。

17　『朝日新聞』二〇一五年一一月二九日。

18　以下、自民党の地方議員については、前掲、馬渡『戦後日本の地方議会』、自民党の地方組織に関しては、建林正彦編『政党組織の政治学』東洋経済新報社、二〇一三年、とりわけ建林正彦「日本における政党組織の中央地方関係」、砂原庸介「政党の地方組織と地方議員の分析」。建林も、都道府県連の自律性の高さゆえに、自民党の党組織の特徴を分離型ないし連邦型と位置づけている。

19　中選挙区制の下での代議士系列に関しては、若田恭二『現代日本の政治風土』ミネルヴァ書房、一九八一年、第一〇章、谷聖美「市町村議会議員の対国会議員関係」（『岡山大学法学会雑誌』第三六巻第三・四号、一九八七年）、井上義比古「国会議員と地方議員の相互依存力学」（『レヴァイアサン』第一〇号、一九九二年）。

20　前掲、上神『政党政治と不均一な選挙制度』一四三―一四五ページ。

21　群馬県連については、笹部真理子「『代議士系列型県連』と『組織積み上げ型県連』」、茨城県連に関しては、濱本真輔「県議自律型県連の形成と運営」（いずれも、前掲、建林編『政党組織の政治学』）。

22　自民党岐阜県連については、「土着権力の研究　岐阜県　猫田孝県議会議員」（『選択』二〇一四年四月）のほか、岐阜新聞社にインタビューを行った。

終章

1　例えば、前掲、竹中『首相支配』。それに対して、歴史的制度論の立場から、政治改革にもかかわらず、派閥や個人後援会などに特徴づけられる自民党の組織が持続したことを強調する研究として、Ellis S. Krauss and Robert J. Pekkanen, *The Rise and Fall of Japan's LDP*, Cornell University Press, 2011.

2　以下、中北浩爾「安倍自民党とは何か」(『世界』二〇一五年一〇月)。

3　小泉の盟友で、小泉政権の前半に自民党幹事長を務めた山崎拓は、次のように書いている。「私には、小泉の言う『自民党をぶっ壊す』とは、田中角栄政権以来三〇年にならんとする経世会(旧田中派)支配を打倒する意味だと理解できたし、また持論である郵政民営化の必要性を力説したが、これも『郵貯資金→財投会計→公共事業ルート』に巣くう政官財癒着の構造を壊すという意味だと理解していた」。山崎拓『YKK秘録』講談社、二〇一六年、二一六―二一七ページ。

4　以下、詳しくは、前掲、中北『自民党政治の変容』。

5　舛添要一『憲法改正のオモテとウラ』講談社現代新書、二〇一四年。

6　野田聖子(インタビュー)「人口減少の現実をふまえ、持続可能な安全保障を考えよう」(『世界』二〇一四年六月)五四―五五ページ。

7　既成政党の政策距離の接近、無党派層の増大、グローバル化による格差の拡大などを背景とする世界的なポピュリズムの広がりについては、水島治郎『ポピュリズムとは何か』中公新書、二〇一六年。しかし、日本維新の会に代表される従来の日本のポピュリスト政党には、小選挙区制が大きな壁として立ちはだかったほか、移民争点の政治的不在とそれに伴う福祉ショービニズム(排外主義)の欠如などの限界も存在した。中北浩爾「日本における保守政治の変容」(水島治郎編『保守の比較政治学』岩波書店、二〇一六年)。

あとがき

現在の日本政治の特徴を表すキーワードになっているのは、「自民党一強」ないし「安倍一強」であろう。こうしたなか、本書は可能な限り多くのデータや証言を集め、多角的に分析することで、その実像に迫ろうと試みた。それが成功を収めているかは、読者諸賢の判断に委ねるしかない。

本書の基底に存在する問題関心は、一九九四年の政治改革が目指した「政権交代ある民主主義」が日本で有効に機能しうるかである。小選挙区制を導入すれば、政権交代を伴う二大政党制が生まれる。そうした見通しは、二〇〇九年の政権交代によって実現したかにみえた。しかし、民主党政権は短期間で行き詰まり、自民党の一強状態に陥った。確かに、自民党の支持基盤は弱体化し、無党派層が増大している。だが、連立を組む公明党の存在を含め、自民党が保持するリソースは他党を圧倒している。

現在のところ、やはり設計主義とも呼びうる制度改革に対する過剰な期待が、見通しを誤ったといわざるを得ない。分厚い支持基盤を持ち、小選挙区制によって過大な議席を与えられる自民党の優位は、当面続くであろう。もちろん、自民党が政権運営に失敗すれば、非自民勢力が無党派層の動員に成功し、政権を奪取する可能性もある。ただし、それが長期にわたって持続することは容易ではない。中選挙区制を廃止した政治改革を受けて、新たな自民党一党優位政党制が再構築されたとみることもできよう。

他方で、そう言い切ることへの躊躇もある。私が大学に入学したのは、ちょうど三〇年前の一九八七年四月のことであった。その当時の自民党は、七〇年代の与野党伯仲を乗り切り、中曽根首相が断行した一九八六年の衆参ダブル選挙で大勝し、長期政権を再び盤石なものにしたようにみえた。「八六年体制」なる言葉すら語られていた。ところが、その二年後にリクルート事件が発覚すると、自民党は激震に見舞われ、一九九三年には政権を失う。まさに坂を転がり落ちるかのような急激な変化であった。

一九八六年の衆参ダブル選挙の直前に出版されたのが、「はじめに」でも言及した佐藤誠三郎・松崎哲久『自民党政権』である。私は大学の初年度の講義で初めて政治学に触れたが、その際に指定されたテキストは同書であったと記憶している。そこに込められた政治的含意はさておき、現在も同書を抜きに五五年体制下の自民党を語ることはできない。自民党の将来を予測するのは難しいとしても、現状に関しては比較的冷静に分析できる。本書が『自民党政権』のような生命力を少しでも持つことができればと願うばかりである。

とはいえ、日本政治外交史の研究者としてスタートした私にとって、今回の現状分析はいささか荷の重い作業であった。だが、『現代日本の政党デモクラシー』に続き、本書の歴史編ともいえる『自民党政治の変容』を書いて以降、新聞などでコメントを求められる機会が増え、そのたびに現状についての無知を痛感してきた。自民党の人事がいかになされているのか、地方組織はどうなっているのかなど、本書を書きながら勉強し直したというのが実情である。しかし、それは新たな発見に満ちた楽しい作業でもあった。

本書の執筆が可能になったのは、様々な方々の協力のおかげである。お名前を出すのは一律に差し控えたいが、快くインタビューに応じてくださった自民党本部や地方組織、派閥の関係者などには、心から感謝したい。本文中でも人的ネットワークという言葉を繰り返し用いたが、自民党という組織が持つ人間関係を大切にする体質は、いまでも失われておらず、結果としてその恩恵に与ったことを記しておく。また、経団連をはじめとする友好団体や公明党の関係者にも大変お世話になった。

そもそも自民党に関する基本情報を提供し、様々な人々を紹介してくださったのは、政治記者の方々である。なかでも共同通信社の橋詰邦弘、朝日新聞社の蔵前勝久、読売新聞社の久保庭総一郎、毎日新聞社の高橋克哉の四氏には、不躾なお願いを繰り返し、ご支援いただいた。船橋洋一氏が主宰する日本再建イニシアティブの「中道保守」プロジェクト、野中尚人教授を代表者とするサントリー文化財団の「与党事前審査制度をめぐる政府・議会・政党関係の学際的実証研究」（二〇一四～一五年度）のメンバーにも深く感謝する。

中公新書の白戸直人編集長には当初、歴史で書きたいとお伝えしていたのに、このような内容になってしまった。巧みな編集作業にお礼申し上げるとともに、歴史に再チャレンジする機会を期したい。テープ起こしやデータ作成には、一橋大学の大学院生や学生、とりわけ大和田悠太、黒野将大、高瀬久直の諸君の協力を得た。なお、本書は、二〇一三～一七年度日本学術振興会科学研究費補助金基盤研究（C）「戦後日本の保守主義の政治史的分析」（課題番号二五三八〇一四九）の研究成果の一部である。

中北浩爾

少しずつ春めいてきた国立のキャンパスにて

自民党 関連年表

首相 自民党総裁	年	月日	出来事
中曽根康弘	1982	11月27日	第1次中曽根内閣発足［自民党］
	1983	6月26日	第13回参院選、拘束名簿式比例代表制初実施
		12月18日	第37回総選挙、自民党敗北
		12月27日	第2次中曽根内閣発足［自民党・新自由クラブ］
	1984	10月27日	二階堂擁立工作表面化
	1985	2月7日	竹下登、創政会結成、20日後に田中元首相、脳梗塞で入院
	1986	7月6日	第38回総選挙・第14回参院選、自民党圧勝
		7月22日	第3次中曽根内閣発足［自民党］
		8月15日	新自由クラブ解党、河野洋平ら自民党復党へ
	1987	4月1日	JRグループ発足
		7月4日	経世会（竹下派）結成
竹下登		11月6日	竹下内閣発足［自民党］
	1988	6月18日	リクルート事件発覚
		12月24日	消費税導入を含む税制改革関連法案成立
	1989	5月19日	自民党「政治改革大綱」答申

首相・総裁	年	月日	事項
宇野宗佑		6月3日	宇野内閣発足［自民党］
		7月23日	第15回参院選、社会党大勝、自民党惨敗、「ねじれ国会」に
海部俊樹		8月10日	第1次海部内閣発足［自民党］
		11月21日	日本労働組合総連合会（連合）結成
		12月3日	米ソ首脳会談で冷戦終結宣言
	1990	2月18日	第39回総選挙、自民党勝利
		2月28日	第2次海部内閣発足［自民党］
	1991	1月17日	湾岸戦争勃発
		9月30日	政治改革関連3法案、審議未了・廃案へ
宮沢喜一		11月5日	宮沢内閣発足［自民党］
		12月26日	ソ連解体
	1992	5月22日	日本新党結成
		7月26日	第16回参院選、日本新党躍進
		10月28日	竹下派、小渕派と羽田派（改革フォーラム21）に分裂
	1993	6月18日	政治改革をめぐり宮沢内閣不信任決議案可決、衆議院解散
		6月21日	新党さきがけ結成
		6月23日	新生党結成
		7月18日	第40回総選挙、新党躍進
細川護熙／河野洋平		8月9日	細川内閣発足［社会党・新生党・公明党・日本新党・さきがけなど］
	1994	1月28日	細川首相・河野自民党総裁会談、政治改革関連4法案修正で合意
		1月29日	施行期日削除の上、修正政府案成立
		3月4日	政治改革関連4法改正案成立

自民党 関連年表

首相	総裁	年	月日	出来事
羽田孜	河野洋平	1995	4月26日	社会党、連立離脱
			4月28日	羽田内閣発足［新生党・公明党・日本新党など、さきがけ＝閣外協力］
			5月16日	加藤紘一・山崎拓・小泉純一郎（YKK）、グループ新世紀結成
村山富市			6月30日	村山内閣発足［自民党・社会党・さきがけ］
			12月10日	新進党結成
			1月17日	阪神・淡路大震災発生
			3月5日	自民党第59回党大会、新綱領など採択
			6月9日	衆議院本会議で戦後50年国会決議採択
			7月23日	第17回参院選、新進党健闘
			8月15日	戦後50年の村山首相談話
	橋本龍太郎	1996	12月13日	政党助成法改正案成立、「3分の2条項」撤廃
橋本龍太郎			1月11日	第1次橋本内閣発足［自民党・社会党・さきがけ］
			1月19日	社会党、社会民主党に党名変更
			9月28日	（旧）民主党結成
			10月20日	第41回総選挙、自民党勝利、新進党敗北
			11月7日	第2次橋本内閣発足［自民党、社民党・さきがけ＝閣外協力］
		1997	2月27日	「日本の前途と歴史教育を考える若手議員の会」結成
			5月30日	日本会議設立
			11月17日	北海道拓殖銀行破綻
			12月27日	新進党、解党決定
		1998	1月6日	自由党結成
			4月27日	（新）民主党結成

首相	年	月日	出来事
橋本龍太郎		6月1日	社民党とさきがけ、閣外協力解消
		6月9日	中央省庁等改革基本法案成立
		7月12日	第18回参院選、自民党惨敗、「ねじれ国会」に
小渕恵三		7月30日	小渕内閣発足［自民党］
		11月7日	公明党再結成
	1999	1月14日	小渕内閣第1次改造、自自連立発足
		7月8日	地方分権一括法案成立
		7月26日	国会審議活性化法案成立
		10月5日	小渕内閣第2次改造、自自公連立発足
		12月15日	政治資金規正法改正案成立、政治家個人への企業・団体献金禁止
	2000	4月1日	自由党、連立離脱決定
		4月3日	自由党分裂、保守党結成
森喜朗		4月5日	第1次森内閣発足［自民党・公明党・保守党］
		6月25日	第42回総選挙
		7月4日	第2次森内閣発足［自民党・公明党・保守党］
		11月21日	森内閣不信任決議案否決、「加藤の乱」失敗
	2001	1月6日	中央省庁再編実施
小泉純一郎		4月26日	第1次小泉内閣発足［自民党・公明党・保守党］
		7月29日	第19回参院選、非拘束名簿式比例代表制初実施、自民党勝利
		9月11日	アメリカ同時多発テロ
		10月7日	米・英軍、アフガニスタン攻撃開始

自民党 関連年表

首相	年	月日	事項
小泉純一郎	2002	7月24日	郵政公社関連法案成立
		9月17日	小泉首相、北朝鮮訪問
		12月25日	保守党と民主党離党者で保守新党結成
	2003	3月20日	イラク戦争開始
		6月27日	食糧法改正案成立
		9月24日	民主党・自由党合併（民由合併）
		11月9日	第43回総選挙、民主党健闘
		11月19日	第2次小泉内閣発足［自民党・公明党・保守新党］
		11月21日	保守新党、自民党に合流
	2004	5月22日	小泉首相、北朝鮮再訪問
		7月11日	第20回参院選、自民党敗北、民主党改選第1党
		7月14日	日歯連による平成研への違法献金（日歯連事件）発覚
	2005	8月8日	参議院で郵政民営化法案否決、衆議院解散
		8月17日	国民新党結成
		9月11日	第44回総選挙（郵政選挙）自民党圧勝
		9月21日	第3次小泉内閣発足［自民党・公明党］
		10月14日	郵政民営化法案成立
		11月22日	自民党立党50年記念党大会、新理念・綱領と「新憲法草案」決定
安倍晋三	2006	9月26日	第1次安倍内閣発足［自民党・公明党］
		12月4日	自民党党紀委員会、造反議員11名の復党承認
		12月15日	教育基本法改正案・防衛「省」昇格関連法案成立

首相	自民党総裁	年	月日	事項
安倍晋三	安倍晋三	2007	5月14日	国民投票法案成立
			7月29日	第21回参院選、民主党大勝、「ねじれ国会」に
福田康夫	福田康夫		9月26日	福田内閣発足［自民党・公明党］
			11月2日	福田首相・小沢民主党代表会談で大連立合意、民主党役員会で拒否
			12月4日	真・保守政策研究会発足
		2008	9月15日	リーマン・ブラザーズ経営破綻、世界金融危機発生
麻生太郎	麻生太郎		9月24日	麻生内閣発足［自民党・公明党］
		2009	8月8日	「みんなの党」結成
			8月30日	第45回総選挙、自民党大敗、民主党圧勝、政権交代へ
鳩山由紀夫	谷垣禎一		9月16日	鳩山内閣発足［民主党・社民党・国民新党］
		2010	1月24日	自民党第77回党大会、新綱領制定
			2月5日	真・保守政策研究会、創生「日本」に改称
			5月30日	社民党、連立離脱
菅直人			6月8日	菅内閣発足［民主党・国民新党］
			7月11日	第22回参院選、民主党敗北、「ねじれ国会」に
		2011	3月11日	東日本大震災発生
野田佳彦			9月2日	野田内閣発足［民主党・国民新党］
		2012	4月27日	自民党、「日本国憲法改正草案」発表
			8月10日	社会保障・税一体改革関連法案成立
			9月28日	「日本維新の会」結成
			12月16日	第46回総選挙、自民党圧勝、民主党惨敗、政権交代へ

総裁	年	月日	出来事
安倍晋三	2013	12月26日	第2次安倍内閣発足［自民党・公明党］
		7月21日	第23回参院選、ネット選挙解禁、自民党大勝、「ねじれ」解消
		11月27日	国家安全保障会議（日本版NSC）設置法案成立
		12月6日	特定秘密保護法案成立
	2014	5月30日	内閣人事局発足
		7月1日	閣議決定で集団的自衛権行使容認の憲法解釈変更
		9月21日	「維新の党」結成
		12月14日	第47回総選挙、自民党圧勝
		12月24日	第3次安倍内閣発足［自民党・公明党］
	2015	8月14日	戦後70年の安倍首相談話
		8月28日	農協改革関連法案成立
		9月19日	安全保障関連法案成立
	2016	3月27日	民進党結成
		7月10日	第24回参院選、自民党大勝、与党で衆参両院の「3分の2」確保
		8月23日	「日本維新の会」再発足

注記：［　］は与党を示す。総裁就任日および総裁選挙は、第2章の2―①、2―②を参照

中北浩爾（なかきた・こうじ）

1968（昭和43）年三重県生まれ．91年東京大学法学部卒業．95年東京大学大学院法学政治学研究科博士課程中途退学．東京大学博士（法学）．大阪市立大学法学部助教授，立教大学法学部教授，一橋大学大学院社会学研究科教授などを経て，2023年より中央大学法学部教授．
専門は日本政治外交史，現代日本政治論．

著書『経済復興と戦後政治』（東京大学出版会，1998年）
『一九五五年体制の成立』（東京大学出版会，2002年）
『日本労働政治の国際関係史』（岩波書店，2008年）
『現代日本の政党デモクラシー』（岩波新書，2012年）
『自民党政治の変容』（NHK ブックス，2014年）
『自公政権とは何か』（ちくま新書，2019年）
『日本共産党』（中公新書，2022年）ほか

自民党（じみんとう）
――「一強」（いっきょう）の実像（じつぞう）
中公新書 2428

2017年 4 月25日初版
2023年 6 月 5 日 5 版

著　者　中北浩爾
発行者　安部順一

本文印刷　三晃印刷
カバー印刷　大熊整美堂
製　　本　小泉製本

発行所　中央公論新社
〒100-8152
東京都千代田区大手町 1-7-1
電話　販売　03-5299-1730
　　　編集　03-5299-1830
URL https://www.chuko.co.jp/

Published by CHUOKORON-SHINSHA, INC.
Printed in Japan　ISBN978-4-12-102428-2 C1231

中公新書刊行のことば

いまからちょうど五世紀まえ、グーテンベルクが近代印刷術を発明したとき、書物の大量生産は潜在的可能性を獲得し、いまからちょうど一世紀まえ、世界のおもな文明国で義務教育制度が採用されたとき、書物の大量需要の潜在性が形成された。この二つの潜在性がはげしく現実化したのが現代である。

いまや、書物によって視野を拡大し、変りゆく世界に豊かに対応しようとする強い要求を私たちは抑えることができない。この要求にこたえる義務を、今日の書物は背負っている。だが、その義務は、たんに専門的知識の通俗化をはかることによって果たされるものでもなく、通俗的好奇心にうったえて、いたずらに発行部数の巨大さを誇ることによって果たされるものでもない。現代を真摯に生きようとする読者に、真に知るに価いする知識だけを選びだして提供すること、これが中公新書の最大の目標である。

私たちは、知識として錯覚しているものによってしばしば動かされ、裏切られる。私たちは、作為によってあたえられた知識のうえに生きることがあまりに多く、ゆるぎない事実を通して思索することがあまりにすくない。中公新書が、その一貫した特色として自らに課すものは、この事実のみの持つ無条件の説得力を発揮させることである。現代にあらたな意味を投げかけるべく待機している過去の歴史的事実もまた、中公新書によって数多く発掘されるであろう。

中公新書は、現代を自らの眼で見つめようとする、逞しい知的な読者の活力となることを欲している。

一九六二年一一月

中公新書

現代史

2570 佐藤栄作 村井良太
2186 田中角栄 早野透
1976 大平正芳 福永文夫
2351 中曽根康弘 服部龍二
2726 田中耕太郎—闘う司法の確立者、世界法の探究者 牧原出
2512 高坂正堯—戦後日本と現実主義 服部龍二
2710 日本インテリジェンス史 小谷賢
1574 海の友情 阿川尚之
1875 「国語」の近代史 安田敏朗
2075 歌う国民 渡辺裕
2332 「歴史認識」とは何か 大沼保昭 江川紹子
1900 「慰安婦」問題とは何だったのか 大沼保昭
2624 「徴用工」問題とは何か 波多野澄雄
2359 竹島—もうひとつの日韓関係史 池内敏
1820 丸山眞男の時代 竹内洋

2714 国鉄—「日本最大の企業」の栄光と崩壊 石井幸孝
2237 四大公害病 政野淳子
1821 安田講堂 1968-1969 島泰三
2110 日中国交正常化 服部龍二
2150 近現代日本史と歴史学 成田龍一
2196 大原孫三郎—善意と戦略の経営者 兼田麗子
2317 歴史と私 伊藤隆
2627 戦後民主主義 山本昭宏
2342 沖縄現代史 櫻澤誠
2543 日米地位協定 山本章子
2720 司馬遼太郎の時代 福間良明
2649 東京復興ならず 吉見俊哉
2733 日本の歴史問題（改題新版） 波多野澄雄

中公新書

政治・法律

h1

125 法と社会　碧海純一
819 アメリカン・ロイヤーの誕生　阿川尚之
2347 代議制民主主義　待鳥聡史
2469 議院内閣制―変貌する英国モデル　高安健将
2631 現代民主主義　山本圭
1905 日本の統治構造　飯尾潤
2691 日本の国会議員　濱本真輔
2537 日本の地方政府　曽我謙悟
2558 日本の地方議会　辻陽
1687 日本の選挙　加藤秀治郎
1845 首相支配―日本政治の変貌　竹中治堅
2651 政界再編　山本健太郎
2428 自民党―「一強」の実像　中北浩爾
2695 日本共産党　中北浩爾
2233 民主党政権 失敗の検証　日本再建イニシアティブ
2101 国会議員の仕事　林芳正 津村啓介
2418 沖縄問題―リアリズムの視点から　高良倉吉編著
2439 入門 公共政策学　秋吉貴雄
2620 コロナ危機の政治　竹中治堅
2752 戦後日本政治史　境家史郎